U0510123

文物工作实践与思考

李宝才 著

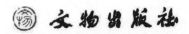
文物出版社

图书在版编目（CIP）数据

文物工作实践与思考 / 李宝才著.－ 北京：文物
出版社, 2022.11
ISBN 978-7-5010-7817-2

Ⅰ．①文… Ⅱ．①李… Ⅲ．①文物工作－研究－中国
Ⅳ．①K87

中国版本图书馆 CIP 数据核字(2022)第 185958 号

文物工作实践与思考

著　　者　李宝才

责任编辑　贾东营
责任印制　王　芳

出版发行　文物出版社
社　　址　北京市东城区东直门内北小街 2 号楼
邮　　编　100007
网　　址　http：//www.wenwu.com
经　　销　新华书店
制版印刷　石家庄嘉年印刷有限公司
开　　本　787mm×1092mm　1/16
印　　张　23.5
版　　次　2022 年 11 月第 1 版
印　　次　2022 年 11 月第 1 次印刷
书　　号　ISBN 978-7-5010-7817-2
定　　价　88.00 元

本书版权独家所有，非经授权，不得复制翻印

目　录

序

1984 年，李宝才同志从中山大学历史系毕业分配到河北省文物局工作，岁月如梭，回想起来，我和宝才已相识近 40 年。

文物工作实践性很强，宝才同志到河北文物局后一直处于工作第一线，大量时间在工作现场，了解文物情况及保护问题，与省内的有关同志研究解决问题的方案和具体办法，积累了大量实践经验。实践出真知。他对工作中的经验和所思所想，认真归纳，写成文章。《文物工作实践与思考》正是他近 40 年学习、实践、研究工作的写照。其中的文章既有实践性，又有一定的理论性，构成了这部《文物工作实践与思考》的重要特点之一。

文物工作专业性和政策法规性很强。所谓专业性强，是因为文物不可再生、不可替代等特性决定的。文物是不可再生的文化资源，要做好文物工作，必须对文物的特性、特点、价值、作用等有比较深入的了解。为此，学习是重要的前提。宝才同志具有历史学专业的基础，为掌握文物知识和研究提供了扎实的基础。几十年来，他不断接触河北的各类文物，结合不同文物保护情况进行研究，既为保护利用提供专业依据，又为保护不同文物，区别情况提出意见和建议，在此基础上，进一步思考总结，写出心得体会，构成一种带有规律性的文物保护文章。这是《文物工作实践与思考》的第二个重要特点。

文物工作政策法规性很强，必须旗帜鲜明地坚持依法行政、依法管理，根据国家文物方针政策和法律法规开展工作，始终坚持宪法法律至上，做到依法保护、依法利用、依法管理。宝才同志在文物工作中，坚持按照文物工作方针政策和法律法规对待和处理工作中的问题，并依据实践，总结经验归纳提升，写出文章，是结合文物工作实际，以法治文和文物法学研究的重要成果。这是《文物工作实践与思考》的第三个重要特点。

文物工作有诸多领域，每个领域从文物及其特点、保护文物个体与环境以及相关问题，都不尽相同，既有共性，又有个性，不同领域的文物工作，需要区别对待。总的来说，文物工作是其各领域工作的系统集成。宝才同志在河北省文物局不同岗位工作时，能够针对上述不同情况学习、实践、总结、研究。例如，他修复一尊佛像，该项工作既不是他的工作职责，也不是他的专长，但需要和确定由他做时，他怀着对文物的挚爱和敬畏之心，认真学习、试验，谨慎对待，终于圆满完成了修复工作，得到了专家好评。他也为此撰写了一篇文章，传承匠心技艺是一项重要成果。《文物工作实践与思考》中的文章，涉及文物价值与作用、依法保护管理、文物修复、博物馆纪念馆等领域，是他在文物工作不同领域实践、思考、辛勤耕耘的系列成果。这是《文物工作实践与思考》的第四个重要特点。

宝才同志近 40 年在文物工作一线多个领域工作实践，经验积累、知识积累、成果积累，都为进一步综合研究打下了良好基础。希望他珍惜和发挥这一优长，多开展一些综合研究，为加快文物学科体系、学术体系、话语体系建设和新时代文物事业繁荣发展作出新的贡献。在宝才同志《文物工作实践与思考》出版之际，作为多年的同事和几十年联系交流，遂写了上述文字。是为序。

李晓东

2021 年 12 月 18 日

一　研究篇

加强和完善文物法制建设是保护文物最有利的武器

——试论文物保护工作中的法制建设问题

党的十一届三中全会确定了发展社会主义民主，健全社会主义法制的方针，为此，邓小平同志指出："为了保障人民民主，必须加强法制，必须使民主制度化、法制化"，并强调加强法制建设要做到"有法可依，有法必依，执法必严，违法必究"，这是对我们法制建设经验的科学总结，为我国法制建设指明了方向，也成为文物法制建设应遵循的基本方针。

中国是世界历史文明古国，祖先们在生产、生活中为后人留下了丰富的历史文化遗产，今天它已成为人类文明发展的历史见证，保护好这笔财富，对于弘扬爱国主义精神，树立民族自信心和自豪感，增强民族凝聚力，促进社会主义现代化建设的发展，有着十分重要的意义。但是近年来，随着经济建设的发展和国内外不良因素的影响，各种文物违法犯罪活动不断发生，工农业生产建设中破坏古文化遗址，古墓葬，污染文物环境的问题屡见不鲜；犯罪分子盗掘古文化遗址、古墓葬、贩卖走私文物的活动十分猖獗，仅1987年到今，河北就发生盗掘古墓案件80多起，4000多座古墓被盗被毁，文物损失极为严重。这些问题的发生除了受外部社会环境影响外，文物法制建设的薄弱也是发生问题的关键。本文试就如何加强和完善文物法制建设提几点意见。

一、加强文物立法工作

加强文物法制建设，首要的任务是加强文物立法工作，完善文物法律体系，使国家有关部门和人民群众在保护文物中有法可依。

第一，文物立法工作的回顾。五十年代初，为防止破坏、盗运和征集文物，中央人民政府陆续发布了一些文物法规。但由于历史的局限，这些法规"没有也不可能从法理和文物保护技术角度对文物保护法规作出重大的发展"，所以这些法规存在诸多缺陷。1963 年，政务院颁布《文物保护管理暂行条例》，确定了当时文物保护法规的基本思路和框架，明确了一定时期内文物法发展的方向，然而其中的一些条款尚不科学、严谨。而后在"十年动乱"中法律遭到践踏，文物立法工作处于停止状态。党的十一届三中全会后文物立法工作才逐步走向正规化。1982 年 11 月，全国人大常委会通过并公布实施了《中华人民共和国文物保护法》，该法汲取了新中国成立以来我国文物法律、法规的精华，采取了科学的法典形式，对文物保护管理内容作了较为笼统的原则性规定，成为目前我国文物工作的基本法律依据，奠定了文物法制工作的基础。在这部法的基础上，文物立法不断得到充实，由国务院批准的《文物保护法实施细则》等一大批文物行政法规和文化部、国家文物局下发的文物行政规章相继出台；同时，各省也加强了地方性文物法规和地方文物行政规章的制定工作。河北省一九八四年由省人大通过了《河北省文物保护管理条例》。所以，从文物立法上讲我国目前已初步形成了一个较为完善的文物法律体系。

第二，文物立法的重点。正如我国的立法工作，从小到大，从粗到细，从不够科学到基本科学，它是一个不断加强和完善的过程，现在的文物立法工作仍有不尽人意之处，尤其是当前社会经济关系复杂，一些意想不到的问题时刻威胁着文物保护工作，如《文物保护法》颁布时就没遇到，也未曾想到经济开发区和成片土地出让问题，恰恰在许多出让给外国人的土地中就有许多地下和地上文物，对这些复杂的情况、问题必须及时地通过文物立法来解决。

今后，文物立法的重点应当在《文物保护法》的原则规定下，逐步加强和完善文物行政法规、文物行政规章、地方性文物法规、地方性文物规章的制定工作，并撤销和修改一些与当前的文物保护工作不相适应的文物法规。其原因在于国家法律的制定非常严格，颁布后的法律需要有一个稳定的过程，为了不使法律的内容在近期内随着时间的推移而很快的过时，一些法律内容制定的较原则，如《文物保护法》就是这样，但在具体的实施中，原则的规定很难适应复杂的情况，所以就要有一个完善的法律体系来保障法律的正确实施。如为了便于文物法的贯彻执行，1992年国务院批准了《文物保护法实施细则》，而为了应付一些新情况新问题，在不能很快修改、补充法律和制定文物行政法规的情况下，利用行政规章的形式，将文物工作中遇到的新情况加以规范，使之成为具有法律效力的规范性文件，如1993年国家文物局、建设部、国家土地局下发了《关于在当前开发区建设和土地使用权出让过程中加强文物保护的通知》，这个通知对及时解决开发区建设和土地出让与文物保护的矛盾提供了法律依据；省级地方人大和政府及有权的地级市结合本省、市的实际情况，制定适合自己特色的地方性文物法规和规章，也成为文物法制建设的一部分。1993年底，河北省人大常委会废止了实行近10年的《河北省文物保护管理条例》，根据文物法和文物法实施细则，结合河北的实际情况重新制定了《河北省文物保护管理条例》。它对文物行政执法主体、文物市场问题做了详细的规定，许多条款都是首次写入，是地方立法的一次新尝试，这个条例实施近一年来，证明它是目前国内较好的一部地方性文物法规。

二、加强文物法律、法规的宣传，使全社会树立文物法制观念。

宣传文物法律、法规也是文物法制建设的重要一环。国家制定的文物法律、法规要求一切国家机关、政党、社团、企事业单位、武装力量和公民，在从事与文物有关的活动时，必须依法办事。但事实上文物法律、法规在贯彻实施过程中存在着很多问题。盗掘、盗窃、倒卖和走私文物的违法犯罪活动时有发生，一些珍贵文物或被毁坏，或被盗运出境，使我国珍贵的历史文化遗产遭受到巨大损失，损害了民族形象。一些生产建设项目和文物修缮中，因无知和不知法，对文物造成的破坏也相当严重。其中的一个重要原因是文物法的宣传不够广泛、深入，文物法还没有深入人心，所以增强文物法律、法规的宣传力度，对于依法保护文物有特别重要的意义。

从多年的实践看，文物法律、法规宣传的重点有两个：

第一是宣传领导。各级党政领导是带领辖区人民进行社会主义建设的带头人，也是辖区内的行政长官，他们的任何一项决策都要在法律的规范下进行，文物作为一种有形之物存在于各个行政区域内，如果当地最高党政领导不了解文物法律、法规，文物就难以得到有效的保护。1982年，河北省涿县县委、县政府的主要领导未履行任何报批手续擅自做主，将县城内河北省重点文物保护单位——清行宫以20万元的价钱卖给铁道部某工程局，后工程局将行宫拆毁盖了职工宿舍。涿县清行宫是省政府公布的省级文物保护单位，具有重要的历史、艺术和科学价值。文物法规定：因建设工程特别需要而必须对省级文物保护单位进行拆迁的，由省政府和国家文物局批准决定。涿县县委和政府有关领导因文物法制观念淡薄，铸成大错，受到了党纪国法惩处。这个例子说明，如果一些党政领导们不了解文物法，因决策错误，对文物造成的破坏可能会更大。

宣传领导必须掌握方法。各级党政领导平日公务繁忙，宣传要结合其工作特点。文物陈列展览是最直观最生动的活教材，利用领导们参观文物陈列展览向他们宣传文物法律的效果最好；同时在与领导们接触的过程中向其宣传文物的价值及保护文物的意义，并将有关的法律、法规告诉他们，是一种宣传领导的捷径。1991年定州市长牵头的一项基建工程涉及省级文物保护单位——定州汉墓群。因工程紧、资金少、加上该领导对文物保护工作认识不够，便命令基建部门迅速施工，铲除古墓。在此情况下省和地市文物部门向定州市党政领导和上级有关领导宣传有关文物法律法规，使他们认识到，未经有关机关批准，随意铲除古墓就是犯法。在学习文物法后，定州党政领导及上级有关领导同意停止施工，按照《文物法》有关规定，对古墓进行了抢救性发掘，并对周围有关地区进行了考古钻探，通过钻探发现了商代方国贵族墓地，这一发现被国家评为 1991 年全国十大考古新发现，只有党政领导头脑中有了文物法的意识，他们才能在工作中率先垂范，并协调各方面的关系，解决好文物保护工作中的实际问题。

第二是宣传群众。发动、组织、依靠广大人民群众自觉参与文物保护工作是确保文物安全的有效措施，也只有把保护文物作为人民群众的自觉行动，文物才能真正得以保护。这需要在群众中广泛开展普及文物法的活动，使群众知法、守法。根据中国的特点，宣传群众应联系实际，用他们所熟悉的正反两方面的典型事例，通过报纸、电台、电视、标语、板报、书刊等喜闻乐见的形式进行宣传，使之易于接受。1987 年底，临城县发生一起大规模的群众性盗墓案件，案发后，县公检法和文物部门密切配合，在案发村召开公捕大会，又在县城开了公判大会，对陈三狗等几名犯罪分子依法判处了徒刑。为配合这次公判，省、地及县有关宣传单位进行了广泛宣传，使人们知道盗掘古墓国法不容，接着普及文物法的活动在当地迅速展开，群众的文物法制观念增强后盗墓活动在临城绝迹；通过群众熟悉的典型事件进行普法宣传，效果十分明显，它比空洞乏味的宣讲文物法律条文有效的多。

三、严格执法，维护文物法的尊严。

严格执法要求国家文物行政机关和司法机关在执行文物法律、法规时严格、严肃，做到认真、准确，不枉不纵，保证文物法律、法规的准确实施，要做到严格执法，就必须忠于事实，忠于法律，以事实为准绳，不论什么人，只要违反了文物法律、法规，就要在查清事实的基础上，依法处理，不徇私情，铁面无私。

实践证明，严格执法是加强文物法制建设的一个重要手段，也只有严格执法，才能震慑日益严重的文物违法犯罪活动。严格执行文物法，主要应包括以下几个内容：

第一是事实准确。无论是对触犯刑律的文物犯罪分子，还是对违反文物法规的违法者，在进行处理前必须查清事实，然后依法办事，严格执法。1989年底，以原河北师范大学毕业生胡广鑫为首的三名犯罪分子乘雪夜的掩护，到家乡赞皇县盗掘了省级重点文物保护单位李氏墓群之一的三号墓。案发后，县公安部门在文物部门的配合下进行了近8个月的侦察和取证工作，查清了胡广鑫等人的犯罪事实，认定胡是三人中的首犯。尽管古墓因早年多次被盗，随葬品不存，胡等人并未盗得文物，可是他们为了寻找随葬品将古墓壁画用铁铲毁坏，使文物遭受重大损失，根据他们的犯罪事实，县人民法院依刑法、文物保护法和其他法规，判处胡广鑫有期徒刑6年，其他二人也受到相应的制裁；而有些司法部门在未充分调查取证的情况下，轻率判罚，导致重罪轻判，如1988年8月，平山县西大吾发生一起盗墓案，犯罪分子任兵兵等六人从古墓中盗得国家二级文物鎏金凤冠等文物。法律规定，盗掘二级文物者应判五至十年有期徒刑，但县公安部门认为案发后，任兵兵主动将文物上交司法部门，并未构成犯罪，故只对其进行了治安处罚。可事实并非是公安部门认为的那样，真实的情况是任兵兵等人盗墓触怒了墓主人的后代，他们联合告发了盗墓者后，犯罪分子被迫交出几件文物。公安部门的处理结果放纵了盗墓者，他们报复殴打揭发人，在社会上造成了极坏的影响。所以查清事实是严格执法的第一要诀。

其次是法律依据充分、准确。明确具体的处罚条文是依法处理各种文物违法犯罪活动的可靠保证。1982年，《文物保护法》以《刑法》总则的基本原理为基础把构成文物犯罪依法追究刑事责任的条款原则的开列了四款七项，但因缺少具体的量刑标准，实施中遇到困难，大量的文物犯罪分子得不到应有的处理。如文物法规定"私自挖掘古文化遗址、古墓葬，以盗窃论处"可具体到处理一名盗墓者时，是以盗得的文物价值还是以文物级别或以古墓的保护单位的级别量刑，文物法均没有明确规定，为此1987年最高人民法院、最高人民检察院下发了《关于办理盗窃盗掘非法经营和走私文物的案件具体应用法律的若干问题的解释》，全国人大于1991年做出了《关于惩治盗掘古文化遗址古墓葬犯罪的补充规定》，这些法律明确具体的规定了对各种文物犯罪的判罚标准。河北省人大 1993 年重新公布的《河北省文物保护管理条例》中也对文物行政处罚的标准做了详细规定。没有准确的量刑和处罚依据，严格执法就是一句空话。

第三是依法量刑、处罚。根据违法或犯罪者的性质、情节及对文物的破坏程度和在社会上造成的影响，对他们处理都要在法的限度内进行。依法量刑和处罚是打击文物违法犯罪活动的关键。依法量刑、处罚既是对法律负责，也是对当事人负责。1994 年 2 月 28 日，赵县发生了一起犯罪分子盗窃禅林寺舍利塔的案件。由于是整体盗运省级文物保护单位，不仅是在河北，就是全国也属首次发生，以前的各种法律对这样的案件均没有明确的量刑规定，但犯罪分子公然动用靠背吊卡车等重型起重机械盗运文物，性质十分恶劣，打击文物犯罪既要及时严厉，又要有法可依，量刑准确。省、市、县检察机关与省文物部门共同商议，决定由县检察院逐级报请最高人民检察院，要求按法律有关相近条款处理。根据法学原理和有关法律规定，最高人民法院、最高人民检察院对某一个文物犯罪案件审判量刑标准的批复就可以作为下级人民法院处理犯罪分子的法律依据。这样就使我们在实际工作中对每一个案件的处理都有法可依、量刑准确。

加强文物立法和文物法的宣传及严格执法，在文物法制建设中缺一不可。抓住了这三个环节，我国的文物法制建设就会沿着正确轨道发展，真正实现文物管理法制化，使祖国优秀的历史文化遗产得以彻底保护。

（原载《文物工作》1995 年第 4 期）

被盗掘出的赵王陵及其三马

　　战国后期，赵国与秦、齐、楚、燕、韩、魏并称为"七雄"。但当赵国第四代君王赵武灵王继位之时，其形势十分险恶，周围被齐、中山、燕、林胡、楼烦、东胡、秦、韩、魏包围，人称"四战之国"。积贫积弱的赵国多次受到邻边小国中山国侵扰，无力还击。西北部受林胡、楼烦的军事掠夺日甚，边关频频告急，他继位的前19年间还被秦、魏战败六次，损兵折将，常有忍辱削地之事。

　　面对这种情况，武灵王奋发图强，励精图治，开展了轰动各国的军事改革——胡服骑射。改革的直接结果是出现了中原诸国第一支庞大的骑兵。从此，短身小袖，皮带皮靴，头戴羽冠，骑轻马持轻弓，奔袭驰骋的作战结束了中原上衣下裳、宽袍大袖、脚履鞋子，驾笨重战车的时代。同时也改变了赵国的被动局面，赵国铁骑先后踏灭中山，横扫林胡、楼烦，西拒强秦。成为六国中唯一能与秦国抗衡的军事大国。在某种程度上可以说赵国后期，它的骑兵成为立国之本。

　　然而，赵国与马的这段因缘关系似乎随着六国湮灭，被深深地埋入历史的尘迹中，人们只能在浩瀚的史籍和成语故事中捕捉到一点赵国铁骑的影子。近几十年的考古也没能挖掘出太多的证据。这不免使人对历史的记载产生了怀疑，同时也更使人们对赵文化产生了神秘感和揭开神秘面纱的冲动。我对赵文化也有着浓厚的兴趣，真希望有一天考古工作者能将某座赵王陵开启，使我们能寻觅到赵国的蛛丝"马迹"。

今年3月，一个偶然的机会，我得到一条信息，位于河北邯郸境内的赵王陵2号墓出土了3件铜马。突如其来的消息使我惊呆了，盼望已久的喜讯简直让我忘乎所以，情不自禁地就要起身奔赴邯郸看个究竟。但接下来的消息又令人失望和悲伤。铜马是被犯罪分子盗掘而出，可能已流失境外。4月，我带着对盗墓者的愤恨和对赵文化的崇拜来到了古都邯郸。在市公安局有关同志的陪同下查看了被盗掘的赵王陵2号台。

所谓的赵王陵台，就是在丘陵的顶端，起高垫低，修筑成南北长，东西窄的长方形土台，南北长约350米，东西宽约200米。当初的规模十分宏大，有陵园及回廊和享堂等建筑。两千年后的今天，随着战乱和自然的侵蚀，地上建筑已荡然无存，台子也成为人们耕种的农田，只有当人们在耕作的田垄中偶尔捡到破碎的瓦片，才能影影绰绰地看出这里曾有过辉煌的过去。

但是，这里毕竟是帝王陵园。站在陵台封土上极目远眺，似乎还能感觉到帝王之气的存在。西面它背靠平缓起伏的龙脉山峦。东向广阔的大平原，中间不高的山丘成为天然照壁。南面有小河自西向东流过。南北两翼有天然丘地依托。

公安局的有关人员介绍说，去年犯罪分子用洛阳铲从2号陵台封土的顶端向下打了探孔，然后放入自制的定向爆破炸药，将封土进行了挤压式的爆破，炸开一个60－70厘米的圆洞，进入墓室。赵王陵是依山开凿的崖墓，墓顶为穹隆状。由于墓室内有八米深的淤土，犯罪分子又沿着墓室南侧向下挖了8米，然后又向北掏挖，在这里，他们找到了209枚玉衣片和1件金牌饰，1个铜铺首，3匹铜马。

中国人自古视死如事生，厚葬几乎伴随着历朝历代，帝王陵墓更是极尽奢华。然而厚葬的风俗却派生出了盗墓的职业，而且盗墓活动一直延续到了今天。只是现在的盗墓手段更加高明，更加肆无忌惮。以往要盗掘像赵王陵这么大的墓，至少要用半月二十天，而目前他们只用三个晚上就能进入墓室；过去盗墓团伙的结合范围十分狭小，主要以家族为主，现在形成了跨省区结伙。盗掘2号墓的就是由北京人指挥，山西、河南人参与，南方人负责贩运进行的盗、购、销一条龙犯罪组织。

盗墓造成的危害是巨大的。一些历史文化信息在盗掘中涤荡殆尽，用以恢复历史社会的佐证被彻底毁灭。面对封土上的盗洞痕迹，我们只有无奈的叹息和强烈的义愤。在这里，唯一让我感到有点欣慰的是，在有关部门的配合下，流失到海外的被盗文物，有可能于近日被追回。

我们期盼着这一天。

还好，等待的日子并不长，5月12日，邯郸传来消息，三匹青铜马和一件铜铺首已完整回到邯郸，请求省里派专家鉴定。我跟随专家再次赶赴古城。

在邯郸市公安局会议室里，三匹青铜马和一件铜铺首已跃然于洁白的台布上。

赵王陵三马

三匹马高均在15厘米至18.7厘米之间，长23厘米至26厘米不等。青铜铸造而成，其中的两匹马作低头伫立状，一匹作仰头缓步行走状。从腹下的雄性生殖器和打结的马尾看，它们很可能是当时的战马。两匹立马前胸宽阔，肌腱隆突，背部浑圆丰满，马颈厚重有力，臀部劲健强壮，四腿结实发达，是典型成年马的形象。行马的四肢和身体各部位略显稚嫩，它大概是一匹马驹的造型。

几位专家轻轻地拿起铜马托在手上，经过了一阵仔细端详之后，异口同声地说：终于找到秦始皇兵马俑的源头了。

面对赵陵三马，专家们或轻轻触摸，或互相交谈，或频频点头，或开怀大笑，从他们的神情和交谈看出，赵陵三马将会在考古界引起巨大轰动，这是一次重要的发现。

赵陵三马，尽管它已锈迹斑斑，然而其形、其神、其工艺水平引起人们对历史的回忆和向往。

由于三马是被盗掘而出，它所表现的历史内含是怎样的已无法通过科学的手段获得，但三马出土于玉衣、金牌饰、铜铺首附近，也就是距棺椁不远，再加上对马的神态进行分析，人们仍能设想一下当时人们的思想情感，复原某些历史场景。

赵国从武灵王改革，经惠文王，到孝成王六年（长平之战前），一直是东方军事大国，这一地位的巩固，胡服骑射后的骑兵立下了汗马功劳，从某种程度说赵国是因马而强。因此，武灵王、惠文王、孝成王这三个君王对马情有独钟不足为过。赵王平时的生活和征战中定有几匹骁勇善战的坐骑。长期的接触使赵王与马产生了深厚的感情，而赵王死后，也一定希望将自己生前酷爱的战马造型随自己的身躯葬入地下。这种习惯在以后的历史中都能找到旁证，如1969年甘肃武威雷台东汉将军墓中出土的铜奔马，唐朝的昭陵六骏等。

从三马的形象神态看，立马神情悲伤，似在低头哀悼逝去的主人。不论2号墓是哪一位赵王，赵陵三马与墓主人有着不可分离的深厚感情。

赵王陵三马的历史内涵是丰富的，而其艺术成就也同样是灿烂的。就连我这个不懂雕塑艺术的人，也被它所表现出的艺术创新所感染、震动。

作者采用圆雕手法，以多视角的立体构图方式，让人从不同角度去欣赏马的神情与运动。它的侧面，作者以一条和谐的曲线勾画出头、背、臀、尾整体伦廓,让人感受到庞大的构图气势。曲线和直线完美结合创造出的四肢,将运动与静止的存在表现得淋漓尽致。三马的细部刻画也到了逼真传神的地步。马头颌骨突出,颌角分明,马眼凝重深邃,鼻孔清晰,鬃毛、马尾线纹流畅,就连不引人注目的马掌都刻画的惟妙惟肖,三马的整体比例十分准确,这些均反映出创作者对艺术的执着和一丝不苟的严谨态度。

赵国,一个富有传奇色彩的诸侯大国,今天留给我们的不仅仅是些美丽的传说,重要的是它留下了一份深厚的文化遗产。当我们怒斥盗墓者的卑鄙、无知,希冀法律对他们严惩时,更多的是对赵文化、艺术的向往与崇尚,并可望对其进行深层次的发掘,整理,使之发扬光大。

(原载《文物天地》1998 年第 6 期)

国有馆藏文物买卖之我见

最近，有人建议在《文物保护法》（修订草案）中增加一条：国有博物馆一般文物较多的类同品，经省、自治区、直辖市人民政府文物行政部门批准，可以销售的规定。他们认为：这样的规定有利于改善一些中小博物馆等文博单位的保管条件，解决捧着金碗要饭吃的窘困局面，并繁荣地方经济，活跃文物市场，促进民间收藏，藏宝于民。

笔者认为，一部法律的制定与修改首先应考虑立法原则和指导思想，要把握立法的大方向。《文物保护法》是为保护文物而制定的法律，"保护"是该法的核心，因此，文物法的修改应该始终围绕着"保护"二字进行。

中国是世界四大文明古国之一，悠久的历史决定了文物大国的地位。然而，中国文物的馆藏量与文物大国的地位极不相称。据初步统计，目前全国有近 1000 万件馆藏文物，这个数字不足美国的十分之一（美国有馆藏文物 13000 万件）。因此，中国的博物馆等文物收藏单位应尽可能地大量征集文物，抢救文物，丰富馆藏。馆藏数量的多寡，以及质量的高低是衡量博物馆水平的基本标尺。只有丰富的馆藏作基础，才能谈得上开展科学研究，对广大的人民群众进行爱国主义、历史唯物主义和传统教育，增强民族自尊心和民族自豪感。所以中国的博物馆等文物收藏单位最紧迫的任务不是探讨怎样出卖文物，而应当研究解决当今中国文物馆藏严重不足的问题。

退一步讲，就算一部分馆藏品能卖，也未必能达到改善中小文博单位保管条件的目的。在中国近 1000 万件馆藏文物中，珍贵文物大概占 400 万件，剩下的 600 万件多数是孤品。假设类同品有 200 万件的话，那么只有 100 万件能卖，这 100 万件再分散在全国近 3000 个博物馆、文管所（处）等单位（据统计，我国有近 3000 个文博单位），平均每个单位有 333 件。而在这些文物中，许多有历史、科学价值的文物未必有经济价值。比如我们的文博单位内收藏有大量的陶瓷器，如果将不够级别的陶瓷器拿出来卖，其结果是，要么没人买，要么卖不上价钱。再加上文物馆藏数量不平均，像故宫博物院、中国历史博物馆和其他一些省市级大馆几乎囊括了全国馆藏量的百分之四十。中小博物馆等文物收藏单位的馆藏文物有限，能卖的文物就更少，如果价钱再卖不上去，靠卖不够级别的类同品改善中小文物收藏单位保管条件的假设是无法实现的。

在文物管理实践中，曾多次发生一些文博单位将馆藏品混入参考品和处理品销售，给国家财产造成损失的严重问题。如 70 年代末 80 年代初，文物鉴定人员从一些博物馆、文管会、文保所弃置的"参考资料"和处理品中拣选出不少文物，其中有些是不常见的文物珍品。为此，国家文物局于 1980 年 6 月下发文件，要求各地的文博单位对"参考资料"和处理品妥善保管，严禁拨价给文物商店等单位对外销售。尽管如此，目前仍有一些文博单位利用管理制度上的疏漏，监督机制的不健全，文物底数不清等管理漏洞，浑水摸鱼，以开文物商店、文物代购店等名义，鱼目混珠地将一些馆藏文物卖掉。更为严重的是，在近两年甚至出现了湖北荆门博物馆、陕西宝鸡博物馆的个别领导将馆藏珍贵文物私自出卖的严重犯罪案件。出卖馆藏文物的收入并没有用于改善文物保管条件，而是富了和尚穷了寺，造成国有文物的流失。当真的需要改善文物保管条件时，仍然向国家伸手要钱。所以，就目前我们的管理水平，文博人员的道德素质、文化水准和监督机制等，以改善文物保管条件为由，将文博单位出卖馆藏文物写入法律，会在实际工作中造成适得其反的效果。

关于活跃文物市场的问题。大家知道，目前在我国许多地方，或多或少，或大或小，或合法或不合法地存在着旧货和古玩市场。经常出入这里的除少部分人是真正的文物收藏者外，大部分是以倒卖牟利为目的的文物贩子。据说十年前北京就有 20 万大军倒卖文物，到了今天，文物倒爷们不定翻了几倍，即便我国的博物馆等文物收藏单位能拿出 100 万件一般文物投向社会，那也仅仅是沧海一粟。况且真正的文物收藏者和懂行的文物贩子未必买这些文物，文物收藏者往往看重藏品的艺术价值，讲究文物艺术品的"工"是否好，文物贩子则更看重文物的经济价值。如果把一般文物中的类同品投放市场，根本无非满足市场的要求，活跃文物市场的目的就不能达到。

综上所述，靠卖馆藏一般文物的类同品改善中小文物收藏单位的保管条件和活跃文物市场，理论上不能成立，实践中也存在问题。首先，它会为国有文博单位出卖珍贵文物埋下伏笔。当出售一般文物不能实现"改善保管条件"的假设，满足不了"文物市场"的吞吐量和"文收藏爱好者"较高的要求时，只有出售馆藏珍品才能换取大量的金钱，活跃"文物市场"，填补"文物爱好者"的缺憾。这一缺口的开启，给一些别有用心者打开了一扇方便之门，馆藏珍贵文物很可能会被变通成一般的类同品堂而皇之地卖掉，国家的文化瑰宝将逐步流失殆尽。其次，它也为买卖出土文物找到了口实。中国主要的文物资源仍在地下，既然国家可以出卖包括出土文物在内的馆藏文物，也就没有理由拒绝私人之间买卖出土文物。买卖出土文物所获取的高额利润，必然诱发空前的盗墓，中国的文物保护事业将面临灭顶之灾。

在此，再说说几个具体问题：

一、一般文物"类同品"可以买卖的提法不科学

稍有常识的人都知道，文博单位馆藏文物的来源包括：考古发掘、采集、征集、拨交、交换、捐赠、旧藏等。如果我们认真分析研究就会发现，其中许多"类同品"是不能买卖的。例如按商周时期的礼制，列鼎的多少反映了墓主人的身份和地位，各个鼎与鼎之间一般只有大小的差异，没有形制的区别。如果把它们归入"类同品"，那么其中

的每一件都不宜卖，卖掉一件就降低了整体的历史价值和研究价值。所以不加限制、不加区别，笼统的规定一般文物中的"类同品"可以买卖，既不严谨，更不科学，只能给中国的文物管理事业造成混乱。

二、文物定级有地区差别和认识差异

确认馆藏文物是一般文物还是珍贵文物需由文物鉴定组织进行。我国除有国家文物鉴定委员会外，大部分省也有文物鉴定机构。文物一般具有地域性的特点，这就决定了文物鉴定同样有地域差别。经鉴定在某一地区不够级别的一般文物，到另一地区未必不够级别，某博物馆重复多件的一般文物，拿到另一馆很可能会被当成高级别的文物收藏。如故宫博物院一些不上级别的瓷器交换到其他馆，可能会被当成重要的收藏品。同时文物鉴定还有认识上的差别，它包含着一个认识再认识，提高再提高的过程。有些文物今天鉴定是一般品，明天就有可能变成珍贵文物。因此，规定将现在鉴定的一般文物中的类同品拿出来销售也是欠科学的。

三、中小文物收藏单位不具备保管条件的问题早有解决之路

目前，由于种种因素影响，一些中小文物保管机构确实存在保管条件差，或不具备文物保管条件的问题。针对这种情况，国家一方面正在积极地投入，把文物保护经费纳入当地财政预算，同时明令那些不具备文物保管条件的文博机构将所存文物交给有条件的文物机构代管。许多地方已严格执行了国家的规定，但也有个别地方执行不力，表现出一些地方保护主义和政令不畅的倾向，这正是下一步应该解决的问题。不能因为某个地方的国有文物收藏单位保管条件差，就建议修改法律，让其出卖馆藏文物换钱改善条件。当今世界，各个国家不论穷富，建设博物馆等文物保管场所，增加文物保护设施的途径主要有两个，一是由国家的各级政府投资，建设国家和地方博物馆；二是由私人或私人公司建立文物保护或博物馆基金会，博物馆的建设是由基金会筹集的资金完成。世界上还没有哪一个国家靠出卖本国的历史

文化遗产来建设博物馆，改善保管条件的，中国同样不能。

四、"盛世收藏"主要指国家收藏

在修法的讨论中，有人认为现在是空前的盛世，盛世言收藏，主张大力促进民间收藏。这恐怕是一种误解，如果考察一下中国的两大收藏高峰宋代和清代就会发现，所谓盛世收藏主要指的是国家收藏（皇家收藏），如北宋早中期和清代的康乾时期，皇家收藏达到了空前的程度。到了北宋末年、南宋和清朝末期，国家衰败，宫廷文物大量流入民间，才被民间收藏。当前，我国经济发展迅速，中央和地方政府对文物的投资正在成倍增长，出现了国家收藏的良好态势。只有国家大量的收藏才是盛世收藏，才是历史的必然。同时国家收藏有利于私人收藏，国家收藏文物的最终目的是进行科学研究并将文物展示给大众，让人民群众受教育长知识。而私人容易将收藏品变成个人把玩和少数人欣赏的玩物，还可能将其视为发财的筹码。如果我们的国家将大量的国有馆藏文物进行出卖，回流民间，它既是历史的倒退，也是对当前中国经济高速发展，国力逐渐强大的嘲弄。

五、"藏宝于民"非指国家之宝回藏民间

据我理解，藏宝于民主要是指因经济问题或其他原因，当社会上出现了合法文物时，国家允许私人收藏者出资收藏，并不是要把已由国家收藏的文物拿出来让民间收藏。从目前中国的现实情况看，藏宝于民有一定的危险性，个人收藏者不会因为收藏了文物而专门建筑防火防盗，防潮防湿的文物库房的，私人收藏品的安全无法保证。近几年，公安部门多次受理私人收藏品被盗的案件。另外收藏者一般是因个人爱好而收藏，上一辈的爱好，下一辈未必能继承，随着时间的推移，当家庭成员的爱好转移后，收藏品的命运将无法把握。

六、经济发展不能靠文物市场推动

国家的文物保护事业是精神文明建设的一部分，发展文物事业是

要教人育人，并不是靠它来发展经济建设的，因此生搬硬套地把经济领域里的一些运行规律或词汇套用在文物保护事业中是不恰当的。作为国家民族精神和灵魂的物化，文物不能被当成一般的商品倒来卖去。如果一个国家和民族到了靠买卖文物繁荣经济的时候，那么这个国家就是一个没有希望的国家和没有希望及自尊的民族。

七、严格控制文物交流场所的数量和范围

如果文物具有商品属性的话，那它必定是一种特殊商品，它的流通必须划定范围，在一定的范围内进行，不能随意买卖。作为一种特殊商品，文物具有不可再生性的特点，这就决定了文物的数量越来越少，文物的收藏只能局限在很小的范围内，它不是也不该是一个全民族的活动。《民间收藏指南》一书曾指出："古老的艺术品的数量终归有限，而且价值惊人，非一般人可能企望。"在社会上文物数量有限的情况下，如果不加限制地发展或活跃所谓的文物市场，促进民间收藏（文物收藏），只能诱发文物盗掘、盗窃，文物市场必定会成为文物销赃的温床。据了解，许多所谓的文物市场都变为文物被盗品的集散地，市场的经营者明面上作着合法生意，背地里却与文物贩子相勾结，倒买倒卖出土文物。所以国家在制定法律和政策时，应充分考虑现实，控制文物交流买卖的范围和规模，同时对民间文物的收藏采取不鼓励、不提倡，不禁止、不反对的方针。

（原载《中国文物报》2002 年 3 月 22 日第 2 版，《新华文摘》2002 年第 7 期全文摘登）

文物保护单位中古遗址古墓葬安全问题与基层保护网及其保护责任制模式的研究

　　分布在广袤的华夏大地上的古遗址、古墓葬，是中华民族优秀历史文化遗产的一部分，在全国已知的近 40 万处不可移动文物类别中占有相当大的比例，据统计，国务院公布的全国重点文物保护单位总计 1271 处，其中古遗址、古墓葬有 412 处，约占总数的 30%。我国的文物大省陕西共有各类在册文物点 35750 处，而古遗址和古墓葬占 10497 处，为全部文物点数的三分之一。这些数量庞大的地下文物大多具有较高的历史、艺术和科学价值，是各级政府、文物部门和广大人民群众的重要保护对象。然而，由于古遗址、古墓葬均埋藏于地下，具有较大的不可知性，而且大都分布在田野乡村，管理相当困难，如何保证它们的安全，使其免遭破坏，成为各级政府和文物行政部门着力解决的问题。

一、古遗址、古墓葬面临的主要安全问题

　　我国的古遗址、古墓葬主要分布于田野乡村，管理难度非常大。新中国成立后，为保护这些悠久的历史文化遗产，党和政府颁布法令，规定对不可移动文物，根据其历史、艺术和科学价值分别由中央人民政府、省级和县级人民政府公布为保护单位，而对于特别重要的文物

保护单位，可设博物馆、研究所、保管所等专门机构。于是像河北的赵邯郸故城，清东西陵等一批非常重要、规模大的文物保护单位相继成立文物保管所，派驻了管理人员。但是，能设立机构的毕竟是少数，大部分文物保护单位和文物点是靠 50 年代末创立的一种制度——文物义务保护员进行保护。随着这些专门机构的设立及文物义务保护员工作的开展，大部分地下文物得到了有效保护。

在客观上，20 世纪 80 年代前，由于中国经济建设规模相对较小，对地下文物影响只限于局部；犯罪集团也未把盗窃地下文物作为发财的目标，盗窃的地下文物不易出手。再加上固有的传统观念，人们不愿意触动地下的旧东西，古遗址和古墓葬相对较少地受到破坏。

但是，从 80 年代开始，随着大规模的经济建设，成片开发、出租、出让土地，地下文物的保护遇到了极大的挑战。同时国内外文物犯罪集团内外勾结，大肆盗掘地下文物，并将之非法走私出境，牟取暴利。居住于古遗址、古墓葬周围的部分农民在文物贩子的唆使下铤而走险盗掘地下文物。20 多年来，数以万计的古墓葬、古遗址遭到毁灭性的盗掘，使祖国文物遭到了巨大摧残和破坏，情景触目惊心。1990 年，国家文物局曾邀请全国 11 个省的文物部门到北京汇报本省的盗墓情况，据统计，在短短的两年内这些省就有三四万座古墓被盗挖。

与古遗址、古墓葬面临的严峻形势相反，在对地下文物的保护中，一些基础性的保护工作，不但没有加强，却出现了少有的松懈。新的保护方式没有建立，而以往创建的，并且行之有效的保护员等制度未能认真执行。有的文物行政部门在经济浪潮的冲击下，工作方向发生了倾斜，与经济利益发生关系的工作得到加强，而另一些没有经济实惠，费时费力的基础工作被放在了工作重心之外。由于缺乏管理，基层文物保护组织基本不复存在，文物保护制度难以在基层落实。没有了这些基层文物保护组织和基层保护制度，各级政府对古遗址、古墓葬的保护就失去了眼睛和耳朵，造成了信息不灵、消息不畅的后果，许多地下文物受到破坏和盗窃时都不能及时得到信息，并进行迅速、有效的制止，地下文物受到了重大损失。

二、新形势下各地对保护地下文物创建的好方式

90 年代，许多地区的盗墓活动曾达到了疯狂的程度，一些地区的盗墓活动严重影响了地方改革开放的形象，甚至影响到了社会稳定，如山西的侯林山、郭秉霖为首的几个带有黑社会性质的文物犯罪集团发展到了武装盗掘、走私文物的程度，对国家财产和人民的生命安全构成了极大威胁。这些文物犯罪活动逐渐引起地方党委政府的注意。文物保护方面存在的问题已到了非解决不可的地步了，有关地方在党委、政府的领导下，由法院、检察院、公安部门、文物部门等联合展开了声势浩大的打击文物犯罪活动。同时，为彻底改变地下文物保护不力的被动局面，各地重新实施了一系列保护措施，并因地制宜地总结出了一些行之有效的保护方法和经验。

湖北荆州市为对付 20 世纪发生的盗掘楚墓的犯罪活动建立健全了群众保护组织并建立了保证群众保护组织正常开展工作的制度。各村与古墓葬保护区的农户签订无封土古墓葬保护责任书；对有封土的古墓葬则采取多户联防责任制，以每一农户为主，其他就近农户为辅，共同保护有封土的古墓；荆门市则建立了"三级责任、四级保护"责任制，形成了自上而下的文物保护网络。"三级责任"就是强化县（市）、镇（乡）两级行政组织和村民委员会这种村民自治组织的文物保护责任。"四级保护"则是确立了各乡（镇）文化站、派出所、村治保主任和组长、农户的保护职能。它是由乡（镇）长与各村民委员会，村民委员会与农村小组组长，组长又与农户签订古墓保护责任状。要求农户们当好文物保护员、信息员、情报员、联络员"四员"；当阳市健全了文物保护网络，落实责任制，狠抓三条线责任网络的落实。一是政府一条线，由分管文物工作的市长与乡（镇）行政一把手签订古墓葬保护责任书。乡镇长与各村组签订文物保护责任书；二是政府部门中的公安一条线，由公安局局长与乡（镇）派出所所长签订古墓葬保护责任书。派出所所长与村治保主任签订文物保护责任书；三是政

府部门中文化一条线。由文化旅游局长与各乡（镇）文化旅游站长签订古墓葬保护责任书。

河北的邯郸市在 1998 年建立了专业与群众相结合的文物保护网络，建立责任状制度。首先是由县政府与乡镇政府，乡政府与村委会签订责任状；其次是县文化局与乡镇政府，乡镇政府与派出所签订责任状。还有就是乡镇政府与村委会，村委会与文物保护员签订责任状。同时建立完善了一支基层文物保护员队伍。市政府在《关于加强我市文物保护员队伍建设的意见》中明确规定对市级以上文物保护单位，要在就近的村确定 1 至 2 名文物保护员，正式颁发聘书，要求发给每个文保员每月不低于 60 元的报酬。全市共聘用文物保护员 510 余名。

宁波市制定了《宁波市业余文物保护员暂行管理办法》，对业余文保员的概念、条件、职责和义务、权利及其组织管理、奖励等都作了明确的解释和规定。要求全市各乡、镇、街道都必须建立文保小组。万人以上的乡、镇、街道必须配备 5 名以上业余文保员，万人以下的配备 2–3 名，每个县（市、区）级以上的文物保护单位必须落实 1 名以上文保员进行常年性的监督管理，拥有文物保护单位（点）的每个行政村必须有 1 名文保员负责安全保卫工作。宁波市文物保护委员会印制了《宁波市文物保护管理证》，进一步明确文物保护员的职责。这里的文物保护员有几大特点：一是业余性。保护员既无编制，亦无经费，都是在本职工作之余，履行文物保护职责，但他们有其明确的责任和岗位；其二是直接性和有效性。文保员分布广泛且来自基层，遇到情况反应快，行动迅速。

在几年的时间里，宁波市逐步建立起县（市、区）、镇（乡、街道）、村三级文物保护网络，文保员涉及公安、工商、海关、财税、城建、规划、旅游、宗教等各个部门和各行各业。有些县（市、区）建立了"三定一奖"制度，即定人保护、定点落实任务、定期检查、年终评比奖励。他们的活动对保护当地的文物起到了巨大的作用。

河南省十分重视农村三级文物保护网的建设。1998 年以来，洛阳市文物局把田野文物保护作为文物保护工作的重点之一，并把加强业余文物保护员队伍建设当作确保田野文物安全的基础工作来抓。下发了《关于加强业余文物保护员管理的通知》要求全市各级政府切实加强文物保护员队伍建设，迅速建立、健全业余和专业队伍相结合的文物保护网络。签订文物保护责任书，实行目标管理并吸收责任心强、品德端正、身体健康的群众加入保护组织；三门峡市建立了市、县、乡、村"四级"田野文物保护网络。根据地理情况，组成三个小组，经常下乡检查，对发现的问题，及时提出处理意见，指定专人解决，有效保证了田野文物的安全。

陕西省礼泉县地处关中平原腹地，是全省十八个文物重点县区之一，共有古墓葬 230 余座，各类文化遗址 61 处，散存石刻 190 余件，保护任务十分繁重。80 年代以来，文物犯罪分子不断盗掘、盗窃这里的文物。同时当地工农业生产中炸山取石、砖窑取土等活动对田野文物安全也构成了一定威胁。多年来，为有效加强田野文物保护工作，经过长期的摸索实践，县文物部门得出了一个结论，即只有依靠专业组织为骨干，壮大发展业余组织，并发展陵区群众，才能形成群防群治的田野文物保护的强大网络，于是创造出了专业文保员、业余文保员和广大人民群众三位一体的"三结合"式的保护方法。他们先后从博物馆抽调了专业人员，深入田野文物所在村，采取"墓随地走、地

陕西凤翔秦公一号大墓

随户走、户有专人"的办法,逐点选定了业余文物保护员,并以村为单位成立了文物保护员小组,壮大业余文物保护员队伍,并要求一名文物保护员发展本村 5—10 名群众参与此项工作。以此为基础,又把附近陵区划成几个区域,由专职文物保护员管理,形成专兼结合的管理格局。为了监督专职文保员的工作,他们实行了"一责五制一考核",一责,就是为每个专职文保员划定一个区,并与之签订文物保护安全责任书,要求必须随时掌握辖区文物点及业余文保员的基本情况。五制,就是建立巡查记录制度,回馆汇报制度,馆领导定期抽查制度,重大线索报告制度,奖惩制度。一考核就是将平时的定期抽查结果与年终目标考核相结合。1997 年以来,专业、业余文保员和人民群众,共报案 42 起,警方侦破 8 起,犯罪分子几乎全部落入法网。"三结合"模式开展文保工作,有效地阻止了田野文物违法犯罪活动,确保了田野文物安全,该县连续九年实现了田野文物安全无重大事故的良好局面,2003 年 12 月,受到文化部、国家文物局表彰,授予全国文物先进县称号。

三、责任书的主要形式与签约双方承担的责任

各地签订的田野文物保护责任书多种多样,但基本形式包括上级政府与下级政府签订的责任书,上一级文物行政部门与下级文物行政部门签订的责任书,县级文物部门与保护员签订的责任书。因签署机关或签署对象的不同,签约双方所承担的责任也不同。责任书的内容充分反映了这一点。

在各种责任书中,上一级政府与下一级政府签订的责任书,体现了政府保护文物的责任,将"五纳入"贯彻始终。咸阳市人民政府主管市长在 2001 年与区县政府主管区县长签订的文物保护目标责任书规定:各县市区政府要将文物保护工作纳入各级领导责任制。明确政府主要负责人是本辖区文物保护的第一责任人,并逐级签订文物保护目标责任书,做到任务明确,责任落实,赏罚分明;要将文物保护工作纳入国民经济和社会发展规划;将文物保护经费纳入财政预算。按

照"分级管理，分级负担，地方为主，逐级配套"的原则，并保证古建维修和文物基础设施建设的配套资金，落实文保员报酬；坚决杜绝非文物单位和未经批准的考古勘探单位私自进行考古钻探和发掘的事件发生，坚决制止基本建设中破坏文物现象的发生；建立健全文物保护管理机构，理顺管理体制，落实管理责任，在文物保护任务较重的乡镇、村组普遍建立基层文保组织；切实做好文物安全检查的组织工作。发现的隐患或漏洞要及时处理。严格实行文物安全一票否决制，凡发生馆藏文物被盗和田野文物发生重大盗掘案件的，取消评选先进资格并通报全市，同时还要追究当地政府及主管局和单位领导的责任。

上级文物行政部门与下级文物行政部门签订的责任书反映了文物部门对本行政区域内的文物保护实施具体监督管理的内容。他们须要承担具体文物点的管理责任。2004 年 4 月，陕西省文物局负责人与各市文物行政主管部门负责人签订的《田野文物保护责任书》规定：各市文物行政管理部门负责本辖区的田野文物保护管理工作。其主要和主管负责人是本辖区田野文物保护管理工作的直接责任人；要深入基层，每季度对本辖区田野文物安全保护情况进行一次认真检查，主动向当地政府汇报田野文物保护工作。积极解决田野文物保护中的突出问题和实际困难；对本辖区的田野文物安全保护工作情况，每半年向当地政府和省文物行政管理部门汇报一次。遇到重大问题，要立即报告；各市文物行政管理部门负责建立健全田野文物保护专业或业余保护机构。要在全国重点文物保护单位、省级文物保护单位和文物密集区建立文管所，其他文物点要建立群保组织或由文保员专人负责管理；积极向当地政府申请，将田野文物保护经费列入同级政府财政预算，落实田野文物保护经费和文保员报酬；建立田野文物安全保护管理奖惩制度。

在田野文物保护管理工作中，有关市文物行政管理部门没有履行本责任书规定的职责，省文物局将按照《陕西省重大文物安全事故行政责任追究规定》给予通报批评，直至追究责任。

大部分的田野文物保护，最终要落实在县级文物保护部门与文物保护员签订的责任书，将具体的看护工作放在保护员的身上。湖北省枝江市是田野文物保护任务十分繁重的一个市。1998年，县政府在重点文物保护单位聘用了49位合同制的野外文物保护员。2001年，县文物部门与保护员签订了合同书：要求保护员做好《文物法》的宣传；严禁在文物点保护控制范围50米以内非法动土施工，在古墓保护范围以内禁止种植高秆农作物；保护树立的保护标志；严禁将出土文物化公为私，监守自盗；坚持日夜巡查，做好记录，及时报告情况，保护发案现场；有对保护范围周边地区的出土文物进行保护的义务。

县文物部门在保护员合同一年任满后，经检查合格者，一次性付给劳务补贴费；举报不法行为和现场抓获文物案犯的，依法给予奖励；与罪犯作斗争受伤残的，向上级申报重奖和落实相关优抚政策；不报告盗情，不制止破坏行为的，发生一次即扣除一定数额的劳务补贴，发生两次则终止合同；玩忽职守致使保护点文物遭受破坏的，解除合同，扣除全年劳务补贴，并依法追究责任。

四、模式的总结

从以上各地保护地下文物的实践看，尽管他们处在不同的地区、不同的省份，不论是东部还是西部和中部，但创建的文物保护方式大体相同，其差别是细微和非本质的。其特点可概括为：基层文物保护网及其责任制主要是由县级人民政府直接领导和参与，乡（镇）人民政府和村民委员会参加，公、检、法、文化、文物等部门联合具体实施，文物保护员为前哨的基层文物保护管理方式，也就是以政府保护为主，广大人民群众参与的一种模式。经过提炼我们可以把各地基层文物保护网和责任制的保护方式总结出一个基本模式，内容应当包括几个层次：

（一）县（市）、乡（镇）、村主要领导或主管领导层层签订的文物保护责任状。在文物点密集地区，或文物已成为当地经济增长点的地方，省政府、地市级的政府主要或主管领导也直接与县级政府签订文物保护责任状（书）。

这种责任状优点在于县、乡、村三级领导全部加入到文物保护的行列，加强了领导力量，使"五纳入"中落实领导责任制的要求在基层得到实现。它有利于协调和调动对本级政府有关部门及村委会的力量，在对古遗址和古墓葬的保护中统一行动。

（二）县（市）公安、乡（镇）派出所、村治保主任层层签订的文物保护责任状。

古遗址、古墓葬的盗掘活动时常发生在广大的乡村。这种责任状既是一道地下文物的保护网，又是悬在文物犯罪分子头上的一把利剑，在保护地下文物及打击文物犯罪活动的双重任务中发挥着巨大作用。

（三）县（市）文物（文化）局、乡（镇）文化站、村文物保护员签订的文物保护责任状。

在对地下文物的保护中，这种责任状相对于其他几种责任状的签订是最有效、最专业，也是最牢固的。作为文物部门的工作人员，保护和管理好本辖区文物是他们的神圣职责，县文物（文化）局和乡文化站的工作人员都是当地文物保护的直接参与者，同时他们还能够运用所掌握的国家关于文物保护的法律法规及文物基础知识，指导文物保护员保护好本地的文物。经过专业人员的指导，文物保护员可以掌握到对付文物犯罪的基本常识。在实践中，许多破坏文物的事件都是通过这种渠道发现并报告有关部门的，在预防文物犯罪和打击盗掘、盗窃文物犯罪活动中起到了极为重要的作用。

（四）村委会与文物所在地的农户签订的文物保护责任状。

这种责任状主要是针对古遗址古墓葬分布极为密集的村庄而签订的，尽管签约双方专业知识有限，但村委会和文物所在地的农户有一种天然的责任，文物一旦在本村和自己的责任田出问题，村委会和农户很难逃脱干系。因此这种责任状签订并得到认真执行同样可以起到意想不到的效果，对文物保护员制度是一种有效的补充和完善。

五、建 议

几层文物保护责任状的签订形成了古遗址、古墓葬保护的基本模式，它的形成是各级人民政府和文物行政部门在带领广大的人民群众保护祖国文物，与文物犯罪分子斗争的实践中总结出来的。结果证明，这种模式在保护散存于乡间田野中的古遗址、古墓葬起到了决定性的作用，如果没有这种模式的保护，随着犯罪分子犯罪手段的现代化，大量的古遗址和古墓葬将会遭受灭顶之灾，许多地下文物将荡然无存。因此建议国家在对全国的古遗址、古墓葬的管理中推广这种保护责任制模式，必要时以行政规章的形式进行规范，要求各地执行，把这种模式作为文物工作中保护古遗址、古墓葬的日常管理的一种重要形式。当然，在推广这种模式时，必须强调基本模式与本地的具体实际相结合，建立起适合本地情况的管理方式。同时需要有相关的政策和条件做保障，如建立对文物保护组织和保护员奖励机制及其补助等，应当有一个比较详细的规定，以保证工作正常、有效的开展，把古遗址和古墓葬的保护真正置于国家和人民群众的保护网下，使其在对人民进行爱国主义教育中发挥应有的作用。

（原载李晓东主编《文物保护单位防范体系研究》，学苑出版社，2007 年）

法国伯希和旧藏西汉鸟虫书铜壶

2014 年,法国书商 AMaisonneuve 家中发现了一件中国古代铜壶,器身饰鸟虫书,王凯梅认为该铜壶与已故法国汉学家伯希和有关[1](图一)故称伯氏壶。笔者从王凯梅处得到相关资料,现将该铜壶略作考述,以正方家。

铜壶为圆壶,壶口微侈,平唇,束颈,溜肩,鼓腹,平底,圈足。口径 16.7、腹径 35、圈足径 19.3、器高 44.3 厘米,重 6 千克。腹部两侧有兽首衔环铺首,铺首以银线勾勒,鼻纽、衔环满饰错银的云纹。口沿、肩部、中腹、下腹部各饰一周错银纹饰带,带上主要为神兽纹和云纹图案。图案由主纹构成,无地纹,双线表现。口沿纹饰带上是螭龙和鸟首云纹(图二)。肩部纹饰带上是脊部和尾部带云纹的神兽和变形云纹。中腹纹饰带上是螭龙、龟首螭身神兽和变形云纹。动物或神兽图案被直线形云纹隔开,对称分布,云纹图案的某些起始部分与动物或神兽图案相连(图三)。下腹纹饰带上是一种脊背、尾部带

图一　伯希和旧藏鸟虫书铜壶

羽毛的变形螭龙和奔跑虎状神兽及变形云纹（图四）。圈足上饰错银动物纹一周（图五）。纹饰带上的图案与河北满城西汉中山靖王刘胜及其妻窦绾墓出土的两件鸟虫书铜壶（以下简称"甲壶"、"乙壶"）图案相似[2]，略有差异，如甲、乙两壶有凤凰、朱雀等异鸟类，也有鹿、狗的形象，伯氏壶缺之，然伯氏壶上的龟首螭身怪兽和虎的形象甲、乙两壶则不见。纹饰带图案均由双线主纹构成，无地纹，常见于西汉中期以后铜器。从纹饰上看，伯氏壶与甲、乙两壶的纹饰差别不大，应属同一时期。

图二　口沿纹饰

图三　中腹纹饰

图四　下腹纹饰

图五　圈足纹饰

纹饰带间饰双线错银鸟虫书，共 4 周 46 字。铭文采用双线书写，笔画起始或收笔时均作双环云纹，用鸟首作笔画起始或收笔时，鸟首眼睛处也为双环云纹。细如发丝的双线条笔画屈曲流畅。双线条间距均匀，文字整体笔画连贯。为避免长笔画书写平淡，笔画中间不断挑出云纹（图六）。释文如下：

壶，盖圜四合。四圜盖。盛兄（况）盛味于闰（润）。成（盛）兄（况）盛味于闰（润）。心，交闰（润）血肤，延口。心，交闰（润）血肤，延。血大（去）内（病）口八四，血大（去）内（病）口七。

图六　鸟篆文壶铭文（临摹）

1.颈部铭文　2、3.肩部铭文　4、5.上腹部铭文　6、7.下腹部铭文

　　曹锦炎对鸟虫书内容进行了释读[3]。铜壶除下腹部 11 字以笔画简单的单字作装饰外，颈部、肩部、上腹部铭文都是有意义的语句。对照甲、乙两壶铭文发现，伯氏铜壶的省字、移字、字句重复较多，但字句内容仍能释读,伯氏壶的铭文内容与甲、乙两壶相似。伯氏壶是继满城中山靖王刘胜墓两件鸟虫书铜壶之后发现的第三件汉代鸟虫书铜壶。若器盖不失，整器的鸟虫书有可能更多，就目前的材料看，伯氏壶应是目前已知的西汉错金银青铜器中鸟虫书字数最多者。

　　伯氏壶为范铸，先铸衔环，再铸铺首，最后铸壶身。壶身浇口设在圈足底部口沿，从底沿倒浇。在伯氏铜壶照片和 X 成像技术中发现了大量铜芯撑，如在器物颈部的"合"字与"四"字之间右侧偏下方发现了 0.6 厘米 × 0.6 厘米的四方形芯撑痕迹，X 光片中，器物颈部、腹部和底部发现了多片芯撑。但因 X 光片所拍角度和数量有限，未能准确记录芯撑数量。

　　曹锦炎认为伯氏壶的错嵌工艺明显优于甲、乙两壶[4]，此说不无道理。伯氏壶的银线细如发丝，难以预先铸槽，于是它一改早期的错金银青铜器在器壁上预先铸好里宽外窄的凹槽，经錾刻修整后在凹槽内镶嵌金银的做法，而是先选好鸟虫书字样，经设计布局后墨书在器身，再用铁凿、刀等专用工具錾刻沟槽，填以银线，捶打嵌牢，最后磨砺抛光。

　　从伯氏壶铭文内容看，其应为酒器。汉代许多盛酒器都有标准容量，那么伯氏壶是否也是一件标准的容酒器呢？两汉时期，有一种名为"锺"的器物，"锺"与圆壶在形制上难以区别，黄盛璋认为"壶不限于圆形，而锺只限于圆，壶较锺包括广泛"[5]。笔者在将伯氏壶与几件类似的西汉铜锺对比时发现，几件器物无论时间早晚，器物的高度、口径、腹径、足径均极为接近（表一）。

　　除伯氏壶外，所列其他铜锺都有"容十斗"的铭文，这些铜锺应是汉代容量为十斗的容器和量器。伯氏铜壶与几件铭刻"容十斗"的铜锺尺寸相当，也应是一件容量为十斗的酒器。

表一　铜壶、铜锺尺寸对照表　　　　　　　单位：厘米

名称	高度	口径	腹径	足径	年代	铭文	来源
阳信家铜锺	44.3	16.5	34.2	19.1	西汉中期	阳信家铜锺容十斗重卅九斤	茂陵一号无名冢一号从葬坑[6]
中山内府铜锺	45.3	18	34.5	19.5	西汉中期	中山内府锺一容十斗重（缺文）卅六年工充国造	满城汉墓1号墓[7]
常山食官锺	41.6	16.8	33.6	20.8	西汉中期	常山食官锺容十斗重□钧□斤	常山王刘舜墓[8]
代食官糟锺	46	18	31.5	20	西汉中期	代食官□（糟）锺容十斗第十	太原东太堡汉墓[9]
南宫锺	43.7	17.5	33.5	20	西汉中期	南宫锺容十斗重五十一斤天汉四年造	西安三桥镇高窑[10]
伯希和铜壶	44.3	16.7	35	19.3			法国

经观察发现伯氏壶有多处破损修复的痕迹，破损严重的地方采取了焊接修复。凡修复过的器物表面均用褐色的胶、漆涂抹，涂抹处与器物表面颜色有较大区别。这种可辨识性的修复，是流行于20世纪中叶以前欧洲的一种主要文物修复理论和方法，符合伯氏生活的年代。

从器形特点、铸造技术、镶嵌工艺、文字内容、纹饰特点及其与河北满城西汉中山靖王刘胜墓出土的两件鸟虫书铜壶的对比分析判断，伯氏壶是一件不早于西汉中期,也不晚于西汉晚期的器物。它是继满城刘胜墓两件鸟虫书铜壶之后发现的第三件鸟虫书铜壶，而且是目前已知的西汉（含西汉）以前错金银青铜器中鸟虫书字数最多的一件，具有重要的历史、艺术和科学价值，为汉代铜器铸造、错金银技术和鸟虫书的研究提供了实物资料。

注 释：

[1] 王凯梅《伯希和的箱子》,《文物天地》2015 年第 4 期。

[2] 中国社会科学院考古研究所等《满城汉墓发掘报告》, 第 43、48 页, 文物出版社, 1980 年。

[3] 曹锦炎《法国伯希和旧藏西汉鸟虫书铜壶铭文研究》,《文物》2015 年第 11 期。

[4] 同[3]。

[5] 黄盛璋《关于壶的形制发展与名称演变考略》,《中原文物》1983 年第 2 期。

[6] 咸阳地区文管会等《陕西茂陵一号无名冢一号从葬坑的发掘》,《文物》1982 年第 9 期。

[7] 同[2]。

[8] 河北省文物研究所等《高庄汉墓》, 第 34 页, 科学出版社, 2006 年。

[9] 山西省文物管理工作委员会等《太原东太堡出土的汉代铜器》,《文物》1962 年第 4、5 期。

[10] 西安市文物管理委员会《西安三桥镇高窑村出土的西汉铜器群》,《考古》1963 年第 2 期。

（原载《文物》2015 年第 11 期）

法国发现的与伯希和有关的
鸟篆文铜壶研究

　　2014 年春天，法国巴黎书商 AMaisonneuve 家族中发现了一件中国古代铜器，器身用 46 个鸟篆文做装饰，采用错银工艺，除缺少器盖外，与 1968 年河北满城中山靖王刘胜墓出土的两件鸟篆文壶有许多相似之处。旅法华人王凯梅女士撰文介绍，认为器物与已故法国汉学家伯希和有重大关系。笔者从器型、铸造及镶嵌工艺、文字等方面进行一些浅显的探讨，借此抛砖引玉，希望得到更多专家、学者的研究和关注，进而确定其在历史、古文字学、书法艺术等方面的研究价值。

器　形

　　该器物除圈足与下腹部之间是素面外，周身用双线银丝错出鸟篆文和动物纹、云纹，整体装饰精致美观，大气华贵。因器物颈部铭文有"壶"字，故谓之错银鸟篆文铜壶，由于其来源与法国汉学家伯希和有关，暂称伯氏铜壶。

伯氏铜壶

伯氏铜壶为圆壶，是汉代常见的器型。根据研究，青铜圆壶的渊源可以追溯到商周时期。至战国，尤其是战国晚期这种侈口、短颈、球形腹、圈足、肩上铺首衔环的圆壶多有出现。20世纪70年代河北省文物部门在中山王墓中发掘到6件3对这样的圆壶。汉代的铜圆壶形制受战国影响较大。如果将伯氏铜壶的形制和王墓圆壶作对比的话，可以看到明显的继承关系。

近几十年，汉代考古屡有重大收获。西汉墓不断有类似器物出土。1998年陕西长安县韦曲镇北塬7171场西汉早期墓出土了一件"张氏"锤，通高36厘米，除大小外，与伯氏壶极为接近。与伯氏壶形制基本相同的还有很多。1972年6月，南京博物院在徐州铜山的小龟山发掘的一座西汉中期墓葬，出土一件刻有"丙长翁主壶重六斤四两"的带盖铜壶；1981年，陕西咸阳地区文管会和茂陵博物馆在汉武帝茂陵一号无名冢一号丛葬坑发掘到一件铭文为"阳信家铜锤容十斗重卌九斤"的铜锤；1968年河北满城中山靖王刘胜墓出土一件"中山内府铜锤"；1982年徐州博物馆在徐州石桥2号汉墓清理出一件"明光宫赵姬锤"；1983年山西平朔考古队在县城北露天煤矿附近发掘的西汉并穴木椁墓出土两件铜锤；1991至1992年，河北省文物研究所发掘西汉常山王刘舜墓，出土4件B型铜锤。另外，中国北京保利博物馆收藏了一件"建昭三年锤"。

长安县韦曲镇北塬7171场汉墓为西汉早期，其出土的"张氏"锤为西汉早期之物，徐州小龟山带盖铜壶、茂陵一号无名冢一号丛葬坑阳信家铜锤、中山内府铜锤、徐州石桥2号汉墓的明光宫赵姬锤和山西平朔西汉并穴木椁墓出土的两件铜锤及常山王刘舜墓的4件B型铜锤为西汉中期，而建昭三年铜锤为公元前36年，属于西汉晚期。

张氏锺　　　　　　丙长翁主壶　　　　　　阳信家铜锺

中山内府铜锺　　　　明光宫赵姬锺　山西平朔西汉并穴木椁墓铜锺

西汉常山王刘舜墓出 B 型铜锺 1　西汉常山王刘舜墓出 B 型铜锺 2　建昭三年锺

可以认为，伯氏铜壶应当是西汉时期较常见的器物类型，这种铜壶在西汉长达 200 余年的时间里一直在生产、使用。

铸造技术

根据观察，伯氏壶采用了中国古代传统的铸造技术——陶范铸造工艺，分铸而成。铸造顺序应当是先铸双耳之衔环，再铸双耳的铺首，最后铸壶身。

范铸的青铜器由于合范时总有一定缝隙，器物铸就后在器物表面留有凸起的范线，观察范线是否存在往往成为后人鉴定青铜器，特别是传世青铜器真伪的方法之一。但是青铜器铸就后需要经过磨砺等修整程序，范线常常会被打磨掉，难以辨识。这件伯氏壶的范线同样不明显。但是看一件青铜器是否为传统的范铸也可以通过寻找芯撑解决。芯撑是中国古代青铜铸造工匠发明的，在陶范的范芯和外范之间放置一些四边形或三角形的金属垫片，用于定位和掌握器壁薄厚，避免铸造缺陷。在伯氏铜壶照片和 X 成像技术中发现了大量铜芯撑。如在器物颈部的"合"字与"四"字之间偏下方右侧发现了 0.6 厘米 × 0.6 厘米的四方形芯撑痕迹，X 光片中，器物颈部、腹部和底部发现了多片芯撑。因 X 光片所拍角度和数量有限，未能准确记录芯撑数量。但可以说，伯氏铜壶是一件用传统的陶范铸造技术铸就的青铜器。

四与合之间芯撑痕迹

镶嵌工艺

在汉代，冶铁和漆器等行业迅速发展，青铜铸造业地位严重削弱，但某些领域仍然保留着使用青铜器的习惯。作为传统手工业，青铜铸造与其他技术相结合，也创造出了中国古代青铜制造的最后辉煌。因此汉代的一些青铜制品依然构思奇巧，造型优美，绚丽耀眼，令人叹为观止。伯氏铜壶正是运用了青铜铸造技术与春秋战国以来的错金银技术相结合制作的一件巧夺天工的酒器。

伯氏铜壶的银线细如发丝，难以预先铸槽，于是它一改早期的错金银青铜器在器壁上预先铸好里宽外窄的凹槽，经錾刻修整后在凹槽内镶嵌金银的做法，而是先选好鸟篆文字样，经设计布局后墨书在器身，再用低碳的铁凿、刀等专用工具錾刻沟槽，填以银线，捶打嵌牢，最后磨砺抛光，形成产品。这件伯氏错银鸟篆文铜壶，将错银技术与铸造技术相结合，表现出工匠高超的错银镶嵌工艺。

鸟篆文

曹锦炎先生在《伯希和旧藏西汉鸟虫书铜壶铭文研究》一文中认为伯氏壶的错嵌工艺明显优于刘胜两壶。此说不无道理，但镶嵌工艺必须要在文字书写的基础上完成，墨书水平尤显重要。伯氏壶的46个鸟篆文，各个书写、制作精工，其双线书写的笔画，起始或收笔时均作二圈云纹，用鸟首作笔画起始或收笔时，鸟首眼睛处也是二圈云纹。细如发丝的双线条笔画屈曲盘绕，弯曲自如，舒展流畅，给人以饱满、圆润、速度感。双线条之间的距离把握功夫老道、拿捏精准，有如神来之笔。文字整体笔画连贯，有一气呵成之势。为避免透迤的长笔画书写平淡，长笔画中不断挑出二圈云纹，做出变化。这种双线条的书写和鸟首、云纹的运用使得整个字体显得华贵富丽、光彩耀眼。

自春秋时期鸟篆文出现以来，由于其诡异多变，书写、辨识困难的原因，在世间难以普及，仅作为一种美术字在很小的范围运用，而且不会大量铭刻、书写，在出土和传世的青铜器中，超过两位数的鸟篆文已属凤毛麟角，著名的越王勾践剑也仅仅8个字。1968年，满城中山靖王刘胜墓的两件鸟篆文铜壶，甲壶44个鸟篆文，乙壶31个鸟篆文，当时以错金银鸟篆文数量最多的青铜器闻名于世，引起古文字学家和书法篆刻者的极大关注。伯氏铜壶应该是继满城中山靖王刘胜墓两件鸟篆文铜壶之后发现的第三件汉代鸟篆文铜壶。如果器盖不失的话，整器的鸟篆文有可能突破46字。就目前掌握的材料看，伯氏壶应该是当前已知的西汉（含西汉）以前错金银青铜器中鸟篆文字数最多的一件。

伯氏壶兄字（况）

曹锦炎先生对鸟篆文内容进行了详细的释读。铜壶除下腹部11字以笔画简单的单字作装饰外，颈部、肩部、上腹部铭文都是有意义的语句。对照刘胜墓的甲乙两壶铭文发现，伯氏铜壶的省字、移字、字句重复较多，造成通读困难，此情况在西汉中晚期的昭明镜中也大量发现，减笔、伪（讹）字、代（通假）字、减句、减字现象比比皆是，说明这是西汉中晚期铜器制作中的普遍做法。但字句内容仍能释读，伯氏壶的句子内容与刘胜壶几无二致。过去学者认为刘胜鸟篆壶的文字内容是一种吉祥语句，当然不错，但"成况盛味（即是盛况又是盛味）、于心佳都（心情美好又舒畅）、充闰血肤（流通血脉润肌肤）、延寿祛病（延年益寿去疾病）、万年有余（人活万年有余生），"分明是在宣传饮用壶中美酒的益处。类似宣传用语在西汉中晚期或东汉的铜镜铭文中多有发现，如四神规矩镜有铭文"此有佳境成独好，上有仙人不知老，渴饮礼泉饥食枣，游天下敖四海，寿如金石为国葆"，"朱氏明镜快人意，上有龙虎四时宜，常保二亲宜酒食，君宜官秩家大富，乐末央，宜牛羊"。所以包括满城刘胜墓出土的两件鸟篆文壶和伯氏壶在内的三件鸟篆文壶的文字内容，除了应当解释为当时流行的一种吉语套话外，也有售酒广告词的意思，属于中国古代较早的产品销售广告。

宽带纹和圈足图案

伯氏壶的口沿、肩部、中腹、下腹部各饰一周微凸的宽带纹，圈足上饰动物纹一周。宽带纹上的图案与满城汉墓的两件鸟篆文铜壶的宽带纹图案十分相似，主要是怪兽、动物纹、云纹。口沿宽带上是螭龙和鸟首云纹图案。肩部宽带上是脊部和尾部带云纹的怪兽和变形云纹。中腹宽带纹上有螭龙、龟首螭身、似人非人似猴非猴等四种怪兽和变形云纹组成，许多动物或怪兽被曲、直、方、长、短的直线形云纹隔开，形成对称分布，云纹图案的某些起始部分往往与动物或怪兽的尾、掌、爪及身体自然结合。下腹宽带纹上是一种脊背、尾部带羽毛的变形螭龙和奔跑虎状神兽及变形云纹。圈足上是螭龙和缠绕在一起的夔龙。经与满城汉墓的两件鸟篆文铜壶的宽带纹和圈足上的纹饰对比发现，整体纹饰大体相同，圈足上的纹饰差别不大，腹部、肩部和口沿上的动物和神兽形象也雷同，但略有差异，比如刘胜墓有凤凰、朱雀等异鸟类，也有鹿、狗的形象，伯氏壶缺之，然伯氏壶上的龟首螭身怪兽和虎的形象刘胜壶不见。从纹饰上看，伯氏壶与刘胜壶的纹饰差别不大，应该属于同一时期的风格。关于满城汉墓的两件鸟篆文铜壶的宽带纹中的一些图案，尤其是某些怪兽或个别动物的定名研究还没有比较统一和权威的说法，如腹部宽带纹上似人非人，似猴非猴，双臂上伸弯曲及后背带羽毛的怪兽，有待深入研究。

伯氏壶肩部宽带上怪兽和变形云纹

伯氏壶中腹宽带上怪兽和变形云纹

伯氏壶下腹宽带上虎形神兽和变形云纹

伯氏壶下腹宽带上怪兽和变形云纹

伯氏壶圈足上螭龙和夔龙

在观察伯氏壶和刘胜鸟篆文铜壶的宽带纹时发现。宽带纹图案均由主纹构成，缺少地纹，而且用双线表现。此种情况在西汉中期以后的铜镜中多有发现，一些专家分析认为，这是西汉中叶以后的铜镜与西汉早期、战国镜的重要区别。战国晚期的铜镜多以地纹衬托主纹，用单线表现主纹，并深深影响了西汉早期的铜镜。所以西汉早期的铜镜地纹衬托主纹，单线表现主纹依然流行，只是地纹十分粗略。大约在武帝时期情况开始发生变化，逐渐脱离前朝的影响并形成自己的特点。铜镜和铜壶的制造都属于铜器铸造业，装饰风格和铸造工艺有一个相互借鉴相互学习的过程。铜壶和铜镜这种弃地纹，双线表现主纹的手法正是相互借鉴学习的结果。

有关问题
器物的生产制作者及器物主人

在西汉，铜器铸造生产经营主要有官府和私人作坊两种形式。据《汉书·百官公卿表》记载，汉代中央政府设立专门的官署，如少府负责"掌山海池泽之税，以给共养"，属官有太官、考工室令丞等。

武帝时设上林苑，归水衡都尉管理。这些部门生产的部分铜器产品，只供皇室和宫廷御用。此外，郡国和县、侯国也设有制造铜器的手工业部门。

同时，与官府铜器铸造手工业部门并存的还有许多私人作坊。私人作坊在器物上大量刻记铭文的不太多见，除了铜镜等日用品上铭刻一些吉语套话外，大部分只是简单的刻上作坊主人的姓氏。

官府为皇家和宫廷制造的铜器一般直接输送或分配给皇室，器物上常常详细记载制作机构、器物拥有者、器物名称、容量、重量、制作年份、工匠名称、器物在总数中排名的铭文，如"阳信家铜二斗鼎，盖，并重十四斤四两，四年二月工官得指造，第十二，函池"、"中山内府锺一容十斗重（缺文）卅六年工充国造"。

不过，官府为皇家和宫廷制造的器物也不一定完全能够满足皇室的要求，他们为了使自己的用品更加丰富，也经常到民间市肆去购买一些私人经营的产品，大量铜器铭文显示了这一情况，如"阳信家铜炉，重二斤七两，三年曹孟所买，第六，函池"、"中山内府铜鋗一，容三斗，重七斤五两，第卅五，卅四年四月，郎中定市河东，贾八百卌"。汉代官府制作的铜器常包括"内官造""工官得指造""楚大官""工充国造"在内的制作机构和工匠名，但到市肆购买的器物几乎看不到制作机构和工匠名。

伯氏铜壶是一件制作十分精美的器物，按一般推断，应该由官府制造并由皇家独享。然而该壶除了以鸟篆文作为器身的装饰铭文外，没有任何与壶的生产、使用者和购买者有关的铭文记载。似乎有违常理。笔者认为，生产者可能有两种情况。一是因为该壶的制作精美，做工费时，价格应当十分昂贵，普通人难以承受，官府生产并为皇家专门制作的可能性不能排除，缺少刻记铭文原因待考。二是器物可能出自私人手工业作坊。另外，鸟篆文内容与私人手工业作坊制作的铜镜上的吉语套话类似，为当时民间所流行。已知西汉时期宫廷重要器物中很难看到这类铭文。还有，伯氏壶鸟篆文的省字、移字、字句重复较多，减笔、减句、减字现象严重，随意性较大，通读困难，与官营作坊或内府制作器物的严谨程度有较大差异，而与汉代中晚期民间铜镜制作中的移字、减笔、减句、减字等普遍做法相同。故伯氏壶不排除产自民间私人作坊，有可能是私人作坊生产的高档商品酒壶。史书曾记载过汉代民间一些饮酒和酒的产销情况，既然卖酒，当然就应该包括高档包装在内的高档酒的销售和营销宣传。

由于伯氏壶出土时间和地点不详，器物原有主人难以确定。从器物分析，制作这样一个壶，除了铸造技术相对简单外，其他工序繁多、复杂，生产数量应当有限，不论是官府生产还是私人作坊制作，能够拥有此物之人绝非普通百姓。参考满城汉墓两件鸟篆文壶主人刘胜显赫的身份，伯氏壶虽然只错有银线，但精美程度不亚于刘胜壶，价值依然很高，器物原主人应该与刘胜的身份相差不多，属于非显即贵者。

容 量

从伯氏壶鸟篆文中有"壶"和"盛兄（况）盛味""交闿（润）血"等字句内容看，其为酒壶无疑。在汉代，许多盛酒器物都有标准容量，那么这件酒壶是否也是一件标准的容酒器呢？两汉时期的"锺"与圆壶在形制上难以区别，黄盛璋先生曾撰文认为，壶不限于圆形，而锺只限于圆，壶较锺包括广泛，不无道理。笔者在将伯氏壶与几件类似的西汉铜锺对比尺寸发现，几件器物无论时间早晚，器物的高度、口径、腹径、足径极其接近。除伯壶外，这几件西汉铜锺基本都有"容十斗"的铭文。茂陵一号无名冢一号丛葬坑出土的铜锺铭文："阳信家铜锺容十斗"；刘胜墓铜锺："中山内府铜锺一，容十斗"；刘舜墓常山食官锺铭文："常山食官锺容十斗"；太原东太堡汉墓出土代食官糟锺铭文："代食官□（糟）锺容十斗第十"；西安三桥镇高窑村出土的南宫锺："南宫锺容十斗重五十一斤天汉四年造"；保利博物馆建昭三年铜锺铭文："糟铜锺容石"（汉代的一石等于十斗）。"容十斗"的铭文证明这些铜锺应该是汉代容量为十斗的容器和量器。伯氏铜壶与几件铭刻"容十斗"的汉代铜锺尺寸相当，应该解释为它是一件容量为十斗或一石的酒器。

伯希和与铜壶的关系

伯希和是一位被中国学者褒贬不一的著名学者、汉学家，以获得大量敦煌精品经卷文书为中国人所熟知。伯氏首次到中国是 1900 年，一直到 1935 年，多次往返于中国、越南、法国。由于精通包括汉语在内的 13 种语言，他在旧中国积贫积弱，清政府摇摇欲坠，改朝换代后的军阀混战及外敌入侵的混乱时期，利用官方和私人古董商的关系获取了大量中国古代文物并运到法国。这些中国文物的大部分在他生前和 1945 年去世后，分别捐赠、出售给法国卢浮宫博物馆、法国国家图书馆、巴黎吉美博物馆及其他欧洲和美国的科研机构，其捐赠的文物均有记录可查。

据王凯梅女士撰文介绍，该壶是在与伯希和生前关系密切的 Maisonneuve 家族别墅里的木箱子中发现，木箱有编号，并用法语写有 PELLIOT（伯希和）的姓。铜壶有可能是伯氏在世时出售或赠送给他的书商 AdrienMaisonneuve 的，也有可能是伯氏去世后 AdrienMaisonneuve 从其遗孀手中购得的。

如果此说不错，铜壶确为伯氏旧藏，为何不见于伯氏的任何记录？笔者认为：按照伯氏的学识和眼力以及处于那个年代，他在旧中国获得这么一件精美的文物不是没有可能的。但这件文物器身装饰四五十个笔画繁多，变化诡异，识别困难的鸟篆文，先前应该未有人见识过类似的鸟篆文铜壶。满城汉墓两件鸟篆文铜壶出土于 1968 年，此时伯氏已离世 23 年。当时的伯氏缺少研究比对的对象，在真假难辨的情况下可能隐藏了铜壶的所有信息。但华美的鸟篆文又引起了这位语言天才的极大兴趣，于是在得到器物之日起展开了多年的研究，但至死未能解开铜壶文字和纹饰之谜，这或许就是此壶未见诸各种报纸杂志的原因。

经观察发现伯氏壶有多处破损修复的痕迹，破损严重的地方采取了焊接修复。凡修复过的器物表面均用褐色的胶、漆一类的化学合计涂抹，涂抹处与器物表面颜色有较大区别。这种可辨识性的修复，在20世纪中叶以前是流行于欧洲的一种主要文物修复理论，符合伯氏生活的年代。

结　语

从器型特点、铸造技术、镶嵌工艺、文字内容、纹饰特点以及与刘胜墓的鸟篆文的对比等方面综合分析，伯氏壶是一件不会早于西汉中期，也不会晚于西汉晚期的器物。它是继满城刘胜墓两件鸟篆文铜壶之后发现的第三件鸟篆文铜壶，而且是当前已知的西汉（含西汉）以前错金银青铜器中鸟篆文字数最多的一件，具有重要的历史艺术和科学价值，为汉代铜器铸造、错金银技术和鸟篆文的研究提供了一件不可多得的实物资料。

（原载《文物天地》2016年第2期，本文内容略有增改。）

奋斗结硕果　扬帆再起航

——新中国成立 70 年
河北省博物馆事业发展综述

在以习近平总书记为核心的党中央带领全党、全国各族人民迈向实现中华民族伟大复兴中国梦的征途中，新中国迎来了 70 周年华诞。河北省博物馆事业是在新中国的孕育下出生、成长的，并与祖国风雨同舟，一路走来，经历了无数的艰辛与挫折。今天，分布在全省城乡的上百座博物馆已经成为推动社会经济发展，满足人民文化生活需要的重要精神载体。河北生活上博物馆事业 70 年，经历了创业发展期、恢复稳定期、提升发展期、高速全面发展期四个阶段。

一、创业发展期（1949 年—1977 年）

河北省博物馆事业有 100 多年的历史。1902 年直隶省（今河北省）天津考工厂设立陈列馆，是河北省博物馆事业的发端。但由于河北省特殊的地理位置，省会多次迁徙，使得整个博物馆事业的发展曲折多变。1949 年新中国成立时，除了天津的几所博物馆外，全省其他地方几乎没有博物馆，博物馆建设面临着从零开始的艰难局面。

1950 年 6 月 9 日，河北省成立了文物管理委员会，正式开启新中国河北省文物保护的征程。文管会除开展文物、考古工作外，博物馆工作也被列为重要工作任务，河北省博物馆事业开始起步。

1951 年 10 月，针对全国各地博物馆筹备机构的成立和对旧有博物馆的改造，中央人民政府文化部发布《对地方博物馆的方针、任务、性质及发展方向的意见》，为指导地方博物馆的筹建和改造明确了方向。在此背景下，1953年4月，河北省博物馆筹备处成立。这是新中国成立后河北省的第一座博物馆，馆址位于保定市莲池西南角的松鹤园，馆舍面积1200平方米，展厅4个，办公室6间，人员编制11名。从此，河北省博物馆事业中的收藏、展示、教育、研究工作拉开了帷幕，并带动全省各地掀起了博物馆建设的高潮。

在省博物馆的示范引领下，从1953年到1966年"文革"前，全省共成立博物馆、纪念馆10个，包括张家口地区博物馆、蔚县博物馆、李大钊纪念馆、承德离宫博物馆、冉庄地道战纪念馆、定县博物馆、定县张寒晖纪念馆等。

这些博物馆、纪念馆成立后立即开展了一系列业务活动。

首先是征集文物，充实馆藏。在白手起家的困苦条件下，省博物馆接收了原省政府、冀南行署、冀中古物保管委员会在战争年代搜集的文物1000余件。1954年又接收了北京下斜街直隶同乡会畿辅先哲祠收藏的直隶名人遗物300余件，古籍图书600余册。同年，省文管会在曲阳修德寺遗址发掘出土2200余件北魏至唐代的佛教造像，除100余件送北京故宫博物院修复外，全部入藏省博物馆。1956年热河省撤销后，又接收原热河博物馆文物2000余件。1964年省文物工作队将发掘所获1万余件文物移交省博物馆收藏。

从1956年开始，为贯彻首届全国博物馆工作会议精神，省博物馆率先垂范，开展了革命文物和社会主义建设实物资料的征集工作，共征集相关文物资料1万余件。同时在民间收购了大量的流散文物。受张伯驹等爱国人士向国家捐献文物的影响，省内外的爱国进步人士不断向省博物馆捐献私人收藏的文物：刘秀臣先生两次共捐献清代和民国版省内各县县志134种、168宗，其他省志及书籍100余种，文物60余件，古钱币2622枚；马本斋的家人捐献了马本斋的图章、军刀、指挥棍和马母被捕后坐过的小推车；省参事室谌厚慈主任捐献书画220余件，三希堂法帖32册，及数千张碑帖、墓志拓片等[1,2]。

其他地、市、县级博物馆在征集文物、丰富馆藏方面也表现突出，如定县博物馆在刘殿庚先生的带领下先后征集各类文物数万件。

其次是举办陈列展览，实现教育功能。陈列展览是博物馆的中心工作。新中国成立初期，河北博物馆人以极大的热情投入到博物馆事业中，在文物数量少、场地有限、人手不足、工作经验匮乏的不利条件下开展了各种陈列展览的实践活动。

1954年，省博物馆与省文物管理委员会联合举办了《河北省出土文物》《望都壁画》展览。次年又举办了《历史文物展览》。1956年12月，省博物馆举办的《河北省农业七年成就展览》，展示了新中国成立以来河北农业战线的光辉成就，受到省领导的高度重视和群众的热烈欢迎。1957年，利用征集到的革命文物，又举办了《河北省抗日战争、解放战争革命文物展览》。为了把文物展览送到基层，1958年3月，省博物馆《革命文物流动展览》在邯郸等地各县、市、厂矿巡回展出，观众达6万余人。为了响应省文化局在农业合作化运动中"进行生产建设，加强保护文物"工作的指示，同年5月至8月，省博物馆先后在唐山、秦皇岛、张家口等7个市镇举办《历史文物巡回展览》，观众多至25万人。同年还举办了小型专题展览《河北革命少年儿童展览》《银海红花——植棉模范王素梅展览》等。1959年10月，在新中国成立10周年之际，省博物馆的《河北人民在新民主主义时期的革命斗争展览》，第一次将河北革命史梳理成线，用展览形式表现出来。该展览充分展示了省博物馆对河北革命史、革命文物的研究成果，展示了革命文物征集工作的成绩。同时，定县博物馆也在新中国成立10周年举办了文物展览并向社会开放。1962年8月，定县张寒晖纪念馆的展览对外开放。1963年1月，省博物馆在天津举办了《河北抗洪抢险斗争展览会》。1965年，根据中共华北局和河北省委指示，省博物馆在正定大佛寺筹办了大型陈列《河北历史文物专题展览》。

从内容上看，这一时期的陈列展览大多是利用新中国成立后人们在工农业生产中发现的历史文物举办的文物展、战争年代革命题材教育展、新中国工农业发展成就展以及英雄模范人物事迹展。这些展览极大地激发了人民群众建设社会主义新中国的热情，为新中国社会经济发展和文化繁荣贡献了力量。

在 1966 年"文革"到来前，河北省的博物馆从无到有，通过征集文物、举办陈列展览，完整地实现了以物育人的教育功能，初步建立了河北文物藏品体系，培养了一批博物馆研究和管理人才，获得了一批研究成果，锻炼了博物馆队伍，为社会主义新中国的建设增加了精神动力，得到了社会的广泛认可，为之后河北省博物馆事业的发展奠定了良好的基础。

然而，在 1966 年到 1976 年的十年动乱中，全省博物馆数量不升反降，低谷时的 1975 年仅剩 3 座博物馆，工作基本处于停顿、瘫痪状态，博物馆的发展遇到了前所未有的困难。

但是，因为有前十几年老一辈博物馆人的艰辛努力，博物馆事业发展的基础已经筑牢，事业发展的曙光即将来临。

二、恢复稳定期（1978 年—1998 年）

1978 年，党的十一届三中全会召开，改革开放的春风给河北省博物馆事业的发展带来了生机和活力。随着全省经济的不断恢复和发展，博物馆事业开始复苏，并进入 20 年的恢复发展阶段。

1978 年，全省博物馆数量恢复到"文革"前的最高水平，并开始逐步增加。是年，张家口地区革委会批准恢复"文革"前撤销的地区博物馆。1981 年 1 月，蔚县博物馆也恢复设立并对外开放。1978 年的 6 月 14 日，经当时的河北省革命委员会批准，于 1972 年 5 月 6 日被合并的省博物馆和省文物管理处分别刻制"河北省博物馆筹备处"和"河北省文物管理处"公章，省博物馆又恢复独立建制。当时的省委、省政府领导对新恢复的博物馆十分重视，1980 年 4 月 13 日，省长李尔重视察了省博物馆筹备处。次年 5 月 17 日，中共河北省文物事业管理局报请省委宣传部研究决定，任命耿碧涛为省博物馆馆长，何直刚为副馆长，下辖 4 个部室。1984 年 2 月，省委、省政府批准省博物馆编制 45 人。1986 年 12 月 10 日，省委召开常委会，讨论了文化厅关于省博物馆的建设方案，决定撤销省展览馆，将其合并到省博物馆。次年4月9日，省编办正式批文，省博物馆编制105人，内设11个部室。10月1日，省博物馆开放典礼在石家庄举行，省委书记邢崇智以及省委、省人大、省政府、省政协领导解峰、李文珊、刘荣惠、徐纯性、王东宁、张振川、刘英、王玉、王武等出席。恢复开放的省博物馆结束了长期以来馆舍陈旧狭小，人员不足，以及因省会经常迁徙而没有固定场馆、固定陈列展览、固定库房的局面，从此，省博物馆成为名副其实的省级博物馆，开启了新的篇章。

这一时期，设区市博物馆的设立也开始起步，到1998年已经发展到5家，除了重新恢复的张家口地区博物馆，其他分别是1984年设立的邯郸市博物馆，1991年建成并投入使用的石家庄市博物馆，1996年成立的唐山博物馆，以及1998年开始设立的保定市博物馆。

此时，县区博物馆的数量也在逐年稳步增加。承德地区在全省率先实现了"县县有博物馆"，从此，承德各县博物馆一直领跑全省县级博物馆的发展，也为自身后续的提升奠定了坚实的基础。随后，黄骅县博物馆、怀来县博物馆先后建成开放，成为全省较早建成的一批县级博物馆。

这时，一些具有地域特色和影响的专题博物馆、纪念馆也相继建成，弥补了全省专题、特色博物馆的不足。如涉县八路军129师纪念馆、保定留法勤工俭学运动纪念馆、武强年画博物馆、保定直隶总督署博物馆、滦南成兆才纪念馆、山海关长城博物馆、衡水法帖博物馆、唐县白求恩柯棣华纪念馆新馆等。

这些博物馆举办了各种陈列展览，或讴歌改革开放，或展现中国古代文化的魅力。省博物馆于1978年6月至8月在石家庄举办了《古中山国王墓出土文物展览》，精选2512件战国中山国出土文物参展，观众达44325人次。后又举办了《河北省征集文物汇报展》。1982年3月至次年3月，《留法勤工俭学运动文物资料展览》先后到广州、长沙、成都、重庆、无锡、上海等地巡展，不包括无锡、上海在内，观众多达4.5万人次。仅1982年，省博物馆就举办各种展览20个，观众达 70 万人次。特别是 1986 年，省博物馆举办的"河北古代科技文物展"在中国历史博物馆展出，全国政协副主席吕正操等领导出席开幕式，展览受到各界人士的广泛好评。

不过，由于这一时期是改革开放的初期，人们主要把精力放在经济建设上，保护祖国文物、参观博物馆还没有成为大多数人的自觉行动，博物馆的参观人数并未有明显增加，相反，一些纪念馆和博物馆在 20 世纪 90 年代中期前出现了"门前冷落鞍马稀"的尴尬局面。同时，博物馆还面临经费严重不足的局面，为了生存，展厅出租卖家具等情况相当普遍，就连省博物馆东展厅也一度出租给私人，每年一度的全国糖烟酒会也时常光顾。为了维持开馆，西柏坡纪念馆利用旁边的水库资源，购置了游艇用于出租，以弥补经费不足。一些旧馆馆舍严重老化，有待维护修缮，新的馆舍质量堪忧，如唐县白求恩柯棣华纪念馆新馆 1986 年开馆不久就发现部分主体建筑渗水漏雨。此外，大部分博物馆陈列展览形式与改革开放前差别不大，还是"木头展柜玻璃罩，荧光灯棍老一套，温度湿度不可靠"，没有现代科学的陈展手段，与世界发达国家存在明显差距。博物馆内缺少应有的防火防盗设施、设备，只能靠人防死守，在改革开放、国门打开的情况下，一些不法之徒也将黑手伸向了博物馆，被盗事件时有发生。博物馆发展之路受到了种种困扰，在这种情况下，国家有关部门和有识之士、学者开始研究博物馆走出困境的办法。

1994 年 8 月 23 日，中宣部颁布了《爱国主义教育实施纲要》，提出了爱国主义教育的基本原则、主要内容、重点对象以及一系列具体措施。同年 9 月，河北省委抓住时机，依托河北重要的革命文物、纪念馆、博物馆以及革命烈士陵园，率先公布了河北省第一批共 21 处爱国主义教育基地。次年，民政部确定了第一批（100 处）爱国主义教育基地。1996 年 11 月，国家教委、民政部、文化部、国家文物局、共青团中央、解放军总政治部决定命名和向全国中小学生推荐百个爱国主义教育基地，1997 年 7 月，中宣部向社会公布了首批百个爱国主义教育示范基地，以此影响和带动全国爱国主义教育基地的建设。此次公布的 100 个示范基地中,有河北的西柏坡纪念馆等 6 家纪念馆。从 1994 年公布第一批省级爱国主义教育基地开始,河北省委每年拨出专款 3000 万元支持建设,河北省成为对爱国主义教育基地投入最多的省份之一,不少兄弟省份也竞相仿效。这笔资金强有力地支持了全省多个纪念馆、博物馆的建设,省内各地市县也纷纷公布市县级爱国主义教育基地,并投入资金建设,从此,全省博物馆发展一改几年前的困境,为接下来的全面提升铺平了道路。

1978—1998 年,全省博物馆事业处于恢复稳定期,博物馆数量由 12 座发展到 40 座,陈列展览从 18 个增加到 158 个,观众数量由 1978 年的 17.6 万人次,增加到 1998 年的 209.7 万人次[3]。20 年间,除了恢复的部分博物馆,平均每年有一座新馆诞生。

三、提升发展期（1999 年—2012 年）

经过近 20 年的改革开放,国民经济得到迅速发展,到 20 世纪末,国家经济形势明显改观,国民生产总值从 1978 年的 3624.1 亿元人民币上升到 1998 年的 76967.2 亿元人民币（数据出自《中国统计摘要（2003）》）,国家对文化的投入开始大幅度提升。1997 年,国务院发布《关于加强和改善文物工作的通知》（国发〔1997〕13 号）,要求各地、各部门将文物保护纳入经济和社会发展计划,纳入城乡建设规划,纳入财政预算,纳入体制改革,纳入各级领导责任制。"五纳入"的提出和贯彻,有力地推动了我国文物、博物馆事业的发展。1998 年以后,国家的文物事业费从之前的不足 5000 万元人民币提高到了 12000 万元,有力地支持了包括河北省在内的文物博物馆事业。同时,因为国家和河北省委、省政府对爱国主义教育基地每年持续的投入,1998 年以后的河北省博物馆事业的发展在博物馆类型不断丰富、结构日趋合理的同时,处于高质量拓展阶段。主要表现为,新建和改建了一批建筑质量过硬,外观与博物馆主题协调的现代博物馆。博物馆内部陈展形式设计不断出新,更加注重人们的审美需求,以往陈展方式单一、静态呆板、缺少吸引力的展览形式退出历史舞台,展陈中不断引入现代工艺和材料以及现代科技手段，科技含量提高，教育内容灵活多样，更加贴近群众，服务功能更加齐全，全省博物馆发展逐步与世界接轨。

例如，2010年建成开放的张北元中都博物馆在建筑外形设计上突出"宏伟、残缺、认知"特点，以"墟之记忆"为主基调，于宏伟和残缺之间寻找都城遗址的特定意象，将残洞、片段融入建筑之中，仿照元中都廓城、皇城、宫城三层建制，设计为"回"字形格局，空间设计体现宫殿群落，由不同层次的围合院落组成，调动空间、光线、质感等因素，再配合展览内容，为参观者带来强烈的身心体验。磁州窑博物馆的外观设计以"窑"为中心，采用古代瓷窑的形状，配以窑具装饰的墙面，表现出强烈的博物馆主题。迁安博物馆则以上圆下方的外形设计诠释出东方民族"天圆地方"哲学文化的深刻理念。唐山博物馆在改扩建中将"让城市历史成为博物馆展示和收藏的一部分"作为设计理念，保留原有的南、西、北三座"品"字形旧建筑，同时在展馆的西北角和西南角各增建一座现代化时尚新馆，形成新旧相间、错落有致的5个展馆，最大限度地保留了原有的色调、材质与风格，并采用层次错落的设计，以丝网印镀白釉玻璃做外饰，厚实、庄重、带有鲜明时代特色的旧馆与轻盈、时尚、极富现代气息的新馆交相辉映，形成一个有机整体，两者的特色在对比中凸显，散发出和谐之美。这些独特的设计，成为河北省博物馆的重要名片，给观众留下了深刻的印象。

元中都博物馆

西柏坡纪念馆在表现三大战役的场景中设计了半景画，配以声光电辅助手段，淋漓尽致地表现了战争的宏大场面和喊杀震天的战场效果，带给观众身临其境的真实感受。唐山博物馆举办的皮影展，充分运用声光电、多媒体等技术，将展品全方位、立体地呈现给参观者，增加了展览的故事性、趣味性。在文博互动乐园中，参观者可以感受电子考古、文物拼图的乐趣，青少年活动中心则面向青少年开展手工制作、科学小实验等一系列学习实践活动，寓教于乐，增加了市民与博物馆的交流与互动。这些都是这一时期全省博物馆发展的典型案例。

2008 年，中央做出博物馆、纪念馆免费开放的重要部署，全省博物馆、纪念馆开始逐步实施，先后有 54 家博物馆、纪念馆享受中央和省级免费开放补贴，补贴金额约 12000 万元，再次为河北省的博物馆事业发展增添了动力。

由于博物馆整体质量的迅速提升，全省有 2 家博物馆被评定为国家一级博物馆，12 家被评为二级博物馆，11 家被评为三级博物馆。2005 年，在由国家文物局主办，中国文物报社、中国博物馆学会等单位共同承办的第六届"全国博物馆十大陈列展览精品"评选活动中，西柏坡纪念馆改陈后的《新中国从这里走来》大型陈列获特别奖，山海关长城博物馆的基本陈列《华夏脊梁》获精品奖；2007 年，磁州窑博物馆的《黑与白的艺术》展在第七届"全国博物馆十大陈列展览精品"评选活动中获得精品奖；2009 年，开滦博物馆的《黑色长河》展在第八届"全国博物馆十大陈列展览精品"评选活动中获得最佳综合效益奖；2011 年，河北海盐博物馆的《天工开物——中国盐史》陈列在第九届"全国博物馆十大陈列展览精品"评选活动中获最佳创意奖。

从 1999 年到 2012 年，全省新增博物馆 40 家，总数达到 80 家，著名的市县级博物馆有沧州市博物馆、廊坊博物馆、秦皇岛市玻璃博物馆、迁安博物馆、霸州博物馆等，专题性博物馆有磁县的中国磁州窑博物馆、张北县的元中都博物馆等。改扩建的博物馆主要包括河北省博物馆、唐山博物馆、邯郸市博物馆等。

经过发展提升，全省已经初步形成具有河北地域特色，门类较为齐全，省、市、县结合，发展质量高的博物馆体系。

四、高速全面发展期（2013 年至今）

党的十八大以来，全省博物馆公共服务效能显著提升，社会关注度不断提高，博物馆事业呈现出快速全面发展的良好态势。这一时期的特点是博物馆数量快速发展，文物的预防性保护开始加强，数字化博物馆成绩显著，文化创意产品开发成为让文物活起来的重要手段，在"京津冀一体化"国家战略的实施中，全省博物馆进入高速全面发展阶段。

截至 2019 年 9 月，全省登记注册的博物馆从 2012 年底的 80 家增加到 137 家，6 年内新增 57 家，平均每年增加 9.5 家，这 6 年成为新中国成立以来增速最快的几年。其中县域博物馆建设有序进行，定州博物馆新馆、正定县博物馆等博物馆建成开放，阳原县泥河湾博物馆、临漳县佛造像博物馆等专题博物馆的建成开放也极大丰富了河北省的博物馆门类，完善了博物馆体系。

中国磁州窑博物馆"黑与白的艺术"展序厅

这一时期，河北省博物馆的改扩建成为全省博物馆事业的一件大事。河北省博物馆 1982 年从保定搬迁到石家庄，借用 1968 年建成的毛泽东思想胜利万岁展览馆举办展览。1986 年，省展览馆、省博物馆合并改建为河北省博物馆。随着博物馆事业的发展，省博物馆展览和参观人数逐年增多，原馆舍面积难以承载大量的展览和观众，2006年，河北省委、省政府决定改扩建河北省博物馆。同年 9 月 6 日，举行开工奠基仪式，省委书记白克明、省长季允石及有关领导吴振华、赵勇、张士儒、孙士彬、李有成等出席。

博物馆扩建部分总建筑面积 33100 平方米，总投资 6.28 亿元，设计上追求新旧二馆完美统一，同时表现时代精神。新馆采取和老馆相似的"中"字形平面布局，连接新旧两馆的是一个玻璃顶棚的高大阳光大厅，不仅可备展高大展品，成为室内空间的高潮，同时在外形上把新老二楼连接为和谐的整体。新馆内增设了多项现代博物馆的设施，以及各种类型的休闲空间和服务设施。

2013 年 6 月 8 日，改扩建后的省博物馆试开放。2014 年 6 月 9日正式开放，同时副厅级的河北博物院揭牌。改扩建后的河北博物院总建筑面积 53128 平方米，展览面积 22000 余平方米，分为南北两区。南区为基本陈列展区，共有《石器时代的河北》《河北商代文明》《慷慨悲歌——燕赵故事》《战国雄风——古中山国》《大汉绝唱——满城汉墓》《北朝壁画》《曲阳石雕》《名窑名瓷》等 8 个基本陈列，集中展示河北地区的古代文明；北区（老展馆）除《百年掠影——近代河北》陈列外，其余展厅为临时展览展区，以举办当代文化艺术、社会热点透视、国内外文物交流及其他各类临时展览为主；连接南北区的阳光大厅为观众休闲服务区。改扩建后的河北博物院成为省内建筑面积最大、文物藏品最多、功能最齐全的综合性博物馆，全省博物馆行业的"领头羊"。2018 年，河北博物院获得中国博物馆协会颁发的"全国最具创新力博物馆"称号。

2014 年河北博物院正式挂牌开放

　　在高速增长的博物馆门类中，非国有博物馆异军突起，数量从 2012 年的 11 家增至目前的 36 家。近年来，河北省大力发展非国有博物馆，积极贯彻落实国家文物局《关于进一步推动非国有博物馆发展的意见》，制定了《关于进一步推动非国有博物馆发展的工作方案》，提出建设地方特色明显、品类较为齐全、空间分布均衡、法人治理结构健全、运行规范达标的非国有博物馆体系，经过几年的努力，这一体系初步建立。非国有博物馆使全省博物馆的门类更加多样化，教育阵地进一步扩大，河北省稍可轩博物馆、河北省北方雕塑博物馆、河北习三内画博物馆、保定市太行博物馆、山海关兴儒博物馆等成为全省博物馆大家族的重要组成部分，极大地补充了国有博物馆的短板和不足。

　　为全面落实国家文物局《关于加强"十三五"文物科技工作的实施意见》和《河北省文物事业"十三五"规划》，省文物局制定了《河北省文物局关于加强"十三五"文物科技工作的实施意见》，从提高文物科技保护意识，推进文物科技保护技术，推动体制机制的创新等几方面做出了安排部署。随着近几年国家对馆藏文物的保护从被动修复转变为预防性保护,博物馆藏品和展品的保护环境状况明显改善。在国家文物局的支持下,河北省部分博物馆开始安装先进的环境监测设备,带有恒温恒湿功能的展橱展柜被大量应用。2017 年,《河北博物院珍贵文物保存环境质量监控与柜架配置解决方案》《唐山博物馆珍贵文物防震预防性保护方案》《定州市博物馆珍贵文物保存环境质量监控与囊匣配置解决方案》得到国家文物局批准,并拨款 2000 多万元用于项目实施,藏品的科技保护水平迅速提升。今后,国家和省财政还将陆续拨出专款,改善包括武强年画博物馆、涿州博物馆等馆的文物藏品环境状况,逐步提高全省博物馆馆藏文物的保护水平。

近几年,我国博物馆的数字化应用得到较大发展,为落实习近平总书记"让文物活起来"的指示精神,加快河北省数字化博物馆建设步伐,省文物局在 2016 年编制了全省博物馆数字化工作方案,并在定州博物馆等重要的博物馆开展试点工作。通过规划编制和试点,探索如何深度挖掘馆藏文物及展览的文化内涵,使观众借助网络、计算机、移动终端等全新技术手段多方位、多角度感知文物。在试点基础上委托有经验的高校科研单位编制河北数字博物馆公共服务平台项目规划,通过省工信厅评审后列入 2018 年省级财政预算,河北省博物馆数字化工作进入实施阶段。从 2018 年开始,省财政计划三年投入 1500 万元实施该项目,目前已投入 1000 万元,2019 年 6 月 8 日,河北数字博物馆公共服务平台已上线试运行。这一平台的建设将带动全省博物馆向数字博物馆和智慧博物馆的广度、深度发展,使博物馆的管理更加科学,宣传效果更加明显。

为了提高文化软实力,展示中华文化的魅力,2016 年国务院办公厅转发文化部、国家文物局等部门《关于推动文化文物单位文化创意产品开发的若干意见》,河北及时对文博系统文创产品开发工作做出具体部署。河北博物院被列为国家文创产品开发试点博物馆。此外,石家庄市博物馆、唐山博物馆、廊坊博物馆、邯郸市博物馆等馆建设了类型多样、体系完整、内涵丰富的文博创意资源数据库,系统整理具有本馆特色的优秀馆藏资源,研制开发出一批社会效益与经济效益俱佳的文化创意产品，文化创意产品开发成为博物馆的一项重要工作。

为配合中央"京津冀一体化协同发展战略"的实施，2018年5月15日，河北省文物局与北京市文物局、天津市文物局、故宫博物院、中国国家博物馆、恭王府博物馆、北京鲁迅博物馆共同签署了《京津冀博物馆协同创新发展合作协议》。协议各方一致同意联合建立"京津冀博物馆协同发展领导联席会议"制度，指导制定专项合作规划、工作计划和年度预算，落实政策和资金支持，协调解决战略合作中的相关政策问题。《协议》的签署，为河北省各级各类博物馆提供了一次难得的全方位对接国家级博物馆的机遇，为河北省博物馆努力提高区域内博物馆公共服务均等化水平创造了良好的发展环境。

这一时期，随着全国可移动文物普查的开展，全省博物馆可移动文物资源收藏状况全面摸清，目前全省137家博物馆共收藏各类文物877834件。博物馆展示利用手段和形式不断创新，河北博物院大规模使用的低反射玻璃使展览效果明显提高，受到业内专家和社会各界的好评。主体多元、结构优化、特色鲜明、富有活力的博物馆陈列展览层出不穷，馆藏文物利用效率大幅提升，公共文化服务和社会教育功能更加彰显，仅2018年一年，全省共举办各类展览864个，开展社教活动3377次，全省博物馆观众达3265.8万人次，其中实行免费开放的博物馆119家。地方博物馆行业标准体系建设工作启动。博物馆行业人才队伍结构不断优化，不断有博士、硕士等高端人才加入博物馆队伍，专业水平明显提升。博物馆工作成果更多地惠及人民群众，各级博物馆展览进社区、进厂矿、进校园成为常态。文物资源促进经济社会发展的作用进一步增强。到"十三五"末，全省各设区市级博物馆建设和分布将完成全覆盖。

新中国成立70年来，河北省博物馆数量不断增长，品类齐全，藏品丰富，研究水平逐步提高，队伍不断发展壮大，许多博物馆的陈列展览已经达到国内甚至世界先进水平，随着博物馆开放数量的增加和规模的不断扩大，以及服务内容的持续优化，博物馆资源共享的相关保障机制逐渐完善,人民群众享受到博物馆社会教育的机会越来越多。

展望河北省博物馆事业的未来,前途一片光明,在这个继往开来的大时代,河北省的每一个博物馆人将不忘初心、牢记使命,为河北省博物馆事业的繁荣和发展,扬鞭催马,奋力前行。

注　释:

[1] 付振伦《河北博物馆事业史略》,《中国博物馆》,1986 年第 2 期。

[2] 河北省博物馆《集燕赵之精萃,述七千年历史之辉煌:记河北省博物馆的创立与发展》,《文物春秋》,1999 年第 5 期。

[3] 河北省文物局博物馆处《河北省博物馆事业的回顾与展望》,《文物春秋》,1999 年第 5 期。

（原载《文物春秋》2019 年第 5 期）

新中国文物利用理论与实践的探索

党的十八大以来，习近平总书记站在传承弘扬中华优秀传统文化、提高国家文化软实力的高度,提出了让文物活起来、让文物说话的新要求,将文物利用工作提到了一个前所未有的高度。

从新中国诞生至今，国家文物事业发展中的文物利用理论和实践在不断的发展和完善，大体经历了初始期、理论探讨期、理论认同期和全面发展期的认识实践过程，伴随着新中国走过了七十年。

一、初始期（1949 年—1977 年）

新中国成立初期，国家文物保护管理基础十分薄弱，而且面临各种破坏文物的严峻形势。新中国一成立，中央人民政府和有关部门就制定法令，制止文物破坏。1950 年 5 月 24 日，中央人民政府政务院颁布的第一个文物保护法令就是《禁止珍贵文物图书出口暂行办法》。6 月 16 日，发布《古迹、珍贵文物、图书及稀有生物保护办法》、《古文化遗址及古墓葬之调查发掘暂行办法》。7 月 6 日，发布《关于保护古文物建筑的指示》。这些法规性的文件，对制止各种文物破坏起到重要作用，保护了大量文物。

在进行文物保护的同时，利用文物为国家建设服务，教育群众的观念初步形成。《关于保护古文物建筑的指示》中要求：凡因事实需要,不得不暂时利用者,应尽量保持旧观，经常加以保护。首次在中央人民政府的法规性文件中出现文物"利用"二字。这里的利用显然是指对文物类别中古建筑的利用,证明新中国的中央人民政府一建国就开始关注文物利用工作。1950 年 11 月 27 日,文化部在《对地方博物馆的方针、任务、性质及发展方向的指示》中明示:博物馆事业的总任务是进行革命的爱国主义的教育。通过博物馆使人民大众正确地认识历史,认识自然,热爱祖国,提高政治觉悟与生产热情。《古文化遗址及古墓葬之调查发掘暂行办法》也谈到了出土文物及标本在研究完毕后,送中央或地方博物馆公开展览,以供全国人民及学术界之观览及研究。可见,可移动文物在教育及研究功能上的巨大价值同样引起了中央及有关部门的关注。

随后的 1961 年,国务院颁发了《文物保护管理暂行条例》,其中规定:核定为文物保护单位的纪念建筑物,或者古建筑,除可以建立博物馆、保管所或者辟为参观游览场所外,如果必须做其他用处,应由主管的文化行政部门报人民委员会批准。该《条例》是中央人民政府从行政法规的层面给利用不可移动文物开了个小口,比 1950 年的"不得不暂时利用者"的提法前进了一步。

由于新中国成立初期,国家经济状况不佳,国家还没有更多的钱用于修缮古建筑等不可移动文物,这一时期文物利用的实践,主要体现在利用馆藏文物展开教育研究和利用流散文物(社会文物)出口创汇两方面。

1953 年,国民经济第一个五年计划开始实施,全国掀起了工农业生产的高潮,建设生产中不断发现地下文物。利用出土文物和革命文物对群众进行历史唯物主义、爱国主义和革命传统教育成为热点,各种展览相继推出。1954 年 5 月 21 日,文化部在故宫午门城楼举办《全国基本建设工程中出土文物展览会》陈列文物 3760 件,展期近半年,观众达 17 万余人,毛泽东主席两次参观展览。[①]展览起到了良好的社会效益,仅 1957 年,全国的 73 个博物馆举办展览年接待观众 1200 万人次。[②]为了利用文物展览教育基层群众,1958 年 3 月,河北省博物馆在邯郸地区各县、市、厂矿举办《革命文物流动展览》,行程一千七百余里,观众多达 6 万人。同年 5 月至 8 月,该馆又先后在唐山、秦皇岛、张家口等七个市镇,举办《历史文物巡回展览》,观众多达 25 万人。这一时期的陈列展览内容大多是利用新中国成立后人们在工农业生产中发现的历史文物举办的文物展览、战争年代革命题材教育展和新中国工农业发展成就展以及英雄模范人物事迹作为展览内容。这些展览极大地激发了人民群众为建设社会主义新中国的热情,为新中国社会经济发展和文化的繁荣贡献了力量。③

新中国成立初期,国家禁止重要文物流出国外,但并未停止一般历史文物出口,利用文物换取外汇成为此时文物利用的有限途径之一。为此,在 50-70 年代,国家制定了若干文物出口鉴定和文物商业管理的文件。1974 年国务院批转外贸部、商业部、文物局《关于加强文物商业管理和贯彻执行文物保护政策的意见的通知》中提出了:"少出高汇、细水长流"的对外文物商业方针。这种利用是直接换取外汇,为的是支持国家经济发展,利用文物传播中华文化并不是目的。

在"文革"前的 17 年,工农业生产建设不断,各种政治运动频繁,虽然国家已经注意到了文物利用的问题,但没有成为主要关注对象,也没有成为文物工作对标提质的中心任务,更不是普通百姓常挂嘴边的热门话题。

1966 年"文革"开始,文物事业受到冲击,文物保护工作一度中断。运动初期,文物被当作四旧受到巨大冲击,文物损失极其严重。此时此刻,国家和文物工作者基本没有更多的时间考虑文物利用。但是,"文革"期间意外发现了满城汉墓、山东临沂银雀山汉墓、马王堆汉墓、睡虎地秦墓等,出于政治需要,墓中的大量文物被用来进行阶级教育,从一个侧面彰显了文物的利用价值。1974 年 8 月 8 日,国务院《关于加强保护文物工作的通知》中指出:"利用文物保护单位、考古发掘现场和历史文物,揭露批判孔孟之道和林彪的反革命修正主义路线,驳斥苏修社会帝国主义对我国历史疆域的反动谬论,初步取得了较好的效果。"利用文物在"文革"中被提及,当然这种利用是从阶级斗争和路线斗争的角度出发,丝毫没有从弘扬中华传统文化的角度考虑,这种状况一直持续到 1976 年"文革"结束。

1976年6月承德避暑山庄管理处与文物出版社合作文创明信片

　　总之，这一时期，文物利用概念建国初期已经形成，但国家和相关部门对文物利用的认识上仅仅停留在直接利用和经济利益的考量。这种"利用"显得十分被动，以至于在一些重要文件中出现了"不得不暂时利用者"的语句。从文化战略上主动、开放、有意识的开发利用文物的价值为文化建设服务并不在政府和有关部门重点考虑范围。其原因是文物工作的主要矛盾并没有解决，文物面临人为和自然的破坏长期存在，保护文物始终是文物工作的重点。同时新中国的经济状况也限制了文物利用工作的开展。1950年，国家文物局用于全国文物保护的资金只有84万元，1977年也只有200万元左右。面对一个历史悠久的泱泱大国，一年几十万、上百万的文物保护资金无异于杯水车薪，用于文物开发利用的经费就更加无从谈起，因此这一时期文物利用实践活动开展的十分有限，效果不明显，理论研究寥寥无几，这种状况一直延续了近30年。

二、理论探讨期（1978 年—2001 年）

1978 年，党的十一届三中全会召开,国家实行改革开放,文物事业进入二十多年的恢复发展阶段，文物利用工作逐渐引起了国家领导和一些专家学者及社会的关注。

改革开放初期，人们把经历主要放在经济建设上，如何利用文物为国家经济发展做贡献摆在了面前。中国改革开放后，大量境外游客来到中国，旅游业生机勃勃，利用可移动文物的一般历史文物出口，增加对旅游外宾的供应成为文物部门新时期总任务的一项重要工作，新中国成立以来执行多年的文物创汇任务迅速扩大和加强，1978 年 10 月 18 日，国家外贸部、商业部、国家文物局下发《关于进一步贯彻国务院文件的几点补充意见》，要求全国各地尽快设立文物商店，大量征集和收购文物，除珍贵文物提供博物馆外，乾隆六十年以后，价值一般的文物可以大量提供给外贸出口，争取外汇。同时还要求加强文物复仿制工作，争取外汇。1979 年 7 月 30 日，国家轻工部和国家文物事业管理局发出了《关于搞好古代文物复制仿制工作有关问题的通知》，要求在对外开放游览区生产出更多的适销对路为外国游客欢迎的文物复仿制商品。这是国家部委较早涉及文物开发相关产品的一个文件，要求文物部门提供文化元素为工艺美术等部门复仿制文物提供方便。这个文件的一些原则和规定对后来文化产业开发和文化创意产品文件产生了影响。此时文物利用瞄准的主要是旅游市场中的外贸收入，以外籍人群为主。不过，由于出口量大，国内存量急剧减少，极有可能造成近二百年来某些文物的断档和历史空白，不利于乾隆六十年以后的一般文物的保护，为此，国务院在 1981 年 1 月 15 日批转了国家文物事业管理局《关于加强文物工作的请示报告的通知》，对文物出口政策作出调整，强调仍然坚持"少出高汇，细水长流"的方针，逐步减少向国外市场批发，控制外宾供应，加大文物复制品的外销，减少文物真品出口，同时增加国内零售。1987 年 6 月 18 日，国家文物局制定了《文物商店向国内群众销售文物试行办法》要求适应国内各界人士鉴赏与收藏文物的需要。不过因为是刚刚改革开放，文物出口外销效益好,国家的这个文件以及后来的几个文件均执行的十分有限。到了九十年代中期以后,国家经济形势好转,外汇储备增加,国家已经不需要通过出口文物大量赚取外汇,同时大量的国营文物商店经营不灵活,货源枯竭、国内购买力增强等原因,使得利用文物出口赚取外汇的情况得到有效缓解。不过,改革开放初期,利用一般文物外销创汇,为国家的经济建设做出了贡献。

1982 年 11 月 9 日,新中国第一个有关文化方面的法律《中华人民共和国文物保护法》经第五届全国人大常委会通过。其中规定:核定为文物保护单位的属于国家所有的纪念建筑或者古建筑,除可以建立博物馆、保管所或者辟为参观游览场所外,如果必须作其他用途,应当根据文物保护单位的级别,由当地文化行政管理部门报原公布的人民政府批准。这一条告诉人们,各级文物保护单位应当尽可能用于文化用途,如果用于"其他用途"应当符合文物保护单位的文化属性和特点,应当是合理利用。这一规定吸收了 1961 年《文物保护管理暂行条例》的一些内容,后来又被 2002 年的文物法全面继承。这条规定,首次从法律上确立了文物利用的合法地位,只是没有把文物"利用"二字明确写入该法。

几年的改革开放,国家的经济形势得到改善,社会形势有所变化,文物在旅游等行业的价值逐渐显露。此时一些专家学者开始探讨利用文物服务社会发展的理论问题,例如 1986 年王世仁先生在撰文,提出了对古建筑要"积极保护,保用结合;全面规划,区别对待"。从古建筑的保护与利用的关系,辩证的分析了文物的保护和利用。④1988 年荣大为先生也撰文提出:依照"科学保护、合理利用"方针制定的文物保护规划本身,既是一种具有现实意义和长远历史意义的综合科学,也是有效保护文物的重要手段。他说:注重文物自身社会效益的发挥,是文物保护规划的核心内容。⑤文中较早谈到"合理利用",而其中"注重文物自身社会效益的发挥,是文物保护规划的核心内容"的表述,从一个侧面论证了文物保护是前提,文物利用是目的的辩证关系。

此时，文物利用问题逐渐引起国家的重视。1987 年国务院在《关于进一步加强文物工作的通知》中要求充分发挥文物作用，将保护文物和发展旅游事业很好地结合起来，互相促进，共同发展。改革开放以来首次在国务院文件中出现文物"利用"二字。明确"要利用祖国文物，开展国际文化交流，增进我国和各国人民之间的相互了解和友谊"。

可见，此时的文物利用已经明显不同于 20 世纪 70 年代前的文物利用，开始探讨由被动变主动的新思路，提倡走出去主动而为，发挥文物的传播力和影响力。

到了 1992 年，李瑞环同志在全国文物工作会上作了题为"保护为主，抢救第一"的讲话。尽管讲话突出了保护和抢救文物的主题，但在开篇讲到中国古代文化对世界的影响，指出："利用文物资源，吸引海内外游客，是发展我国旅游业的一大特色和优势，也是开展国际文化交流的一个重要方面，通过举办文物展，经营文物商店，发行文物图书，提供参观服务等活动"，这里谈到了发挥利用文物资源的优势，传播中国古代文化的几个途径。同时他还对文物保护和利用的关系进行了辩证的论述，指出："强调把保护放在首位，并不是否定文物的合理利用。从一定意义上讲保护文物的目的最终还是利用。实践证明，合理、适度、科学的利用，不仅不会妨碍保护而且有利于保护"。把保护和利用的关系看成了相互促进相互推动的统一关系，而不是相互制约，相互矛盾的对立关系。把文物利用放到了文物保护的最终目的，将文物利用的重要性提高到了新高度。同时李瑞环同志从国家领导人的高度提出了："在改革开放的形势下，把文物事业搞得更活一点，大有文章可做，要大力加以研究。"可见，让文物事业活起来已经引起中央领导的重视，也为今天"让文物活起来"的理论提供了借鉴。会上，国务委员李铁映同志在讲话中把文物利用作为文物保护的一个问题，进行了重点论述，指出：如何利用文物，要解放思想。利用得好，就保护得好，利用得差，保护也难以做好……充分发挥文物的社会效益，获得必要的经济效益来造福于民。

　　三年后的 1995 年，李铁映同志在全国文物工作会议上提出了"有效保护，合理利用，加强管理"十二字指导思想。指出"保护利用是文物工作的两项根本任务"，将文物利用放到了与保护同等重要的地位。并对文物"利用"进行了解读，指出："我们所讲的"利用"主要是指在充分肯定文物所拥有的科学、艺术和历史价值的基础上，发挥其文化教育作用、借鉴作用和科学研究作用，"在利用的方式中谈到了开辟旅游参观点、举办展览、进行国际合作交流，组织专题旅游，出版书籍、图册和音像制品，制作文物复仿制品，开发纪念品等，提出了文创产品开发和文物活起来的途径和方法，进一步从国家层面对文物利用的含义以及如何利用进行了诠释。

　　为了落实中央文件和国家领导人的讲话，探索文物利用的新思路，进行合理的开发利用，全国各地结合本地文物资源的实际进行了大胆尝试，河南安阳为了把殷墟建设成"殷商文化园"，在宫殿区复原了几座宫殿和妇好墓，依照妇好墓出土文物复制了一批石雕，建成了殷墟博物馆。郑州市用三年时间建成旨在保护商城与开发利用相统一的大型露天遗址博物馆"都园"。河南渑池县投资 600 万元开发利用仰韶村文化遗址，在遗址外建博物馆及仰韶模拟村，再现历史生活原貌。河南偃师市政府决定在尸乡沟商城建设遗址公园。

三、理论认同期（2002 年—2012 年）

20 世纪九十年代末，李岚清同志在国务院分管文物工作，对几年来文物利用的理论探讨进行了全面总结，深刻阐述了文物保护和利用的关系。他在 2002 年 12 月 20 日召开的全国文物工作会上讲话中指出：要在有效保护的前提下实现对文物的合理利用……保护文物和利用文物是相辅相成的。只有有效地保护好文物,才能为合理利用创造必要的前提,而合理的利用又能促进对文物的有效保护。合理利用文物不仅不妨碍文物的保护,而且利于促进保护……在利用文物方面,要有科学的态度,既不能只讲保护不讲利用，也不能急功近利、竭泽而渔,关键是利用要合理……要通过加强管理，实现对文物的有效保护和合理利用。要确定合理利用文物的内涵、途径、手段和办法,努力实现文物的永久保护、永续利用。[6]李岚清副总理的总结观点得到普遍认同，文物保护和利用关系已经彻底明确，一个时期以来文物保与用关系问题的争论基本尘埃落定。

同时，李岚清副总理讲话中对"保护为主，抢救第一"的"八字方针"和"有效保护,合理利用,加强管理"十二字的指导思想进行整合，形成了"保护为主、抢救第一、合理利用、加强管理"的十六字方针，写入了 2002 年修订的文物保护法。

将文物"利用"写入法律，是经过新中国五十年的文物利用理论与实践探索的结果，把文物"利用"提升到了法律层面，确立了它的法律地位，体现了国家对文物利用的高度重视，成为后来国家文物工作重点任务之一,为让文物活起来和文创产品的开发奠定了坚实的法律基础。

由于法律地位的明确，文物利用开始依法开展，主要表现为各地文物部门利用文物开展爱国主义教育，在继承和弘扬民族文化,增强民族凝聚力方面加强示范引领。广州市的三元里人民抗英斗争纪念馆先后接待多批驻港部队官兵、全国劳模以及港澳台同胞、部队、学生。

同时利用文物举办高质量的精品展览，满足群众的精神文化需求，提高全民素质，实现教育功能，提出了"让文物说话"。⑦各级文物部门更加注重在中国走向世界、世界了解中国的过程中文物发挥的独特作用。故宫、国家博物馆以及部分省级大馆举办涉外展览，扩大中华文物影响力，国家博物馆举办了赴美"丝绸之路展"、赴澳门和香港"留学生展""中华人民共和国国旗、国徽、国歌展""历代妇女形象服饰展""美食配美器"赴非洲埃塞俄比亚"中非友好合作成果展"、赴日本"长崎孔子庙中国历代文物展"、中法文化年"景德镇瓷器展""东方暨白——二十世纪中国绘画展"，这些展览将中国的古老文明与现代风貌展现给全世界,扩大了中华文化的对外影响。

尽管此时对于文物保护和文物利用的关系已经明确,而且各级领导、文物界和社会对文物利用取得了共识。但这一时期的文物利用的实践与国家的期待和人民的期望仍有一定距离。分析原因包括。新中国成立以来，我国几十年文物机构设置中，无论文物行政部门，还是专业的文物事业单位，鲜有文物利用开发部门的设置。文物机构的内设部门除了一个综合部门办公室外，主管业务的只有两大块，文物和博物。国家文物局设文物保护司和博物馆司，省级的文物行政部门设文物保护处和博物馆处。文物部门的中心工作主要围绕地上文物地下

文物的保护以及博物馆和社会文物（以往的流散文物）的管理展开。人才选择上，主要选择考古、历史、文学、美术等专业背景的人员。很少有学经营和商业、利用开发人员引进到文物部门。即使在改革开放初期，部分文物事业单位曾设立过开发创收的部室，其工作范畴主要涉及展厅场地出租，糖烟酒、餐饮和家具销售等，与文物本体创造性利用关系不大，这样的内设机构不受重视，人员较少，属于边缘部门。同时我国大部分文物行政部门不是政府组成部门，行政架构小，一般是部委和厅、局下的二级局或司、处、科，内设机构少，人员编制不足。多年来国家文物局内设司基本在 4–6 个之间，编制不过百人。全国文物工作者不足十五万。要管理地上、地下，还有 300 万平方千米的海域，靠现有这样规模的队伍，繁重的文物保护工作都难以完成，文物利用相对弱化。第二，文物工作面临的主要矛盾始终未能解决。从五六十年代的盗卖走私珍贵文物、到工农业生产、兴修水利损毁文物到"文革"破坏文物，到改革开放后国门打开，八九十年代出现大规模的盗窃、盗掘、倒卖和走私文物，再到 21 世纪的大规模土地开发、旧城改造出现的古遗址古墓葬、古建筑的破坏，作为利用的前提条件，保护和抢救文物的任务始终繁重。加上机构人员的限制，各级文物部门没有把更多的精力放在文物利用的实践和研究上，其他部门和社会上由于对文物的内涵、保护和相关知识认知不深刻，常常在文物利用中出现偏差甚至出现文物的损坏，如水洗三孔和拆真文物建假古董等问题，使得一些文物利用饱受争议，因此，文物系统内对文物利用关注不够，社会上利用文物始终不得要领，没有找到有效的方式方法和路径。第三是 2002 年以后，经过 20 多年的改革开放，中国经济得到快速发展，国家对文物保护的投入大幅增加，一改我国经济困难时期，文物工作主要用于救命，维持文物建筑的不塌不漏原则的窘迫局面，大量文物建筑得到维修，大遗址保护全面开展，各地兴起了博物馆建设的高潮，陈列展览迅速提升，多种现代科技手段充分运用，展陈中不断引入现代工艺和材料以及现代科技手段，科技含量高，博物馆发展逐步与世界接轨。使各级文物部门将有限的人员和精力在全部精力投入到文物保护中，客观上使文物利用受到了忽视，表现在这一时期文物利用指导性文件偏少，理论探讨薄弱，实践工作缺少新的方法等。

当然，这一时期国家大规模文物保护资金的投入，使大量的文物保护单位、不可移动和可移动文物得到保护，博物馆数量明显增加，办馆质量迅速提升，成为文物利用的先决条件，为后来的文物利用打下了良好的基础。

四、全面发展期（2013 年至今）

经过 30 多年的改革，2010 年，中国成为世界第二大经济体。经济崛起，如何提高中国的国际话语权，增强对外话语的创造力、感召力、公信力，讲好中国故事，传播好中国声音，阐释好中国特色成为党和政府考虑的重要文化战略，文物所具有的历史、艺术和科学价值成为完成这一战略任务的重要选项之一，文物利用被党和国家提上了重要的议事日程。

党的十八大后，习近平总书记就弘扬中华优秀传统文化、培育社会主义核心价值观作出了一系列重要指示，特别是 2013 年 12 月 30 日在十八届中央政治局第十二次集体学习时讲话指出："提高国家文化软实力，要努力展示中华文化独特魅力……要系统梳理传统文化资源，让收藏在禁宫里的文物、陈列在广阔大地上的遗产、书写在古籍里的文字都活起来。"

习总书记让文物活起来的讲话是对"保护为主、抢救第一、合理利用、加强管理"文物工作方针的深刻阐发，是国家最高领导人对文物利用工作最精辟、最高度的概括，总书记从重塑国家形象和提高我国文化软实力的高度看待文物工作，把文物利用作为展示国家历史底蕴、民族多元一体、文化多和谐的重要方式和作为爱国主义、集体主义、社会主义教育，引导人民群众树立和坚定正确的历史观、民族观、国家观、文化观，增强做中国人的骨气和底气的重要手段。习总书记的讲话成为做好文物利用工作的重要指引。

为配合国家的文化战略，落实习总书记讲话内容，这个时期党政和政府对文物利用工作进行了全面部署。

2014年3月14日，国务院下发《关于推进文化创意和设计服务与相关产业融合发展的若干意见》，要求依托丰厚文化资源，拓展物质和非物质文化遗产传承利用途径，促进文化遗产资源在与产业和市场的结合中实现传承和可持续发展。促进创意和设计产品服务的生产、交易和成果转化，创造具有中国特色的现代新产品，实现文化价值与实用价值的有机统一。

同年7月，国家文物局在全国文物局长会上套开"文物合理利用工作交流会"，专题研究文物利用工作。励小捷局长就如何认识合理利用和如何推动合理利用讲话，要求各级文物保护单位要尽可能向公众开放，把保护与利用相统筹落实到文保项目的管理中。提高馆藏文物利用率，让馆藏文物活起来。鼓励社会力量参与文物的合理利用。运用现代信息网络技术提升展示利用水平。这是新中国成立以来，国家文物局针对文物利用首次召开的一个全国性交流会。

之后的8月，国家文物局还召开了"抗战文物保护利用工作座谈会"，部署抗战文物保护和展示工程、推进尚未开放抗战文物的开放展示工作。9月又在福建召开传统村落整体保护利用工作现场会，安排部署传统村落的保护利用工作。

2016年国家文物局在《国家文物事业"十三五"规划》中特别增加文物利用、让文物活起来部分，编制了"互联网+中华文明"三年行动计划，提出了创新文物合理利用模式，支持各方力量利用文物资源开发文化创意产品，拓展文物对外交流合作，建设"一带一路"文化遗产长廊的五年项目，并推出5个文物合理利用工程。

为了进一步利用文物资源在传承和弘扬中华优秀传统文化、实现中华民族伟大复兴中国梦的重要作用，2016年3月4日国务院发出《关于进一步加强文物工作的指导意见》，主要目标中包括若干文物利用要求，并单辟拓展利用一节，要求文物利用为培育和弘扬社会主义核心价值观服务，提出了挖掘研究文物价值内涵，以物知史，以物见人，传播优秀传统文化，引领社会文明风尚的具体要求。

该《指导意见》下发后，国家有关部委积极行动，文化部、国家发展改革委、财政部、国家文物局联合出台了《关于推动文化文物单位文化创意产品开发的若干意见》并经国务院办公厅转发全国，要求各地在文物利用中开展文化创意产品，做好包括充分调动文化文物单位积极性，加强文化资源梳理与共享，提升文化创意产品开发水平，加强文化创意品牌建设和保护，促进文化创意产品开发的跨界融合七项主要任务。同时，国家文物局针对文物利用仍然存在着文物资源开放程度不高、利用手段不多、社会参与不够等问题，于 2016 年 10 月 11 日出台了《关于促进文物合理利用的若干意见》，提出扩大文物资源社会开放度，促进馆际交流提高藏品利用率，加强革命文物展示利用，创新利用方式，落实文化创意产品开发政策，鼓励社会力量参与的具体举措。接着国家文物局、国家发展和改革委员会、科学技术部、工业和信息化部、财政部共同编制了"互联网+中华文明"三年行动计划。提出三年发展目标和推进文物信息资源开放共享、调动文物博物馆单位用活文物资源的积极性、激发企业创新主体活力、完善业态发展支撑体系四大主要任务。

针对革命文物在激发人民群众爱国热情、振奋民族精神方面的独特作用，党和政府从巩固党的执政地位、筑牢意识形态阵地和坚定"四个自信"的高度于 2018 年 7 月，由中共中央办公厅和国务院办公厅发出《关于实施革命文物保护利用工程(2018—2022 年)的意见》，对五年革命文物保护利用的指导思想、基本原则、发展目标、主要任务和保障措施进行了全面谋划和顶层设计。这是新中国成立以来首个以中办、国办名义印发的专门针对革命文物保护利用的中央政策文件，确定了拓展革命文物利用途径、提升革命文物展示水平，创新革命文物传播方式等五大主要任务和包括百年党史文物保护展示、革命文物集中连片保护利用、长征文化线路整体保护、革命文物主题保护展示、革命文物陈列展览精品、革命文物宣传传播工程六大重点项目。

面对一个时期以来文物保护利用不平衡不充分的矛盾以及文物资源促进经济社会发展作用发挥不够的问题。中共中央办公厅和国务院办公厅于 2018 年 10 月下发《关于加强文物保护利用改革的若干意见》，提出了构建中华文明标识体系，创新文物价值传播推广体系，完善革命文物保护传承体系，实施革命文物保护利用工程（2018 – 2022 年），大力推进文物合理利用，盘活用好国有文物资源，支持社会力量合理利用文物资源，提供多样化多层次的文化产品与服务，激发博物馆创新活力，深化"一带一路"文物交流合作，加强科技支撑等十三项主要任务。

2019 年 7 月 24 日，习近平总书记主持召开中央全面深化改革委员会会议，审议通过《长城、大运河、长征国家文化公园建设方案》。接着，中共中央办公厅、国务院办公厅印发《长城、大运河、长征国家文化公园建设方案》，对巨型线性文化遗产保护利用做出了顶层的安排部署。

党的十八大以来，习总书记关于让文物活起来重要讲话后，中共中央、国务院和文化部（文化旅游部）、国家文物局等有关部委密集式的发出有关文物利用方面的政策性文件并做出重要的工作安排部署，这在新中国的文物事业发展史上是空前的，体现了党和国家对文物利用工作的高度重视。文物利用已经成为国家文化战略的一部分，今后文物利用将与文物保护一样成为各项工作中常抓不懈，最紧迫的工作任务之一。改变以往理论上承认保护是前提，利用是目的，保用结合，保用并重，但实际工作重保护轻利用的现实。这种工作的调整与当前文物工作面临的形势任务不无关系，一是党中央对文物保护利用重视程度持续提高，文物工作重要性不断彰显，责任更加重大；二是党和国家机构改革为文物事业改革发展提供了新动能，提出了新任务新要求；三是社会各界对文物工作给予广泛关注支持，对进一步发挥文物作用提出了更高期待；四是不容乐观的总体文物安全形势。

这一时期，为落实习总书记让文物活起来的讲话，贯彻文物工作方针，执行党和国家及有关部委关于文物利用的政策文件，全国各地展开了大规模的实践活动，并取得良好的效果。

江苏苏州市文物局开启了文物活化的苏州实践，鼓励有条件的文物建筑设立文化活动场所，允许一般文物建筑有限制地开展经营活动，制定了政府出资保护利用、政府和社会力量合作保护利用的模式，解决了文物资源长期闲置不用问题。内蒙古博物院主动与学校建立长期合作机制，打造流动博物馆、数字博物馆，将展览，讲座和教育活动送到孩子们的身边。鄂尔多斯利用丰富的文物资源，开展打造100家以上"博物馆之城"的探索实践。2017年北京西城区采取完全托管、部分托管和互助发展的方式使腾退后的文物建筑及时得到利用。河南郑州将古遗址、古城址展示纳入生态建设，以建设遗址生态文化公园为主要手段，用生态绿化方式让古遗址"活起来"，建设了苑陵故城遗址生态文化公园、李家沟文化遗址生态文化公园。四川成都武侯祠博物馆，深挖三国文化内涵，拓展文物利用空间，在文化产业发展中传播弘扬优秀传统文化。重庆红岩、歌乐山等40多处革命文物遗址，抓住"红色"，打造一流爱国主义教育基地和红色旅游特色品牌，为革命文物利用树立典范。安徽西递村在留住村民，发挥村民在传统村落保护利用中的主体作用上，创新模式，独具特色。上海博物馆以办展为中心，深入研究、精心策划、准确定位，细分受众，推出了一系列深受观众欢迎的文物精品展览，形成了品牌、特色。沈阳铁西区在原有工业建筑的基础上进行功能转化，形成了别具特色的工业遗产博物馆群、工人村博物馆群，走出了工业遗产再利用的新路。恭王府管理中心深挖内涵，拓展文物藏品、丰富展陈展览内容，开展文博产品开发和服务，使中国传统的"福"字文化的活化利用受到了观众欢迎。故宫文创产品远销海内外，取得社会和经济效益双丰收。

国家文物局"互联网+中华文明"行动计划的实施，促进了数字创新成果与中华优秀传统文化的深度融合，使文物价值和时代精神广泛传播弘扬，中华文明的独特魅力得以彰显，为人民群众提供了高品质的文化服务和文化产品。国家博物馆"数字虎蓥"、故宫博物院"绘真·妙笔千山"、敦煌研究院"数字敦煌"等数字展览通过人工智能、虚拟现实、大数据、交互展陈等技术，动静结合、虚实相宜，在传播与弘扬中华文明中起到了独特的作用。2020年春节前后，新型冠状病毒肆虐，全国各地博物馆在做好疫情防控同时，利用已有数字资源推出一批精彩网上展览，并联合社会力量创新传播方式，为公众提供安全便捷在线服务，为抗击疫情加油鼓劲，以实际行动响应、落实党中央国务院打赢疫情防控攻坚战的号召。国家文物局连续推送包括国家博物馆归来——意大利返还中国流失文物展等网上展览一百多个。河北省文物局通过河北文博——河北数字博物馆公共服务平台，集中推出一批河北各地市博物馆网上资源，在线展示，丰富群众在疫情防控期间精神文化生活，让大家足不出户了解家乡的文化，度过一个特殊难忘的节日。这些实践活动，体现了文物系统在文物利用上的积极探索,展示了文物合理利用的广阔前景。

中国的文物利用之路伴随着新中国的成立一路走来,经过了漫长的几十年，从被动的利用到成为今天国家文化战略的一部分，文物利用理论实践成效显著。但是文物利用工作是一项长期的任务，仍有较大的空间，广大的文物工作者和致力于文物利用的各行各业及有关人士，在以习总书记为中心的党中央正确领导下，积极发挥主观能动性，运用当今文物保护事业面临的历史最好时期，深钻理论勇于实践，把文物利用这篇文物文章做大做强。

注释：

[1] 李晓东《中国文物学概论》，河北人民出版社，1990 年，342、343 页。

[2] 土宏均主编《中国博物馆学基础》，上海古籍出版社，1990 年，120 页。

[3] 李宝才《奋斗结硕果扬帆再起航——新中国成立 70 年河北博物馆事业发展综述》，《文物春秋》2019 年第 5 期，4 页。

[4] 王世仁《新形势下古建筑的维修与利用问题》，《文物工作》1986 年第 2 期，22 页。

[5] 荣大为《试论制定文物古迹保护利用规划的几个问题》，《文物工作》1988 年第 4 期，14、15 页。

[6] 李岚清《认真学习贯彻十六大精神，努力开创文物工作新局面》，《文物保护法指南》，《中国城市出版社》2003 年，6、7 页。

[7] 黎丽明《探索如何合理利用文物，充分发挥博物馆的作用》，《文物工作》2003 年第 9 期，19 页。

（原载中国文化遗产研究院曹兵武、何流、于冰主编《析情探路——符合国情的文物保护利用与改革发展》，文物出版社，2020 年）。

河北考古中的丝绸文物
——东北亚丝绸通道的重要发现

中国自古就有与周边国家交往的历史，其中的商贸交往更是十分频繁，1877 年，德国地理学家李希霍芬认为汉代中国的贸易以丝绸为主，于是将中亚南部、西部以及印度之间的交通线路命名为"丝绸之路"。河北作为东北亚古丝路的一部分，这里的人们很早就有种桑养蚕、生产丝织品、使用丝织品的历史。近几十年，考古工作者在河北陆续发现了一些与桑蚕生产和丝织品使用有关的文物，笔者将这些考古成果进行了简单梳理，以便为东北亚古丝路的研究尽些绵薄之力。

一、蛹出的文明曙光

南杨庄陶蚕

1980 年河北南杨庄仰韶文化遗址中出土两枚陶蚕蛹，长 2 厘米，宽 0.8 厘米，距今 5400 年左右。陶蚕的色泽近黄灰色。一些昆虫专家在参考了家蚕和野蚕蛹的外观色泽等分析认为史前匠人非常熟悉蚕蛹，是参照真实蚕蛹制作的。类似的陶蚕蛹在 1960 年山西芮城西王村仰韶晚期地层中也有所发现。1971—1974 年河南省博物馆在河南淅川下王岗遗址中发现一件。

因此，有专家认为，这时的中国已开始了蚕的家化。我国家蚕起源的时间为公元前3500年前的黄河中下游地区，包括河北石家庄、山西、河南黄河中下游地区是我国养蚕的中心之一，或者是养蚕缫丝织绸的传播地区之一。

目前关于史前家蚕丝绸的发现有多处，包括 1926 年李济先生在山西夏县西阴村仰韶文化遗址中发现了 5600 年前的半个蚕茧。1958 年浙江湖州八里店镇钱山漾遗址发现的距今约 4300 年前的家蚕丝线、丝带和绢片。1983 年河南荥阳青台遗址瓮棺葬中出土的距今 5500 年左右的丝绸残痕。近期，还有科研团队通过酶联免疫检测技术，对荥阳汪沟遗址瓮棺内提取的碳化织物进行鉴定，确认其与青台遗址出土的织物属同类、同时期。由此可见，中国的家蚕驯化养殖，也不是一元论，也存在多个区域，不同地点。

二、商代丝绸

历史记载，商代的蚕桑业已有相当规模并将蚕桑与谷物生产并重。《史记·殷本纪》载："桑谷共生于朝……"桑谷共生是国家兴旺发达的祥瑞。

20 世纪 70 年代河北考古工作者发掘了一处商代遗址，找到了商代丝绸的遗迹。藁城台西遗址是我国北方大型商代遗址之一。在先后的两次发掘中，出土大量青铜器，尤其是在青铜器表面附有大量丝织品。如铜戈的援部，铜爵的流、腹、足部，铜觚周身、圈足和器口内，铜斝腹部，有的是覆盖在器物上，有的则是缠裹于器物外。大都与铜锈黏结在一起。经显微切片技术对一件铜觚上的纤维痕迹断面观察，清楚地看到丝胶包伏下的两个吐丝孔，形状和蚕丝的钝三角形接近，因此，推断铜觚上的纤维是蚕丝纤维。并辨认出包括平纹的"纨"、平纹纱、纱罗、平纹绉丝当织物的"縠"等五种规格的丝织物。台西遗址的发现表明当时河北一带的方国贵族曾大量使用丝织品。

商时期，中原就向韩国和日本传播丝绸，河北是中原通往韩国和日本的重要通道之一，出土大量的丝织品使用情况印证了这一事实。

觚腹部丝织物残迹

三、汉服锦衣

冀中平原的定州历史悠久，战国时中山武公曾定都于此。汉景帝时又将其子刘胜封于此地为中山王，前后两汉世袭300余年，至今定州市周围有大量的汉代中山王及家族墓。

1968年，在保定满城发掘到第一个汉中山王刘胜的墓，在墓棺内和铁甲、玉衣内发现丝织品残片。多数为平纹的绢类，少数为纹罗、彩锦、刺绣等高级织物。其中玉衣下发现的细绢属于衾褥之类。经研究认为可能是当时一种组织紧密，光滑细薄的织物"冰纨"。

同时在玉衣的左裤筒内，发现了双丝平纹织物残片，它质地细薄、平整，略具生丝织物透明感，表面清洁，文献上称为"并丝而织"的缣，其坚密者宜制囊袋，传说可以盛水。在纸没有发明前，常用来书写文字。另外还发现了提花纹罗（纱罗织物）残片、

窦绾墓织锦

重经起圈织物类的起圈菱纹锦以及经编物类的用丝缕编制的窄幅织物痕迹，该织物作网状组织，拉伸时网眼能变成棱形。称谓"组"带。

刘胜的夫人窦绾墓也发现大量丝织品，除有平纹织物，还有重经织物中的织锦。刺绣织物除发现包裹有八件铁刀的刺绣织物外，在棺内铜枕上（兽头除外）也找到了表面是绢地锁绣残片，呈灰棕色，花纹用丝较粗，针脚工整，成大单位拉花型格局。绢下有灰绿色绒状物，为所衬的丝绵。枕体上还有一件絮了丝锦的绣花枕套。另外的刺绣是压在铜枕底部，保存了一片面积较大的绣花绢，残长约 18 厘米、宽 8 厘米，外观栗壳色。绢地上的锁绣花纹绮丽清秀，作风与枕套绣工不同。花纹由于织物褶皱严重，部分被掩蔽。单位纹样似由某种植物变化而来，具有旋转运动感，外廓呈鳞片形，长约 10.5 厘米、宽约 9 厘米，按菱形格组织排列，构成面饰，呈现出富丽绚烂的装饰效果。

满城汉墓这些丝织物是否非当地生产，不得而知，但定州出土的一些有关蚕的文物或许说明一些问题。1967 年，定州第 47 号汉墓出土了一件铜蚕，体长 9 厘米，体积较大，全身首尾共计 9 个腹节，腹部 8 对足均完整，蚕型做吐丝状。蚕的体态刻画较为写实。无独有偶，两年后，定州博物馆发掘了宋代太平兴国二年（977 年）所建静志寺塔基，清理出了金、银及丝织品 700 余件。出土两件鎏金铜蚕。鎏金多脱落，但蚕体饱满，头、胸、腹三部分刻画精致，全身首尾共计九个腹节、胸脚、腹脚、尾脚均完整，背面的尾角凸出。体态为仰头或吐丝状，头部器官刻画精细。此物应是汉代器物，是宋人后期迁葬地宫时放入做供养之用的。

这些汉代铜蚕表明当时的定州应该有养蚕的习俗，对研究河北蚕桑养殖、丝织物生产，汉代丝织品交流意义重大。

四、绫绸重镇、缂丝之乡

据记载，北齐太府寺中尚方署领别局、泾州丝局、雍州丝局、定州绌绫局，定州显然是北齐生产绫绸的重镇。到了唐开元天宝年间，定州土贡八种丝织品，其中绫有六种之多，张鷟《朝野金载》记：定州何明远大富。主官中三驿，每于驿边起店停商，专以袭胡为业，资财巨万。家有绫机五百张。宿白先生认为当时定州民间织绫之盛和大批输出境外有密切关系。

定州自汉至隋唐或为一个桑蚕生产丝织重镇。在此基础上，奠定了后来定州的缂丝技术的大发展。在新疆楼兰古城汉代遗址中曾出土过中西(域)混合风格缂丝毛织品。马王堆汉墓也出土了缂丝毛织物，1973 年，新疆的吐鲁番阿斯塔那古墓地出土了一件公元 7 世纪缂丝腰带，被称为最早的缂丝实物。所以至少在汉魏时期，已有缂丝产品。

《中国丝绸通史》和《中国丝绸文化史》论述："缂丝技法由北方新疆缂毛而至定州缂丝，再由定州而至内地，逐渐为内地所接受。"缂丝从隋末唐初开始在定州发展,到宋代定州的缂丝有了突飞猛进的发展。近人朱启钤撰《丝绣笔记》认定："宋缂丝出于定州"。因此，宋代出现了缂丝艺术的代表人物，定州孟庄人沈子蕃。沈氏在北宋灭亡后离开定州落户江苏吴郡（苏州），开始了南方缂丝。目前发现有落款的作品五件，分别著录于《石渠宝笈》和《石渠宝笈重编》，其中的《秋山诗意立轴》《梅花寒鹊图》《青山碧水图》，收藏在北京故宫。另两件《缂丝山水轴》《缂丝桃花双鸟立轴》在台北故宫。

沈子蕃的缂丝《梅花寒鹊图》为其代表作品之一。用五彩线织枯干老梅一树，下织竹叶，树上栖双鹊，右下方织"子蕃制""沈氏"小印一方。天头处有乾隆题"乐意生香"。画面上钤有"乾隆御览之宝""石渠定鉴""宝笈重编""石渠宝笈""乾隆鉴藏宝""乾隆鉴赏""嘉庆御览之宝""宜子孙"等十几方印记，可知作品在清皇室藏品中占有重要位置，并钤有收传印记"果亲王府图书记""吴舜升印""康文氏书画记""子孙世保""焦林梁氏书画之印"等印，表明该画收藏有序。《青山碧水图》为其杰出代表作品之一。以宋人院体山水画为粉本进行摹缂。运用了平缂、构缂、长短戗和子母经等技法，右下方织有"子蕃制"下"沈孳"白文小印，左右下角共压印四枚"戴植培之鉴赏""黄明四代家藏""张爰""张大千"。

当然，此时的定州不止有缂丝，其他丝织物也相当发达。定州静志寺塔地宫出土大量丝织品，保存下来的残片有绫、罗、绢等，由于是供奉舍利，特别多加了刺绣和印金等高级技艺。出土的一件晚唐时期的紫罗地花卉纹绣，长 58 厘米，宽 58 厘米，背衬紫绢，上用平绣针法、五色丝线绣出写生花卉，原件可能是一件方形的包袱用于包裹别的器物入藏地宫，已经残缺不全。所以北宋时期，定州的丝织技术领先全国。

五、元代遗丝

1999年隆化县"鸽子洞"共发现元代文物67件（丝织绣品46件）。有丝织品绢、绫、纱、锻、罗、绮、锦、织金锦等多个品种的料片百余块。其中的"褐地鸾凤串枝牡丹莲花纹锦被面"，长226厘米，宽160厘米，织造工艺精湛，提花规整，色彩搭配别致，鲜亮艳丽，是目前发现的尺幅最大，保存最完好的元代织锦。绣品的纹样题材，工艺技巧、形式风格与宋代的民间刺绣一脉相承，是汉与蒙古两种文化的交汇与融合。

褐地鸾凤串枝牡丹莲花纹锦被面

六、后宫遗珍

清代有大量丝织品。高品级的丝织品皇家用量很大。在清东陵就保存有不少清代的丝织品，慈禧墓随葬了精美的丝织物，1928 年，孙殿英盗墓并未取走这些丝织品，1979 年发掘慈禧陵地宫时清理出部分丝织物品。

慈禧缂丝经被为宗教用品，相传将它覆盖在死者身上,可以令死者得到超度。死者身上覆盖经被起源于元代。经被本是清代皇家的丧葬用品，清朝灭亡之后民间也可应用。本件经被用于覆盖慈禧太后尸身，长 290 厘米，宽 275 厘米，四重边中心为佛塔，锻地织捻金的图文，上有汉字楷书篆体，共 250 多字。经被的色彩为棕黄色，依宫中制度当初应为明黄色。原缀有 820 颗珍珠已遗失，织物产地为江宁(南京)织造。此件的织金经被，大大超过了习惯的做法，其用料之精，幅面之大，工艺之善，图文之美，都是罕见的。清代的皇家御用经被一般为陀罗尼经，而慈禧经被上有两种经文，佛教密宗的陀罗尼经和道教的玉皇经，为首次发现。

河北出土的与丝织品有关的文物，未必能证明为当地生产，但陶蚕蛹和铜蚕蛹等文物可以证明与当时的桑蚕养殖有关。同时，大量丝织品及其残痕的发现基本可以认定当时的河北先民是这些物品的重要使用者，当然这些丝织品大都出于贵族和王侯墓，不一定是商品和贸易的产物，有些可能是赏赐品等，但其与商贸的关系仍有待商榷。

结合历史记载，商代与朝日的丝绸贸易以及北齐时期定州绀绫局、唐代何明远有织机五百及宋代定州缂丝等，河北古代不但大量使用丝织品，或许也是重要的生产地，同时作为东北亚丝路的贸易通道，全国各地的丝绸商品也会通过这里，所以，河北在东北亚古丝路的贸易交往中处于十分重要的地位。

(原载《中国文物报》2020 年 12 月 4 日第 6 版,本文略有增改。)

传承红色基因　强化使命担当

——河北革命纪念馆、博物馆建设及其发展历程

党的十八大以来，习近平总书记就革命文物保护利用工作作出一系列重要指示批示。在2021年3月底召开的全国革命文物工作会议上，习近平总书记再次就革命文物工作作出重要指示。他指出，加强革命文物保护利用，弘扬革命文化，传承红色基因，是全党全社会的共同责任，各级党委和政府要把革命文物保护利用工作列入重要议事日程。革命文物承载党和人民英勇奋斗的光荣历史，记载中国革命的伟大历程和感人事迹，是党和国家的宝贵财富，是弘扬革命传统和革命文化、加强社会主义精神文明建设、激发爱国热情、振奋民族精神的生动教材。

自1840年以来，英勇的河北人民在反抗外敌入侵、争取民族独立和人民自由幸福以及为人民求解放的斗争中做出了巨大贡献，至今河北大地仍遗留有大量革命遗迹和遗物。据不完全统计，河北以革命遗址、遗迹和纪念场馆为载体的红色资源有2000多处，其中全国重点文物保护单位34处，省级文物保护单位99处，市县级文物保护单位700余处。截至目前，全省共登记不可移动革命文物1828处。全省有革命题材的博物馆、纪念馆35家，国有单位馆藏革命文物26129件（套），涉及革命、建设和改革各个时期，其中绝大部分属于新民主主义革命时期。总体而言，河北省内革命文物资源丰富、分布广泛，革命文物价值高、影响大、类型多样，是名副其实的革命文物大省。

为落实习近平总书记关于革命文物工作的重要指示精神，将革命文物保护利用并举，强化革命文物保护制度建设，突出革命文物社会教育作用，发挥革命文物公共服务作用，河北省十三届人大常委会于2021年5月28日审议通过了全国首个规范革命文物保护利用的省级地方性法规《河北省人民代表大会常务委员会关于加强革命文物保护利用的决定》，《决定》于7月1日起开始实施，对于加强河北省革命文物保护利用工作意义重大。

中华人民共和国成立后，河北省按照国家规定，依托有关革命遗址、纪念建筑和文物资料，为纪念在近现代革命史上河北出现的重大事件或杰出人物设立了革命题材的纪念馆（包括烈士陵园）、博物馆，相继打造出西柏坡纪念馆、李大钊纪念馆、八路军一二九师纪念馆等享誉全国的革命纪念馆，并充分发挥其独特的宣传教育功能，为全省经济文化的发展提供了不竭的精神动力。本文将70多年来河北全省革命题材的纪念馆、博物馆的建设、发展分为五个阶段，对其在传承红色基因，赓续精神血脉，对广大党员干部群众，尤其是青少年进行爱国主义教育、革命传统教育所取得的成就进行简单梳理。

一、创业高潮期（1949年—1965年）

中国共产党历来重视革命纪念馆的建设，新民主主义革命时期就积累了一定经验。20世纪30年代，第一次全国苏维埃大会决议的"中国工农红军优待条例"第16条就提出"死亡战士之遗物应由红军机关或政府收集，在革命历史博物馆中陈列，以示纪念"[1]。1950年6月16日，中央人民政府副主席董必武签发《中央人民政府政务院征集革命文物令》，要求"全国各地区对一切有关革命的文献与实物，即应普遍征集"，同时明确了征集范围和方式，并提出，各大行政区或省市如条件具备，亦可筹设地方革命博物馆，或在原有博物馆内筹设革命文物陈列室。1953年10月12日，中央人民政府政务院又发布《关于在基本建设工程中保护历史及革命文物的指示》。为落实中央的指示精神，河北各地陆续开展了革命文物的征集、研究和利用工作。

从 1953 年到 1965 年，全省成立的革命题材纪念馆包括西柏坡纪念馆（筹备处）、热河革命烈士纪念馆、藁城梅花惨案纪念馆、冉庄地道战纪念馆、安国市毛主席视察纪念馆、定县张寒晖纪念馆等，烈士陵园有华北军区烈士陵园、隆化县董存瑞烈士陵园、冀东烈士陵园，加上较早建成的晋冀鲁豫烈士陵园，全省共有 10 个革命纪念馆园。另外，1953 年 4 月成立的河北省博物馆（筹备处）为全省第一个综合性博物馆，也承担了革命文物收集与宣传展示的重要任务。

西柏坡村位于河北省平山县中部，是著名的革命圣地之一，中国革命的最后一个农村指挥所。1948 年党中央、毛主席移驻西柏坡，在这里指挥了震惊中外的三大战役，召开了具有历史转折意义的七届二中全会。1955 年，依托西柏坡中共中央旧址，西柏坡纪念馆筹备处成立，拥有展厅面积 5638 平方米。

地道战是中国共产党领导下的华北抗日斗争的伟大创举，也是世界战争史上的奇迹。抗战时期，冉庄修筑地道长达 16 千米，对敌作战 157 次，曾荣获"地道战模范村"称号。依托这些革命遗迹，1959 年 8 月，冉庄地道战纪念馆开馆，到 1964 年春，有展室 7 间，展室面积 100 平方米。

晋冀鲁豫烈士陵园是抗日战争胜利后中国共产党建设的具有代表性的烈士陵园，也是新中国成立后落成的首座规模宏大的革命烈士纪念建筑。1949 年建成，1950 年 10 月 21 日举行落成典礼和安葬活动（图一）。该陵园分南北两院，占地面积 21.3 万平方米，主体建筑格局"一碑两场两园三馆"，包括人民英雄纪念碑、烈士纪念堂等主要纪念建筑，园内安葬有原八路军总部前方司令部、政治部、一二九师及晋冀鲁豫军区的革命烈士，包括抗战时期牺牲的八路军最高将领——左权将军。经过多年建设，晋冀鲁豫烈士陵园已成为进行爱国主义、共产主义和革命传统教育的重要场所，成为具有时代特色和地方特色，对革命烈士光辉业绩进行研究和宣传的革命纪念地[2]。

华北军区烈士陵园是遵照朱德总司令 1948 年秋在石家庄考察时

的提议，为纪念牺牲在华北大地上的革命烈士而建造的，利用了当时的胜利公园旧址，1950 年 3 月开始动工，1954 年 8 月 1 日建成开放。该园位于石家庄市区西侧，坐北朝南，占地面积 21 万平方米。园内安葬着大革命时期、抗日战争时期、解放战争时期及抗美援朝战争中牺牲的 318 位革命烈士的遗骨。老一辈无产阶级革命家毛泽东、刘少奇、周恩来等都曾先后来此视察工作并题词。毛泽东主席为烈士纪念碑题词"为国牺牲，永垂不朽"，朱德总司令题写了园名。祖国各地的群众和国际友人也纷纷慕名来园瞻仰。在党中央和地方各级政府部门的关怀和支持下，华北军区烈士陵园成为对广大人民群众、特别是青少年进行爱国主义教育的重要阵地。

1958 年 4 月 5 日，冀东烈士陵园在唐山落成。党和国家领导人朱德、彭德怀、聂荣臻、林伯渠、萧克等为陵园题词。

随着这些纪念馆、博物馆、烈士陵园的筹备、落成和开放，全省征集、研究和利用革命文物的工作也相继展开。

图一　晋冀鲁豫烈士陵园落成典礼现场

　　首先是征集文物，充实馆藏。

　　1949 年，中共中央由西柏坡迁往北平时，为了保护革命遗址和文物，机关留守人员与当时的建屏县（今平山县）政府对接，将中央留下来的办公用具、日用品及房舍等进行了交接；1950 年，在中央老区慰问团的指示下，当地政府对革命文物进行了初步征集，这批文物后来成为西柏坡纪念馆的首批藏品，强有力地支持了纪念馆的陈列展览工作。1958 年，因修建岗南水库，河北省文物部门对原西柏坡中共中央旧址、中央领导同志旧居进行了详细测绘、拍照和登记，妥善保存了木构件等建筑材料，为后来的旧址复建打下了基础。

　　为贯彻首届全国博物馆工作会议精神，河北省博物馆自 1956 年开始，开展了革命文物和社会主义建设实物资料的征集工作，共征集革命时期、社会主义建设时期文物资料 1 万余件。其中较为珍贵的文物有马本斋家人捐献的抗日民族英雄马本斋生前使用的图章、军刀、指挥棍和马母被捕后坐过的小推车等[3]。这一时期省博物馆征集的革命文物数量至今仍占该馆革命文物藏品的 60%，占全省革命文物藏品总量的 40%。

　　其次是举办陈列展览进行爱国主义和革命传统教育。

　　1957 年，河北省博物馆利用征集到的革命文物举办了"河北省抗日战争、解放战争革命文物展览"。1958 年 3 月又举办了"革命文物流动展览"，深入全省城乡 34 个点，巡回展出 190 天，行程约 900千米，观众多达 6 万人次。周恩来总理在正定，蔡畅、周扬同志在徐水分别参观了该展览。同年还举办了多个小型专题展览，如"河北革命少年儿童展览"等。1959 年 10 月，在中华人民共和国成立 10 周年之际，省博物馆举办了"河北人民在新民主主义时期的革命斗争展览"。1965 年 8 月，冀东烈士陵园举办了"庆祝抗日战争胜利 20 周年"流动展览，先后接待观众近 16 万人次。以上展览既是对革命时期我党艰苦奋斗光荣传统的回顾与总结，也是对为共产主义事业英勇献身的革命先烈的致敬与缅怀，极大地鼓舞了人民群众建设社会主义的信心。

在中央人民政府指示、指引和河北人民建设新中国的热情推动下，这一时期河北的革命纪念馆、博物馆建设出现了一个小高潮，迅速建成了一批具有较高水平的革命类纪念设施，其中晋冀鲁豫烈士陵园、华北军区烈士陵园在建设规模、建筑水平等方面均居全国前列。但受新中国成立初期经济状况影响，大部分馆舍面积较小，如河北省博物馆仅有展厅4个，馆舍面积1200平方米；冉庄地道战纪念馆只有7间展室，展室面积100平方米。

这一时期的征集工作在人员少、经验不足、经费有限的情况下仍取得了辉煌的成就，是新中国成立以来征集革命文物最多、质量最高的一个时期，奠定了河北馆藏革命文物的基石。

这一时期也是举办革命文物展览相对较多的一个时期。举办的展览极大地激发了人民群众建设社会主义新中国的热情，为社会经济发展和文化的繁荣贡献了力量。

二、挫折期（1966 年—1976 年）

从1966年开始，河北起步不久的革命纪念馆、博物馆建设事业遭受严重挫折，尤其在"文革"前期，相关工作基本停顿，陈列展览大量减少。直到1969年，在周总理的关怀下，全国中断的文物工作得到逐步恢复。依托革命文物，河北先后建设了潘家峪革命纪念馆、唐县白求恩纪念馆、城南庄革命纪念馆。

潘家峪革命纪念馆建于1970年1月。潘家峪村位于唐山市丰润县（今丰润区）东北30千米处，为抗日游击斗争的堡垒村，八路军冀东区的军区药品藏储所、军事修械所、军区司令部、丰滦迁联合县政府、地下监狱、被服厂、尖兵报社等党政军机关和单位先后设在这里。1941年1月25日，日本侵略者集中了十几个县的1600多名日伪军，偷袭潘家峪，制造了惨绝人寰的潘家峪惨案。惨案遗留了潘家大院、西大坑、老槐树、小铁门、日军临时指挥部、南岩子等6处遗址，成为向国际社会控诉日本法西斯侵华罪行、对广大青少年进行爱国主义教育的重要场所（图二）。建馆初期，丰润县有关部门在村南偏西的南坟一带建了展览室，开馆仅两年就接待观众 164594 人次，其中包括来自 17 个国家的 214 名外国友人[4]。

1938 年 3 月，加拿大共产党党员、医生诺尔曼·白求恩率领加拿大、美国医疗队抵达延安，随后在晋察冀边区转战多个战场，抢救了成千上万的抗日伤病员。1939 年冬天，白求恩大夫因在涞源摩天岭抢救伤员时手指受伤感染，于 11 月 12 日在河北唐县黄石口村逝世。1971 年，唐县革命委员会将县总工会俱乐部改建为白求恩纪念馆[5]，以纪念这位伟大的国际主义战士。虽然纪念馆展室面积仅有 166.74 平方米，但接待过全国各地的大量观众及来自加拿大的国际友人。

1972 年 1 月，阜平县委、县政府依托位于城南庄村的晋察冀军区司令部旧址，成立了城南庄革命纪念馆，1974 年对外开放。抗日战争期间，聂荣臻同志以阜平为中心，创建了晋察冀抗日根据地，这是中国共产党及其军队创建的第一块敌后抗日根据地，被誉为"模范的抗日根据地"，成为华北抗战及全国持久抗战的坚强堡垒。晋察冀边区在党的建设、政权建设、经济建设、文化建设等方面建树卓著，崭新的民主制度及完备的建构为新中国的成立积累了宝贵经验，被誉为"新中国的雏形"。1948 年 4 月，毛泽东主席率领中央机关从陕北来到城南庄，召开中共中央书记处扩大会议，审时度势，调整了南线战略，为三大战役的胜利奠定了坚实的基础，这里也成为全国解放的重要后方基地与战略指挥中心。城南庄革命纪念馆保留着毛泽东、周恩来、任弼时、聂荣臻、萧克等中央领导同志用过的办公室、生活用具等。城南庄革命纪念馆的成立在弘扬晋察冀精神、教育激励后人中发挥了重要作用。

1971 年 7 月 1 日，河北省委批准成立"革命圣地西柏坡建设指挥部"，开始对西柏坡进行全面建设，首先在原址北部附近的山坡上复原修建了中共中央旧址和中央领导同志旧居。1975 年 10 月，原西柏坡纪念馆筹备处更名为西柏坡革命纪念馆，次年纪念馆开始修建。

图二　全国重点文物保护单位潘家峪惨案遗址

以上几个纪念馆主要依托遗址和旧址，馆舍多借用原有建筑，设施简单，面积狭窄，藏品数量少，如丰润潘家峪革命纪念馆新建馆舍仅 200 平方米，藏品只有 60 件(套)。

这一时期的展览，除新建馆展出的以遗址和旧址内容为中心的常设展览外，还有河北省展览馆于 1971 年 5 月 10 日举办的"毛泽东主席在西柏坡"展览，1972 年省博物馆与省文物工作队联合举办的"河北革命史陈列"等。

总之，这十年间，河北省革命纪念馆、博物馆的建设发展整体较为缓慢，但受当时政治因素的影响，以及革命纪念馆、博物馆自身特殊的红色性质，又略好于其他类博物馆的建设。

三、缓慢恢复期（1977 年—1993 年）

1976 年 10 月后，中国社会进入全新的历史发展时期。1978 年，党的十一届三中全会确立把工作重点转移到社会主义现代化建设轨道上来。1979 年 5 月，国家文物局在安徽合肥召开了各省、市、自治区博物馆座谈会，服务"四个现代化"和经济建设成为这一时期革命纪念馆、博物馆发展的主要方向。从 1977 年到 1993 年，河北省新建涉县八路军一二九师纪念馆、保定留法勤工俭学运动纪念馆、唐山地震资料陈列馆（后改为唐山抗震纪念馆）等，较大规模地改扩建了西柏坡纪念馆和唐县白求恩柯棣华纪念馆。

图三 八路军一二九师司令部旧址

1979 年，位于河北邯郸涉县赤岸村的八路军一二九师纪念馆正式对外开放。纪念馆包括司令部旧址（图三）、将军岭等，占地面积 3.2 平方千米。抗日战争时期，八路军一二九师在师长刘伯承、政委邓小平的率领下，以赤岸村为中心创建了晋冀鲁豫抗日根据地，先后有中央及地方的党、政、军、财、文等 110 多个重要机关单位在涉县长期驻扎。该纪念馆是目前国内唯一一处全面反映八路军一二九师历史和晋冀鲁豫边区革命史的纪念馆。时至今日，这块红色的土地在对广大党员干部进行"传承红色基因、牢记初心使命"宣传教育、对青少年进行爱国主义教育中发挥着积极作用。

1983 年 2 月 23 日，中共中央办公厅批复河北省委，同意在保定育德中学旧址建立留法勤工俭学运动纪念馆（图四）。馆址位于保定市金台驿街 86 号，占地面积 2400 平方米，建筑面积 1100 平方米。1912 年初，李石曾和吴稚晖、蔡元培等在北京发起成立了"留法俭学会"，鼓励青年学生以低廉的费用和节俭苦学的精神赴法留学，以学习西方文明，改良中国社会。作为赴法以工求学之预备，1916 年后，全国先后建起了 20 余所留法预备学校和预备班，1917 年秋在保定育德中学附设的留法高等工艺预备班是其中教学质量最高、教学设备最好、赴法人数最多的，刘少奇、李维汉、李富春等先后毕业于此班。而以蔡和森、赵世炎、周恩来、邓小平等为代表的一大批热血青年正是在留法勤工俭学期间不断探索救国救民真理,并最终走上了革命的道路。1978年,河北省博物馆等单位在李维汉、何长工等留法革命前辈的关怀、支持下,联合开展了对留法勤工俭学运动文物史料的收集整理工作,在此基础上成立的留法勤工俭学运动纪念馆成为进行爱国主义教育的重要阵地。

为纪念1976年唐山人民在全国人民的全力支援下抗震救灾、重建唐山的伟大壮举,1980年,国务院批准了国家地震局《关于保存唐山地震遗迹的请示报告》。1986年7月28日,唐山地震资料陈列馆建成开馆。馆址坐落于唐山抗震纪念碑广场西侧,建筑面积1488平方米。开馆当天,国务院副总理万里和河北省委书记邢崇智为抗震纪念碑揭幕并参观了陈列馆。

经过一年的建设,1977年西柏坡革命纪念馆建成。馆舍占地面积13400平方米,建筑面积3344平方米,设有7个展室。1978年5月26日,河北省军民在西柏坡隆重集会,纪念党中央、毛主席进驻西柏坡30周年,同时举行开馆典礼。复原的中共中央旧址和纪念馆同时对外开放。纪念馆内展出了许多珍贵的革命文物、历史照片和资料,比较系统地介绍了党中央和毛泽东等中央领导人在西柏坡期间的

图四　留法勤工俭学运动纪念馆

革命实践活动和为中国革命建立的丰功伟绩。1981年3月21日，河北省委宣传部批复同意将"西柏坡革命纪念馆"更名为"西柏坡纪念馆"。到1985年，纪念馆划定文物保护区面积达587.68亩。

作为中国革命史上的一座丰碑，西柏坡记录了党中央的一段辉煌历史，见证了党领导的新民主主义革命走向胜利，铭记着毛泽东等老一辈无产阶级革命家的丰功伟绩，党中央、毛主席在这里描绘的新中国的蓝图如今变成了现实。革命圣地西柏坡已成为亿万人向往的地方[6]。

1982年，唐县白求恩纪念馆改为白求恩柯棣华纪念馆，用一半展线展出了柯棣华大夫的光辉事迹。为满足展览需求，位于唐县北钟鸣山下的白求恩柯棣华纪念馆新馆于1984年开始修建。新馆由纪念堂、白求恩纪念馆、柯棣华纪念馆等组成（图五）。1986年11月12日，在白求恩大夫逝世47周年纪念日，当地举行了新建唐县白求恩柯棣华纪念馆揭幕仪式。1988年，保定地区行署决定对唐县白求恩柯棣华纪念馆未完工程进行续建，着手柯棣华纪念馆内展览工作。1990年12月8日，柯棣华大夫逝世48周年纪念日，柯棣华纪念馆开馆。两馆的展陈面积均为350平方米，展线长73米，白求恩纪念馆展出图片90幅，美术作品11幅，实物31件；柯棣华纪念馆展出图片134幅，实物42件。

这一时期，还对一些旧馆进行了重建和维护修缮。建于1958年的冀东烈士陵园纪念馆在唐山大地震中被夷为平地，1984年11月开始复建，1986年7月28日完工开放。1977年至1982年，国家出资5.1万元，维修了丰润潘家峪惨案遗址和纪念馆。1985年5月1日，平山西柏坡中共中央接见国民党和平代表谈判旧址经复原后对外开放。1987年6月，冉庄地道战遗迹南街修复145米。1992年12月15日，国家投资100万元，修复了西柏坡部分领导人旧居，次年7月1日修复工作完成。

图五　唐县白求恩柯棣华纪念馆

　　这一时期的革命纪念馆、博物馆均有与本馆主题一致的常设展览，有条件的馆还举办了革命类题材的临时展览。如 1977 年省博物馆与省展览馆联合举办了"周恩来总理伟大革命实践展览"。1984年 5 月 1 日至 11 月底，省博物馆举办了"河北省革命史展览"，接待观众 6 万人次；1985 年 2 月 15 日至 4 月 10 日，该展览在张家口地区博物馆继续展出，接待观众 3.2 万人次。在抗日战争胜利 40 周年之际，1985 年 8 月 15 日至 12 月 10 日，省博物馆联合省展览馆、石家庄高级陆军学校等单位在石家庄举办了"纪念抗日战争胜利 40周年展览"，接待观众 7.7 万人次；9 月 3 日至 12 月 5 日，省博物馆又与保定地区博物馆联合举办纪念展览，接待观众 3.1 万人次。1990年到 1993 年间，省博物馆自办或引进了多个具有爱国主义教育意义的重要展览，如"纪念鸦片战争 150 周年图片展""中美合作所集中营史实展""河北共产党人光辉业绩展览""南京雨花台烈士史迹展览""侵华日军 731 部队罪证展览""党的优秀宣传员——傅显忠事迹展""一代伟人毛泽东"等。

这一时期，河北省还进行了新中国成立以来唯一一次针对革命文物的普查工作，为革命纪念馆的发展打下了良好的基础。根据省文化局下发的《关于进一步做好革命文物工作》的通知要求，革命文物普查工作分步开展：1977年完成石家庄、保定、沧州、承德地区不可移动革命文物普查工作，其中石家庄地区139处，保定地区171处，沧州地区45处，承德地区35处；1978年完成廊坊地区和唐山地区普查工作，其中廊坊地区65处，唐山地区68处；1979年张家口地区共普查不可移动革命文物52处。

革命文物的征集工作在各馆也逐步有序恢复。如1978年2月17日，省博物馆征集到的毛主席、周总理给张文明同志（曾在毛主席、周总理身边做警卫工作）的题词原件；1991年12月，冀东烈士陵园管理处接受的中国共产党中央顾问委员会委员李运昌同志捐赠的革命文物299件。

为加强革命纪念馆的建设，国家拨专款对见证重要历史事件和具有纪念意义的民间建筑进行了征购。如：1986年12月，国家文物局拨款50万元，征购冉庄周围四条街道临街房屋268间；1989年11月，将涉县八路军一二九师司令部旧址上院的两座后院征用保护。

这一时期，趁着改革开放的春风，在为祖国实现"四个现代化"而奋斗的革命热情感召下，依靠各级党委和政府的大力支持，从事革命纪念馆、博物馆工作的同志们为革命纪念馆、博物馆的建设和发展进行了不懈努力，守住了阵地，为后来的发展铺平了道路。主要表现为：革命题材的展览比"文革"期间显著增加；革命文物征集工作全面恢复，对纪念馆涉及的院落、房屋进行了大面积的征购，解决了革命文物利用的后顾之忧；开展了基础性的革命文物普查工作。当然，这个时期也遇到了新困难。由于处于改革开放初期，人们把精力主要放在经济建设上，一度忽视了思想政治工作，一些纪念馆的级别被降低，人才流失严重，财政拮据，基础设施落后，陈列手段、艺术品位低[7]，甚至出现了"门前冷落车马稀"的尴尬局面。

四、全面增速期（1994 年—2012 年）

20 世纪 90 年代中期，中国改革开放初见成效，1994 年国民生产总值已是 1976 年的十五六倍。这一时期，国际上发生了苏联解体、东欧剧变等重大事件。国际局势的变化引起了党和国家的高度重视，针对改革开放初期一度相对弱化的思想政治工作，1994 年中共中央印发了《爱国主义教育实施纲要》。按照邓小平同志关于爱国主义的一系列重要论述，搞好爱国主义教育的理论建设、教材建设、制度建设和基地建设成为党和政府的一项重要工作，革命纪念馆、博物馆等在爱国主义和革命传统教育中的独特优势使其成为对全民进行爱国主义教育的主要阵地。1994 年 9 月，河北省委抓住时机，依托省内丰富的革命文物遗存及良好的纪念馆、博物馆和革命烈士陵园等场馆基础，率先公布了河北第一批共 21 处爱国主义教育基地，并每年拨出专款 3000 万元，支持基地的建设。1997 年 7 月，中宣部向社会公布了首批百个爱国主义教育示范基地，河北的西柏坡纪念馆、李大钊纪念馆等 6 家单位名列其中。从此，全省革命纪念馆和博物馆建设发生了翻天覆地的变化，出现了革命纪念馆、博物馆的建设达到高峰。

1994 年到 2012 年的 18 年，全省革命纪念馆、博物馆新增 15 个，是中华人民共和国成立以来建馆最多的一个时期。分别是保定军校纪念馆、李大钊纪念馆、中国人民抗日军政大学陈列馆、井陉矿区万人坑纪念馆、潘家戴庄惨案纪念馆、马本斋纪念馆、全国第一个农村党支部纪念馆、威县义和团纪念馆、中国·唐山地震博物馆、中国人民银行成立旧址纪念馆暨河北钱币博物馆、河北省英烈纪念园、河间市白求恩手术室旧址纪念馆、唐山市丰润区管桦陈列馆、冀南革命纪念馆、博野县毛主席像章文化博物馆等。

1997 年，中国人民抗日军政大学陈列馆建设工程在邢台县浆水镇前南峪村奠基，1999 年 4 月 30 日竣工。馆舍由省、市、县三级政府投资建造，总投资约 250 万元，占地面积 10000 平方米，建筑面积 1100 平方米。纪念馆内陈列着反映自抗大成立到新中国成立 14 年间的建校史、艰苦卓绝的战斗史等内容的大量图片和实物。1936 年，中共中央以中国工农红军学校为基础，创办了中国人民抗日红军大学，1937 年改称中国人民抗日军事政治大学。1939 年 6 月 20 日，为贯彻教育与战争相结合的原则，继续发展国防教育事业，中国人民抗日军事政治大学总校改称"八路军第五纵队"的野战军番号，并于1940 年 11 月初到达河北邢台县浆水镇前南峪村继续办学。抗大在这里办学两年零三个月，先后培养了三期（六至八期）学员，共 8000余名优秀军政干部从这里毕业，走上不同的革命岗位。长期以来，抗大的革命精神一直鼓舞、启发和教育着太行儿女，为社会主义事业的建设发展提供了源源不断的精神动力。

李大钊同志是中国共产党创始人之一，中国早期的无产阶级革命家，马克思主义思想家，伟大的共产主义战士，他为传播马克思主义，创建中国共产党和发展中国革命事业贡献了自己的一生。李大钊同志是河北省乐亭县大黑坨村人，故居坐落在县城东南 16 千米处的大黑坨村中央。1958 年 7 月 1 日，李大钊同志故居纪念馆成立。1976 年唐山大地震中，故居房屋遭到严重破坏，文物主管部门及时拨款进行了整修，并于 1978 年重新开放。1982 年李大钊故居被列为省重点文物保护单位，1988 年被公布为全国重点文物保护单位。随着观众参观需求的不断增长，李大钊故居狭小的展陈面积已无法充分展示李大钊同志作为革命先驱伟大光辉的一生，建设一个规模适当的纪念馆势在必行。

1996 年 8 月 18 日，乐亭县李大钊纪念馆新馆举行奠基仪式，1997年 8 月 16 日落成开馆，胡锦涛同志出席开馆典礼。纪念馆新馆位于乐亭县县城西部、金融街西端路南，占地面积为 6.8 万平方米，有馆藏文物 200 余件，其中珍贵文物 169 件。2004 年，在纪念馆主楼西侧修建了李大钊纪念碑林。纪念碑林由像亭、碑亭、碑廊等部分组成，展出碑刻及复制碑 60 余块，主要有党和国家领导人题词、李大钊同志部分手书等，从不同侧面展现了李大钊思想，弘扬李大钊精神，补充了室内展览的不足。2009 年，李大钊纪念馆进行了全面陈展改造。新陈列包括"李大钊生平事迹陈列展览""李大钊与中国共产党的创建"等，全面展示了李大钊同志光辉灿烂的一生以及他为中国革命事业做出的不朽功勋。

中国人民银行成立旧址纪念馆暨河北钱币博物馆坐落在河北省石家庄市中华北大街 55 号，整体建筑为一座灰色三层小楼，当地人俗称"小灰楼"，2009 年 12 月 1 日向社会免费开放。1947 年 11 月 12 日，华北重镇石家庄解放，1948 年 12 月 1 日，中国人民银行在"小灰楼"宣告成立，并开始发行第一套人民币伍拾圆、贰拾圆、拾圆券。中国人民银行成立和人民币发行在中国金融史上具有划时代意义。纪念馆内设有"中国人民银行成立展""红色货币记忆展""河北历史货币展""人民币发展史展"等 4 个基本陈列和 6 个旧址展室。

这一时期，革命纪念馆和博物馆的建设开始引起各级党政部门的重视，建设和发展资金投入显著增加，"从 1994 年公布爱国主义教育基地后，省委对其分批投资建设。截至 1999 年 9 月，累计投资 1.4 亿"。不仅建馆数量多，馆舍建筑也一改过往因经费困难、仓促上马而出现的工程质量欠佳的尴尬，馆舍规划、建筑理念有较大提升，且与纪念主题深入融合，强烈表达了红色宣讲的内容。

这一时期的陈展形式设计新颖现代，符合人们审美需求。以往方式单一、静态呆板、缺少吸引力的展览形式退出历史舞台，现代工艺和材料以及必要的声、光、电技术普遍应用，科技含量高，教育内容灵活多样，贴近群众，服务功能齐全。如李大钊纪念馆的陈列（图六），不仅有静态的原始场景的复原，还有动态的电子灯光沙盘制作；既有让人沉思遐想的油画、壁画，又有立体直观的人物蜡像；既有真实珍贵的文物藏品陈列，又有新颖、现代的多媒体展示和电子屏幕导览；既体现了对珍贵展品的重点保护，又体现了以人为本、人机互动的管理理念。中国人民抗日军政大学陈列馆的展陈运用半场景、场景复原等艺术手法和声、光、电等现代陈列手段，全面展示了抗大的历史风貌，重点展示了抗大在华北敌后办学的丰功伟绩（图七）。这一时期省内纪念馆、博物馆的陈展水平已与世界接轨。

高质量的场馆设施及展览吸引了更多的观众前来参观，参观革命

纪念馆、博物馆逐渐成为人们休闲生活的常态。李大钊纪念馆自 2008
年以来，年均接待全国各地观众及海外游客 130 余万人次；中国人民
抗日军政大学陈列馆年接待游客量近百万人次。

图六　李大钊纪念馆展厅内景

　　此外，非国有革命题材纪念馆、博物馆也逐步进入革命纪念馆、
博物馆建设发展序列，成为革命纪念馆、博物馆建设的重要力量。如
2012 年 10 月 1 日开馆的博野县毛主席像章文化博物馆，馆址位于博
野县城区，面积近 400 平方米。馆内展有 106 块以毛主席像章为主要
内容的主题展板，包括部分珍贵套章，以及 294 块红色宣传画等。这
些小小的像章，成为对青少年开展爱国主义教育的重要载体。

图七　中国人民抗日军政大学陈列馆展厅内景

五、高质量提升期（2013 年至今）

十八大以来，党和国家高度重视革命纪念馆、博物馆的建设工作。这一时期，国有革命纪念馆、博物馆开始侧重于提升现有馆的办馆质量，加强馆藏文物和展线文物的预防性保护、数字化保护，加大可移动革命文物保护力度，围绕一些重要时间节点和重大事件，积极开展爱国主义教育活动，深化对革命文物价值的挖掘和创新利用，提升革命纪念馆的公共服务水平和社会教育效果成为这一时期的主要特点。同时，非国有革命题材的纪念馆、博物馆异军突起，成为革命纪念馆、博物馆数量的主要增长点。

近几年，随着国家经济的快速发展，文物保护理念逐步发生变化，以往的被动性保护开始向主动性的预防性保护发展，现代数字技术在文物保护和传播领域亦开始广泛应用。文物的保护、管理、收藏、研究、宣传教育工作与现代科技紧密结合，带动了革命纪念馆、博物馆建设的全面提升。从巩固党的执政地位、筑牢意识形态阵地和坚定"四个自信"的高度出发，2018 年 7 月，中共中央办公厅和国务院办公厅发出《关于实施革命文物保护利用工程（2018—2022 年）的意见》。为落实两办意见精神，河北省委办公厅、省政府办公厅联合制定下发了《河北省革命文物利用工程(2018—2022 年)实施方案》，提出了馆藏珍贵革命文物保存条件达标并得到保护和修复的发展目标，确立了对重点博物馆、纪念馆收藏的革命文物进行预防性保护性修复、消除病害、改善保存条件，充分利用互联网广泛开展革命文物展示和革命文化传播革命旧址、革命纪念馆（博物馆）通过展览进 校园、进军营、进社区等活动方式，建立与周边学校、党政机关、企事业单位、驻地部队、城乡社区的共建共享机制，组织开展具有庄严感和教育意义的系列主题活动的主要任务，2019 年，河北省文物局投入 500 多万元，分别对涉县一二九师司令部纪念馆及邢台中国人民抗日军政大学陈列馆开展了可移动文物预防性保护项目工程，为两馆的库房、展厅配置安装了完备的环境监测系统和恒温恒湿储藏柜，综合提升了馆藏文物的整体保护水平。2020 年，为冉庄地道战纪念馆和邢台中国人民抗日军政大学陈列馆建立了数字化平台，完成了纪念馆场馆及基本陈展的数字化制作，包括实场景的三维展现、全方位自主漫游，对馆内的部分精品文物进行了三维扫描，建立了数字资源信息存储、访问、应用的标准化体系，为文物的保护、研究、展示建立了统一的应用管理规范。根据省政府"十四五"规划要求，省文物局计划在"十四五"期间每年修复革命文物200件。

2021年，为庆祝中国共产党成立100周年，传承红色文化基因，加强党史教育，省文物局与省委宣传部、省党史办、省教育厅、退役军人事务厅等部门协作，号召全省博物馆开展红色文化进校园"建党百年"主题活动，并遴选20家革命纪念馆、博物馆作为重点支持和实施单位。4月16日，保定留法勤工俭学运动纪念馆在保定市第十七中学举办了红色文化进校园"建党百年"主题活动的启动仪式，为全省红色文化进校园系列活动拉开了序幕。截至5月底，全省各地博物馆、纪念馆陆续开展活动101场，走进校园56个，受众人数达5万余人，并将在"七一"党的生日、"八一"建军节、"十一"国庆节等重要时间节点继续开展活动，扩大活动的覆盖面。根据计划，今年将总共推出210场红色文化进校园系列活动。

新建馆方面，2013年至今，全省红色纪念馆、博物馆新增3个馆，均为非国有性质，分别为保定市中国共产党员日记博物馆、保定市太行博物馆、迁西县喜峰口长城抗战博物馆。

保定市中国共产党员日记博物馆是一个以收藏日记手稿、日记书籍、日记本、党史资料、物记、雷锋资料为主的民办博物馆。依法备案的藏品1164件套（2253件）。2016年12月21日对外开放。

保定市太行博物馆设立于2017年11月22日，是一家集红色抗战藏品展览与红色影视文化传承于一体的综合性民办博物馆。藏品1300件套，包括红色抗战藏品、老电影机、老电影胶片及电影相关资料、海报、文献等。博物馆围绕"抗战藏品展览"与"红色影视文化传承"主题分设"希望之光""烽火太行""红色影视摇篮""少年英雄""永不消逝的电波"与"时光影厅"等6个展览。

喜峰口长城抗战博物馆位于河北省唐山市迁西县滦阳镇石梯子村，是一座反映喜峰口长城抗战历史的非国有专题性博物馆，占地面积 8000 平方米。收藏有抗战中使用过的装备、生活用品、通信设施及相关图片资料等 3000 余件，基本陈列为"喜峰口长城抗战"。

河北革命纪念馆、博物馆建设从革命战争年代走来，经过新中国建立初期的建设小高潮和"文革"中的缓慢发展，后来在逐步恢复中遭遇新的困难，再到新机遇中的快速发展和十八大以来的全面质量提升，其建设发展历程从一个侧面反映了党和政府对革命文物在开展爱国主义教育、培育社会主义核心价值观、实现中华民族伟大复兴的中国梦中的重要作用的认识过程。经过几十年的建设，河北革命纪念馆、博物馆已成为全省博物馆事业的一个重要组成部分，在弘扬革命传统和开展爱国主义教育方面发挥着不可替代的作用，几十年来为全省的精神文明建设做出了积极的贡献。

各级革命纪念馆、博物馆所展示的革命遗物、遗迹及其蕴含的革命精神是我党在革命时期和社会主义建设道路上曲折探索的历史印记，是对我党通过艰苦卓绝的斗争取得胜利的总结；是对艰苦奋斗岁月的纪念，也是以史为鉴、把握当下、面向未来的警示。2021 年，恰逢中国共产党成立 100 周年，在这样一个有特殊意义的时间节点，我们应当从党的百年历程中感悟初心使命、赓续红色基因，坚决落实习近平总书记重要讲话精神，切实做到学史明理、学史增信、学史崇德、学史力行。这也是革命纪念馆、博物馆的历史使命所在，是全省下一步推进红色革命文物保护制度建设的根本方向。相信在党中央及河北省各级政府的指导和支持下，河北省的革命纪念馆、博物馆将在"十四五"期间取得更为引人瞩目的成绩。

注 释：

[1] 王宏钧《中国博物馆学基础》，上海古籍出版社，2001 年，105 页。

[2] 河北省爱国主义教育基地资料丛书编委会编《晋冀鲁豫烈士陵园》，河北人民出版社，1996 年，14 页。

[3] 李宝才《奋斗结硕果，扬帆再起航：新中国成立 70 年河北博物馆事业发展综述》，

《文物春秋》，2019 年第 5 期。

[4] 河北省文物局博物馆处《河北省博物馆事业的回顾与展望》，《文物春秋》，1999
年第 5 期。

[5] 宗健《唐县地名文化》，中国文史出版社，2018 年，771—780 页。

[6] 河北省爱国主义教育基地资料丛书编委会编《西柏坡中共中央旧址》，河北人民
出版社，1996 年。

[7] 西柏坡纪念馆《世纪末的回眸：西柏坡纪念馆 50 年巨变》，《文物春秋》，
1999 年第 5 期。

（原载《文物春秋》2021 年第 3 期）

"海丝"上的河北古外销瓷与内河通道

　　中国的瓷器发明对人类社会是个巨大贡献,而河北自北朝以来就陆续生产瓷器并最终形成了著名的邢窑、定窑、井陉窑和磁州窑四大名窑。四大窑的产品既有极强的艺术性,更具有广泛的实用性,深得官方和民间的一致青睐。部分产品除作为贡品朝贡皇家外,大部分则进入了寻常百姓家。品质兼优的瓷器不但为中国人喜爱,也为外国人所钟情。唐代开始,中国的瓷器产品开始成为中外贸易的大宗商品走向世界,河北四大窑的瓷器也分别通过陆路和海上走出国门,成为丝绸之路贸易中的一部分。

井陉窑金代印花磨具

近一个世纪以来，在北非、东非、西亚、阿拉伯半岛以及东南亚和日本、朝鲜半岛分别发现了唐、五代、宋、金、元时期的河北古陶瓷，经专家学者研究，这些瓷器基本是通过海上丝绸之路出口的外销瓷。现试就河北的四大名窑瓷器及其在海上丝绸之路沿线国家的发现和瓷器最初通过内河交通运送到沿海贸易集散地的线路做些简单的介绍和探讨，不妥之处请各位专家指正。

河北省地处漳河以北的华北平原，西依太行山、东临渤海，北有燕山，燕山以北为高原。在地质时期，沿着太行山东麓从南往北断断续续地形成了一条瓷土矿带。邯郸的磁县西部和峰峰矿区，邢台的内丘县、临城县，石家庄的井陉县，保定的曲阳县全部处在太行山的东麓，河北四大名窑，邢窑、定窑、井陉窑、磁州窑就诞生在这几个县区。

河北古名瓷在海丝沿线的发现

唐代开始，海上对外贸易的大宗商品变为以瓷器制品为主。20世纪70年代，日本著名学者三上次男先生提出中西方存在一条文化交流的海上"陶瓷之道"，河北的瓷器产品正是沿着这条海上"陶瓷之道"输出到中东地区、日本、朝鲜及东南亚以及非洲。近百年，世界各地陆续发现了河北古瓷器的遗迹。

目前在国外发现河北的白瓷类产品包括：

1.20世纪六七十年代在日本京都、奈良、福冈、熊谷等十余处地点出土有唐代白瓷。1970年京都市下京区七条唐桥西寺遗址出土35片白瓷。

2.在埃及的福斯塔特（Fostat）遗址发掘陶瓷碎片五六十万片，12000件，其中包括邢窑、定窑白瓷。

3.肯尼亚曼达岛出土了9-19世纪的白瓷，坦桑尼亚的基尔瓦出土有10世纪唐末宋初的白瓷。

4.伊朗东北部的内沙布尔，出土中国唐代邢窑白瓷壶。

5.伊拉克的阿比尔塔遗址，日本学者曾发现了唐代邢窑、定窑白瓷。

6.巴基斯坦勃拉名纳巴德（Bromlinabad）发掘出唐代邢窑系白瓷。

7.20世纪80年代初，位于阿曼首都马斯喀特西北的苏尔古城遗址发掘出唐代邢窑、定窑白瓷。

8.印尼中爪哇帝岩（Dieng）高地的8世纪首都和东三宝垄，巴厘（semarang，Bal）与南西里伯斯（Cooled）发现唐代邢窑、定窑白瓷。

9.1998年发现于印度尼西亚勿里洞岛海域的"黑石号"沉船有350件北方白瓷、200件北方白釉绿彩陶瓷。白釉绿彩瓷中有两件碗盘在底足中央分别刻有"盈"字和"进奉"字样。推测"黑石号"出水"盈"字和"进奉"款瓷器应该是邢窑产物。

黑石号"进奉"款白釉绿彩折沿盘

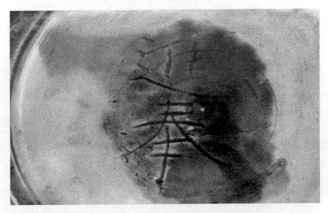

黑石号"进奉"款白釉绿彩折沿盘底款

目前在国外发现的磁州窑瓷器包括：

1.在京都市鸟羽离宫、平安京、中京区鸟丸通三条上汤之町遗址、滋贺县大津市上仰木遗址、东京都文京区东京大学校内遗址、福冈市博多遗址群、熊本县阿苏郡白水村一关祇园遗址、广岛福山市草户千轩遗址以及山口等地分别出土了宋至元代的磁州窑瓷器及残片。

2.韩国京畿道开城附近高丽时期古坟及全南、忠北、黄海道海州附近高丽遗址出土中国瓷器磁州窑白瓷器 20 余件，白地黑花瓷器和白地剔花瓷器共有 30 余件，另有磁州窑黑釉器。其中板门郡仙迹里的文宗（1046–1083 年）景陵发现的 4 个磁州窑白地剔花瓷片是有纪年资料。1975 年全罗南道新安海域发现元代沉船，有 4 件为河北元代磁州窑产品。2010 年 5 月，首尔钟路区清进洞朝鲜时代遗迹发掘出土 9 片磁州窑元代瓷片。

3.东南亚的苏拉威西岛、东爪哇摩久坎尔特附近的玛佳帕依德王朝遗址出土元代磁州窑的瓷片。

4.埃及福斯塔特遗址和东非坦桑尼亚的基尔瓦遗址发现两片金代磁州窑瓷片。

河北名瓷的内河通道

国内外学者经过几十年的研究，基本认定唐宋以来我国重要的对外港口主要包括广州、泉州、杭州、明州（宁波）、扬州等。那么包括河北在内的一些北方窑口是怎么出口的，除了有一部分不远千里经南方一些港口外，大部分瓷器在北方应该有港口，特别是外销到东北亚地区的瓷器，元代以后有个直沽（今北运河、南运河汇合处，位于天津），是否还有其他港口？1986 年，河北的文物工作者在沧州黄骅市东 25 千米处的渤海之滨发现了一处重要滨海遗址——海丰镇遗址。

遗址南北约 1200 米，东西约 1900 米，占地面积 228 万平方米，2000 年至 2017 年间，考古工作者对遗址进行了 4 次发掘，发现大量金元时期遗迹器物，以瓷器居多，来源于定窑、磁州窑、龙泉窑、景德镇窑等南北方不同窑口，品种丰富。有关学者认为海丰镇应该是宋金时期"海上丝绸之路"北方起点，瓷器从这里远销东北亚、韩国、日本及更远的一些地方。在国外特别是东亚国家出土的相当一部分宋金时期的瓷器应该是从海丰镇运出。海丰镇与宁波、扬州等地遗址一起搭建了中国古代瓷器贸易的地缘架构。那么河北的瓷器是怎样运到对外港口呢？

海丰镇遗址发掘现场

河北的地形西北高东低，整个河北平原地势低平，海拔由 100 米左右降低到渤海沿岸的 3 米左右。四大窑处于平原西侧的太行山东麓丘陵和平原地带，一部分发源于太行山的河水东流至海必须经过河北平原，因此从南到北的河北平原密密麻麻地布满了主要走向为自西而东的河流，构成河北主要水系。四大窑处于水系中的最大的海河水系。古代不同时期，河道多有变化，现在河北地区仍然有像扇子般的北运河、永定河、大清河、子牙河、南运河五大支流东入渤海。古人正是利用这些天然的内河水系与隋唐京杭大运河将瓷器产品运输到沿海港口及附近集散地，装船出海，到达不同国家。水路运输具有运量大、相对平稳安全、破损率低、价格低廉的特点。

1.河北省邢台市北部有一条季节性河流泜河，属海河流域子牙河水系滏阳河支流，该河位于内丘县邢窑瓷厂北部，临城邢窑瓷厂的南部，自西向东、东北流经现在的隆尧县、柏乡，进入宁晋的大陆泽。发源于彰德府磁县（今邯郸峰峰）滏山的滏阳河，流经磁县、邯郸、永年、平乡、巨鹿，也汇入大陆泽。中唐以后到宋初，邢窑出来的瓷器应该在内丘、临城装船后，沿泜河向东和东北入宁晋大陆泽再进入滏阳河，在馆陶入隋唐大运河的永济渠，然后南下江苏到达扬州。

2.定瓷主要产地曲阳灵山镇涧磁村邻村北镇村东 1.5 千米处有一条河流，现在叫沮河，古称恒水，自北向南，在东南 4 千米处与自西而东流经灵山而来的三会河汇合后，注入滱水进入定州。自定州往东，《汉书·地理志》《水经注》载故道东南流经今安国市南，折东北经高阳县西，又北流经安州镇西，东北流与易水合，此下易水亦通称滱水，滱水在今安新境内汇入白洋淀，唐末五代时白洋淀往东可进入京杭大运河的永济渠，并经黄河、通济渠，到达扬州。北宋时，改称永济渠为御河，从御河南下到南方的扬州等，金代时从御河沧州段经浮水到海丰镇，元代时到直沽。

3.井陉窑场旁有甘陶河、绵河及其支流流过。甘陶河源出山西平定之绵山，流经井陉县境合于绵蔓水。又东北流入平山合于滹沱河，滹沱河到南皮的合口与古浮水交汇，浮水直通海丰镇。所以井陉窑的瓷器在金和元初是从甘陶河、绵河出发，在平山县境内驶入滹沱河，一直向东，于南皮合口进入清河南支的古浮水，抵达海丰镇。唐末五代时经大运河可以南下扬州。

4.磁州窑周围有漳、滏河。北宋时磁州窑产品顺漳河到馆陶入御河经山东临清继续向北，到达渤海海滨。入运河向南则可到达扬州等南方地区。金代磁州窑在观台装船顺漳河而下，在馆陶入御河，北上到沧州东光码头。再经水系运往瓷器集散地黄骅的海丰镇。元代，磁州窑从州城东南向东，在馆陶入御河，北上经临清、从直沽东行出海。

内河河北名瓷遗存

唐代以来利用包括运河在内的内河运输瓷器至出海港口附近已经得到大量考古材料佐证。近几十年在我国的内河古河道、古运河河道和周围发掘了若干沉船和遗址，出土大量瓷器及残片，与河北四大名窑有关的包括：

1.20 世纪 60 年代，大名县东部御河遗址发掘满载金代磁州窑瓷器的木船。

2.20 世纪 70 年代以来，扬州市区汶河（唐代官河）路东西两侧的基建施工中发现地下堆积如山的各类陶瓷片，其中有大量河北的邢窑和定窑白瓷。

3.1997 年夏，河北献县滹沱河内发掘出装有磁州窑瓷器木船一条。

4.1975 年，磁县南开河村漳河故道出土 6 条沉船，发现元代磁州窑瓷器 338 件。

5.1984 年，霸州农民在县城南宋辽界河故道内发现大量瓷片，包括磁州窑瓷器。其中的白瓷碗、黑瓷罐、瓶和磁县南开河元代木船所出白瓷碗、黑釉瓷双耳罐、黑釉双耳瓶相同。

6.1998 年 5 月下旬，东光县南运河码头段河道内发现一条金代沉船，出土大批成莳的磁州窑白釉划花篦划花大碗等瓷器。

7.1998 年 6 月初，东光镇码头村运河段发现宋代沉船，船中出土磁州窑器物及残片 160 件（片），完整器物 30 余件。

8.1999 年，安徽淮北柳孜隋唐大运河故道宋元地层出土的瓷器包括磁州窑的产品。

9.1999 年–2000 年，安徽泗水公路改造工程中宿州市段隋唐大运河遗址内出土了一件邢窑残白瓷执壶、一件盏托。

安徽运河遗址出土唐邢窑白釉执壶

安徽运河遗址出土唐邢窑白釉盏托

10.2001 年 6 月，沧县崔尔庄镇西崔尔庄朱家运粮河发现三条金代沉船，出土有磁州窑白釉黑彩花卉草叶纹圆腹小口瓶、绿釉莲鹤纹腰圆形大陶枕、酱釉鸡腿瓶和划花碗瓷片。

11.2002 年和 2006 年河北省大运河调查中，发现宋、金、元时期出土的磁州窑瓷器。

12.2000 年至 2017 年间，考古工作者对沧州黄骅浮水边的海丰镇遗址进行了 4 次发掘，发掘出 65 袋来源于定窑、磁州窑、龙泉窑、景德镇窑等南北方不同窑口的瓷器标本，其中以磁州窑产品为大宗。

13.宁波（明州）东门口码头遗址的宋元文化层中曾出土有元代磁州窑瓷器残器和残片。

海丰镇出土白地黑花大罐

海丰镇出土红绿彩人物

　　当然，内河沉船出土的瓷器，不一定都与外销瓷有关，有些可能是在沿河两岸销售的日用瓷，但其中的一部分应该是外销瓷，具体的区分需要进一步研究。

　　总之，河北四大名窑的瓷器集艺术和实用为一体，深受国内外人们的欢迎，因此成为海上丝绸之路古代贸易中一个重要组成部分，在交往运输过程中包括大运河在内的内河运输起到了重要作用。

（原载《中国文物报》2021年7月9日第6版）

文 物 证 史

——北魏立国前后的河北因素

鲜卑族拓跋部本是一个逐草放牧，居无常处的马上民族，生产力发展水平低下，没有本民族文字，文化欠发达，但建立北魏政权后，在极短的时间内，逐步汉化，并最终深深的融入中华民族的大家庭中。它统治中国北方近百年，影响到了后来中国历史文化的发展进程。这样一个民族及其政权需要我们进行深入的研究。笔者试就鲜卑族建立北魏政权前及建都平城后到太武帝时期逐步汉化的过程中与河北的关系做些简单的梳理和分析，以窥北魏立国前后政治文化脉络之基础。

一、北魏政权及其民族文化背景

鲜卑族拓跋部最早起源于今天黑龙江嫩江流域的大兴安岭附近。其早期历史的记录为成帝拓跋毛时期，东汉末年，部族逐步南迁。西晋末年据有今河北沽源县东南、今山西阳高县东北和今内蒙古和林格尔县北，成为塞上一只强大力量。西晋于 310 年将拓跋猗卢封为代公、代王。338 年什翼犍即代王位，开始具有国家规模，两年后定都云中盛乐，有了定居的政治中心。376 年亡于前秦。淝水之战后，什翼犍之孙拓跋珪纠集旧部于 386 年在牛川（今内蒙古锡拉木林河）即代王位，改国号曰魏。398 年定都平成，即皇帝位，是为魏道武帝。

定都平城前，由于长期的游牧生活，以及山林草原的特殊环境，造就了鲜卑人的民族性格、民族风俗和民族文化。

《后汉书·鲜卑传》记载：鲜卑人是东胡的一支，其言语习俗与乌桓同。早期以游牧打猎为生，居无定所，吃肉喝奶，看重年轻力壮者而轻视年老体弱的，性情强悍而不豁达，在愤怒的时候会杀了父兄，但不杀母亲。部族中将能够处理决断格斗争讼事情的人推选为首领，称为大人，但不世代继承，下面还有小首领。部族首领有事情召唤，就刻木作为信符，虽然没有文字，部众连小孩都不敢违犯，他们没有固定的姓氏，以强健的部落首领的名字为姓。部落首领以下，各自从事畜牧生产，互相之间没有徭役。他们的风俗可以娶后母为妻，与丧夫的嫂子私通，等死了以后还与原来的丈夫合葬。遇到问题常听妇女的意见，男人只有格斗打仗的事情才自己决定。

这是一个典型的原始状态下的游牧部族的写照，居无定所，没有文字，没有徭役，没有姓氏，自给自足，妻后母，报寡嫂，贵少贱老，崇拜英雄的氏族部落冲到了先进的中原地区，落后的政治经济暴露无遗。

二、鲜卑人汉化启蒙与河北

鲜卑人逐步南迁，接触汉人、汉文化，面对中原，如何适应封建社会先进的生产力和生产关系摆到了鲜卑首领的面前。一些开明的鲜卑首领先后做了有益的尝试，为以后扎根中原奠定了基础。鲜卑人的汉化过程看似突变，实则渐进，只是在立国入主中原后加速了汉化速度。

河北省北部和西北部的一些地区处于塞上，毗邻蒙古高原，在鲜卑人早期和北魏政权前期的汉化过程中起到了重要作用。

鲜卑人最早与汉人接触的确切时间难以考证，但在2世纪50年代，初期鲜卑人的全盛时期，有位鲜卑人首领叫檀石槐，活跃于今河北尚义大青山一带，"南钞汉边"。经常与汉人接触。

东汉末年，中原大乱，鲜卑小帅轲比能异军突起，曾带领三千骑兵替曹操到河北镇压河间郡民田银、苏伯的起义。此时大批河北汉人为避内乱逃到塞上，轲比能请教这些汉人，学习制作兵器和铠盾的方法，学习汉文，仿照中原人围猎打仗时，以锦旗指挥，击鼓指示进退。

此时，西来的佛教已经逐渐渗透到中原，接受中原的佛教也成为鲜卑人早期汉化的一部分。从轲比能学习汉人的过程看，鲜卑人最初只学习与军事征战和生存有关的技艺，统治之道和精神方面并未考虑，《魏书·释老志》记载：鲜卑人最早在北方建国，与西域殊绝，没听说过佛教，或者听了也不信。到了始祖神元帝拓跋力微和三国曹魏、晋朝建立联系，文帝沙漠汗到了洛阳，昭成帝到了襄国，这才详细了解到南方中原佛法之事。

《魏书·释老志》的作者显然是想把北魏与佛教的关系往前追，有关专家认为昭成帝什翼犍应该接触过佛教，328年，他10岁时作为人质到了后赵的襄国。后赵是羯族人石勒建立的政权，都城初为襄（今河北邢台），后迁都至河北邺城。后赵十分信奉佛教。石勒拜西域高僧佛图澄为"大和尚"，尊为国师，参与政事，石虎将其誉为"国之大宝"，邺城"人民多营寺庙，争先出家"，成为佛教重镇，州郡兴立佛寺893所。什翼犍在后赵度过了少年、青年，受汉文化浸润，应该对佛教有了解。他19岁回到塞上，340年定都云中盛乐，继承代王，"始置百官，分掌众职，"用汉人燕凤为长吏，许谦为郎中令。制定法律，使代国开始具有国家规模并有了定居的政治中心。什翼犍学习汉人治国理政经验，建立典章制度，用汉人为官，比轲比能更进一步。或许什翼犍这时感觉最迫切的是建立国家规范，对丁用什么样的思想来统治部族，并没有一个总体的考虑，尽管在后赵接触了佛教，但未必了解那么深，或不一定信。因此什翼犍在盛乐做代王30多年，今天我们在盛乐遗址还没有发现公元3-4世纪与佛教有关的遗迹和遗物。

尽管如此，鲜卑人对汉文化的渐进吸纳，无疑对挺进中原起到了良好的作用，当它感到接受包括佛教在内的汉文化对长期统治这一区域的人民大有帮助时，他就会选择接受。

三、北魏前期皇帝对河北高僧的重用

北魏建国之前，鲜卑族拓跋部几乎与佛教无缘，但拓跋珪在定都平城前与后燕慕容垂征战中，频繁接触中原佛教。《释老志》记载道

武帝在 397 年平定中山，统治燕赵过程中见到郡国大量佛寺和沙门，下令军人禁止伤害。他喜好黄老，但也经常阅读佛经，只因天下初定，战争不断，诸事草创，未能建筑寺院，招揽僧尼。但中山等地气势辉煌的寺院和僧人应该给他留下深刻印象。

道武帝是位开明的帝王，当发现中原人崇尚佛法的习俗后，不但尊重而且欣然接受，开始重用河北的高僧推广佛教。

法果是赵郡(河北省赵县)的一位高僧，四十岁出家，精通佛法。道武帝定都平城后立即诏其到京师，设坛讲经。一次，道武帝前去听法果讲经，法果见到皇帝立即行跪拜礼，帝不解问："既然讲佛，理当跪拜如来，如何跪寡人？"法果答："当今皇帝明睿好道，就是当今的如来，沙门自当跪拜。"法果当初在河北，可能学习并实践了佛图澄依存于王权的传教经验，他敏锐地观察到了北魏鲜卑人的民族性格，以及急于建立王权崇拜，稳定王朝根基的强烈要求，更加认识到与王权共存对传教的重要性。所以，法果讲经开始先跪拜皇帝，感动了拓跋珪，讲经大获成功后多次被道武帝请进皇宫，为皇帝专门授佛解惑。道武帝对法果委以重任，专设一个职位"道人统"给法果，监管天下沙门僧侣。得到了道武帝的信赖和重用，佛教很快在魏朝得到了推崇。

到明元帝拓跋嗣时，法果更加受到崇敬。明元帝永兴年中（409—413年），皇帝授予其辅国宜城子、忠信侯、安成公之号，法果十分谦虚，不肯接受。皇帝有一次巡幸法果居所，看到巷子狭小，车辇出入困难，就派人更新拓宽了巷道。明元帝泰常年间（416—423 年），果法圆寂，年八十余，皇帝三临其丧，追赠"老寿将军、越胡灵公"。

当时，道武帝不但器重法果，还对当时后赵佛图澄的弟子僧朗敬重备至，曾遣使致书，还赠予厚礼。此外，明元帝行幸广宗（今河北省威县）时，封沙门昙证为"老寿将军"。

北魏初期的帝王对河北僧侣之器重，于此可见一斑，道武帝拓跋珪推崇佛教的力度十分罕见。皇帝亲自参与佛事活动，给高僧以极高的礼遇。从财力、物力上支持，民吏皆可参与。

当然北魏初期的皇帝重用包括河北的高僧目的无疑是想维持政权稳定，逐渐融入中原，出于政治目的。开始的几个皇帝也未必真懂佛经、佛法，从道武帝将法果立为"道人统"可以看出，拓跋珪起初也是道释不分的。河北高僧在北魏初期，为其稳固政权，逐步汉化起了重要作用。为以后的北魏皇帝所效法，如文成帝重用高僧师贤、昙曜等。

四、河北徙民与平城建设

历史记载，西汉初年置平城，东汉献帝时废置，三国魏时复置，北魏所都平城是在秦汉平城县城基础上开始建设的，当时的平城规模小，人口少，所以道武帝平定中山，统治燕赵后的天兴元年（398年）正月巡行邺城，参观了楼台亭榭，遍览曹魏以来的宫殿城池，萌生了在邺定都的心意。可能因为早已选定平城，就没有临时改变主意。

鉴于当时平城的现状，为了建设平城，从道武帝到太武帝正平元年（451年）北部中国统一的60余年，北魏政府屡次从全国迁徙民众和官员到平城，有记录的就不下20余次。最大的一次就是从河北等迁徙民吏36万人到平城。《魏书》记载，道武帝在天兴元年（398年）正月庚子巡视邺城时决定从山东（太行山以东，主要是今天河北）6州迁徙民吏及徒何高丽杂夷包括百工伎巧10万余口共计36万人到平成。秋7月拓跋珪定都平成，开始大规模的修造宫室，建立宗庙，设置社稷。12月，再从6州迁徙22郡守宰豪杰吏民到平成。

两次迁徙河北一带的民吏共计40万余众。其中有百工伎巧10万余口，所以才会有1月迁徙，7月开始建设平城的庞大计划。汉末以来，多个王朝在河北定都，曹操先督建邺城，建有铜雀三台，接着后赵、前燕相继在此建都。后赵立国时定都襄（今邢台），后迁于邺（今河北临漳），前燕最初定都蓟城（今北京），后来也迁到邺城。后燕的都城为中山（今河北定州）。作为都城必然要有城池、宫殿庙宇、佛堂的建设。所以河北是能工巧匠聚集的一个地区，例如，定州西20余里的河北曲阳从西汉开始就开采白石，做建筑材料和石雕。1968

年满城中山靖王刘胜墓出土的石俑均为曲阳黄山白石（又称汉白玉），汉代以来曲阳南部的羊平一带祖祖辈辈以开山采石，雕石为生，出了大量石刻工匠，河北的许多宫殿庙宇，桥梁城池，交通道路，房屋建设都留下了曲阳工匠的身影。

所以，拓跋珪才从河北大量徙民。

据记载，西晋太康初年河北幽冀三魏户数为502100，前燕版图大部分在河北，估计户在百万，口在400万，淝水之战后，经过数十年动荡，慕容垂在河北建后燕，人口下降到最低水平。395年，后燕与拓跋珪大战，后燕的根据地和都城都在河北，战争对人口又有所消耗，所以，北魏建国初期40万人对河北也是个巨大的数字。

这批人到平城后推动了北魏平城的建设。天兴元年（398年），拓跋珪下诏："于京城建饰容范，修整宫舍"这一年，平城除了其他工程外，还建造装饰了五层佛塔、耆阇崛山及须弥山殿，另外设讲堂、佛堂及沙门座位，这些工程处处留下了河北工匠辛勤的汗水。

五、河北佛造像与平城佛造像及石窟

起源于古印度一带的犍陀罗、马士腊佛教造像艺术何时传入中国，目前亦尚无定论。四川省彭山东汉崖墓曾出土了一件陶制摇钱树，树座下有一佛二菩萨。乐山麻浩和柿子湾两窟东汉崖墓内有三身石刻佛像。可能是中国最早的佛像形象。但出自墓葬，用途往往和道家以及神仙方术混杂一起，与真正意义上的佛像用途不同。目前发现最早的真正意义上的中国佛教造像应该是十六国时期。北魏太武帝死后，平城开始了大规模的云冈石窟造像活动，云冈石窟艺术对后来的中国雕刻艺术产生了深远影响。现在很少发现太武帝以前都城附近有明确纪年和出土关系的佛教造像，这固然与太武帝灭佛事件有关，但任何一种艺术都不是偶然出现的，云冈石窟产生以前平城附近的佛教造像是什么样的，是否对云冈石窟造像有所借鉴，有关专家学者一直在探讨这一课题。恰恰在距离平城较近的河北中部和西北部发现了相对较多的太武帝灭佛以前的佛造像实例。而且这些造像式样有可能是北魏

前期平城流行的。

目前发现与河北有关的太武帝拓跋焘废佛以前的金铜造像有七尊，均为小型造像，其中六尊为十六国时期，均为坐像，一尊为北魏时期的立像。除后赵建武四年（338年）座像藏美国旧金山博物馆，北魏太平真君四年（443年）立像藏日本东京国立博物馆。其他五件收藏在河北省考古研究院和省博物院。

十六国的佛坐像无例外一律均着通肩式大衣，胸前及前襟部衣纹呈U形或V形状，衣纹断面呈浅阶梯状，尤以两臂部分衣纹刻划深刻有力，层次明显。衣纹呈现一种图案化、程式化的形式。佛像跌坐的方台座两旁无例外浮雕二伏狮子，狮子头呈正面，二狮子之间浮雕水瓶或者作汉式博山炉，炉两侧有供养人。这时的佛像是含有犍陀罗佛像因素的中国式的佛像。属于佛教初传阶段犍陀罗系统的旧风格。十六国时，北方盛行坐禅，这种小像是禅观的对象或是祈福禳灾的供养佛像，其他样式的佛像极少见。

平城与河北地域相近，山水相连，如果有早期金铜造像，其形式应该与河北基本一致。

1955年石家庄北宋村出土的十六国时期金铜坐佛

北魏前，佛教已在中原流行，不过僧徒们主要是在译经、讲经和传教，建筑佛寺的目的亦然。尽管史料中也提到后赵等国大肆营造寺院和铸造造像，但从考古发现和传世的佛造像看，佛教造像的数量有限，而且主要是小型的金铜造像，推测主要是供奉在私人宅院或随身携带随时朝拜之用。由于质地为铜金，其本身制作十分昂贵，再加上常常有鎏金装饰，就更显珍贵，制作数量有限，非一般僧众能拥有，满足不了广大信徒的需求，在这种形势下，十六国后期，石佛造像应运而生，弥补了金铜造像的不足，并在后来与金铜造像并驾齐驱。石材造像有几大优势，一是石矿比金属矿相对多，尤其山区，可以就地取材。二是不用像金属矿一样先开采矿石，再冶炼和铸造，工序繁多，避免多次加工。三是施工简单，工匠只要采石雕刻即可。四是造像大小皆宜，造价低廉，广大僧侣信众能够普遍拥有，并能大量进入寺院殿堂供信徒膜拜。五是可以大规模雕造。

目前看到较早收录十六国时石造像的有清代端方编的《陶斋藏石记》卷五，记载一件384年后燕的佛教造像。河北现存最早的石造像是正定县文物保管所的一件北魏太平真君元年（440年）石造像及河北蔚县北魏太平真君五年（444年）朱业微石造像。

正定县文物保管所
北魏太平真君元年
（440年）石造像

河北蔚县北魏太平真君五年
（444 年）朱业微石造像

根据观察，早期的石造像有一定局限性，在选材上稍显随意，多选择硬度较差，密度不够，易腐蚀的砂石为石材。如陕西、山西、河南、河北一带的早期佛像基本为砂岩，跟北魏后期和东魏北齐时选择细腻的青石和汉白玉明显不同。其次是，佛像造型仿金铜造像，因材料原因，佛身、背光、坐床均为一体。

此时的石造像基本沿用了十六国时期造像形式，如正定太平真君元年造像。佛像结跏趺坐于长方形基座上。体态健硕，颈项粗短，头部稍前倾，磨光肉髻，面相方圆，额际宽平，两耳垂肩。双目俯视，鼻翼宽丰，嘴角微翘，略带笑意。身着通肩袈裟。双手置于膝上作禅定印。圆拱形背光，内外作火焰纹，中间为忍冬纹。头光为莲瓣纹。佛座为长方形，佛像为弥勒佛。尊像形式和图像种类很少，基本都是释迦牟尼和弥勒像。袈裟为通肩，坐像的印相是禅定印，是五胡十六国时期古式金铜佛像的固定形式，到北魏太武帝时期这种造型依然沿用。弥勒名称出现较多,而且是佛陀形的弥勒,而西部地区则流行菩萨形的弥勒。

平城距离河北较近，道武帝重用河北高僧，迁徙河北工匠在平城建寺造像，平城地区的早期佛教造像应与河北地区相近和一致。巧合的是，有一件原属于平城的太平真君三年（442年）鲍纂石塔台座，证明了这一点。石塔台座砂岩质。高10厘米。塔身部分已失。台座正中央有捧持香炉的地神，两侧各有狮子，用细线刻毛发的表现手法，是比较古老的表现形式。右侧面为女性供养人列像，左侧面为男性供养人列像，胡人着装，背面在纵向框线内刻有铭文。台座刻有铭文十四行：大魏太平真君三年的一天"永昌王常侍"、"定州常山"（河北）的鲍纂在平城，为了父亲和亡母造"石浮图"及"大涅槃经"祈愿父母将来再生于弥勒佛之世并愿合门眷属及子子孙孙同受此福。永昌王应为明元帝的孙子永昌王仁（445年去世），发愿者鲍纂是其常侍。台座上的雕刻与纹饰，与河北地区的早期造像风格基本一致。

河北早期佛造像应该是十六国至北魏早期中国佛造像主要形式之一，它是犍陀罗佛造像传入中国后与本土雕刻艺术结合的产物，在当时至少流行了一百余年。但是，随着北魏太武帝拓跋焘始光四年（427年），攻陷大夏，太延五年（439年）征服北凉，打通了西域通道，经由西域传来的新的造像样式波及河北地区。出现了犍陀罗凉州式新型造像。

河北蔚县北魏太平真君五年（444年）朱业微石造像，通高60.5厘米，为灰褐色砂岩坐像。面相长圆，长眉细眼，眉间有白毫相，凹窝较深，眼角略翘。鼻梁挺直，嘴略大，嘴角上翘内收，头部稍向前倾，下颏内收，呈双下颏，垂肩大耳。面相略呈笑意，结跏趺坐，露一足。双手施禅定印。与正定太平真君元年造像不同，袈裟出现新变化，成为凉州式偏袒右肩式，发髻上饰以水波纹，数组法绺。这种新的着衣方式的造像，给平城和河北地区带来了面貌一新的感觉，很快被广大的僧众接受，太武帝后期，凉州式的佛造像应该在平城和河北地区开始流行。如果说太武帝时期平城地区流行的佛教造型样式，蔚县朱业微石造像形式也是答案之一。所以在云冈石窟设计选型中，十六国早期流行的造像形式被摒弃，平城地区和河北地区逐渐开始流行凉州式的偏袒右肩式的佛像造型开始流行，并成为昙曜设计选型的重要参考之一。云冈石窟的开创者昙曜本是凉州高僧，推测其在太武帝灭北凉后跟师贤等高僧一起来到平城，灭佛时避难于河北中山，复佛的第二年受命从河北中山回到平城，奏请文成帝在京城西面开凿五座石窟。所以，云冈石窟第20窟，也就是当时第一座石窟佛像造型就与蔚县北魏太平真君五年朱业微石造像有许多相似之处。随着云冈石窟的开凿，北魏时期的佛像开始从单调、千篇一律程式化的十六国时期挣脱出来，为后世佛教造像的形式多样奠定了坚实的基础。

大同石窟 20 窟释迦坐像

综上所述，河北为中原地区的一部分，政治上经常处于中心区域，经济文化发达，是汉人的主要集聚区，地理位置属于农业文明和游牧民族的交界地带，在汉末以来魏晋南北朝的民族大融合中处于前沿，开融合之先，使许多少数民族慢慢地融入中华民族大家庭的血液中，而后，这些少数民族与汉族人民一道共同创造了包括云冈石窟在内的光辉灿烂的艺术与文化。

（原载《文物天地》2021年第10期）

定州博物馆"蘭房"鼎考

    2014年，河北定州市北庄在建设中发现一个平面为"甲"字形的土坑墓。墓中出土有铜器和陶器文物。其中带铭文铜鼎两件（图一、图二），笔者认为一件铭文为"王宫鼎"，另一件为"一斗宜壁蘭房"。[1]

图一   图二

    两件文物现陈列在定州市博物馆，最近，看到两鼎的文字拓片（图三、图四），经与照片和原物对照，"王宫鼎"认读无误，而"一斗宜壁蘭房"中的"宜壁"二字当时清晰度不够，原认读有误。现根据拓片认读为"官锭"，六字铭文应该是"一斗,官锭,蘭房"。因器物有"蘭房"铭文，故称其为"蘭房"鼎。六字铭文如何解释，笔者现不揣鄙陋,略加考释,以就教于学术界同仁。

图三

图四

　　"一斗"　铭文"一斗"标明器物的容积，汉代铜器中容量词有：斛、石、斗、升、合、籥、撮、圭。汉代一斗相当于现在的2000毫升左右，汉代的铜器大多带有这种容积单位的铭文，如南越王墓出土的番禺鼎铭文："番禺，少内，容一斗少半"。[2]

　　"官"　《辞源》对"官"的解释包括:官舍、官府；官职；官吏等七种[3]。在汉代，铜器铸造手工业经营管理有三种形式，即官府经营、私人经营和官府手工业监制私人手工业承制。[4]"蘭房"鼎中的"官"应该指官府、官家、公家，就是官家制作。由官府经营制造的汉代铜器文物出土和传世很多，本文不再赘述。

　　"锭"　《辞源》对"锭"有四种解释，其中一种是进热食有足的蒸器。第二是指油灯[5]。《汉语大字典》有多种解释，其中一解为：古代盛熟食有足的蒸器。《说文•金部》："锭，镫也。"《广韵•径韵》："豆有足曰锭，无足曰镫。"《正字通•金　部》："锭，蒸

熟物器,上环以通气之管,中置以烝饪之具,下致以水火之齐。用类
甗。"其中绘有三足"锭"的示图,二解为膏灯。[6]

"锭"为膏(油)灯的解释已被大量出土实物所证实,如临虞宫
铜锭(灯)[7]、阳信家铜锭(灯)[8]、筑阳家小立锭(灯)[9]等。

从《辞源》和《汉语大字典》将"锭"解释为古代盛熟食有足的
蒸器看,"锭"应是鼎的异(别)称之一。

先秦和汉代的鼎多有异(别)称存在,如"镬"和"钉"均是鼎
的异(别)称,《辞源》镬:金属,用以煮食物。周礼天官亨人":亨
人掌共鼎镬。"注":镬,所以煮肉及鱼腊之器。"淮南子说山":尝
一脔肉知一镬之味。"注":有足曰鼎,无足曰镬。"[10]可见,有足
的"镬"就可称为鼎。1988年太原南郊金胜村的晋国赵卿墓,出有一
件高近1米,口径1.04米的大鼎,被称为镬鼎。1978年湖北省随州市
擂鼓墩1号墓也出过一件通高64.6厘米的战国早期镬鼎。另外,"钉"
也是鼎的异(别)称之一,如广陵服食官钉(鼎)[11]。

鼎的异称很多,"蘭房官锭"本身就是一个铜鼎,证明了"锭"
也是鼎的异(别)称之一。当然,此鼎铭文的"锭",也有可能是"钉"
的通假字。"蘭房"鼎的出土证实了辞书解释"锭"为古代盛熟食有
足的蒸器的正确性,是难得的锭通假鼎的实物例证。

"蘭房" 《汉语大词典》对"蘭房"有两种解释:一是高雅的
居室;二是犹香闺。旧时妇女所居之室[12]。《辞源》解释:一是兰香
氤氲的精舍;二是特指妇女所居之室[13]。两种词典解释基本相同。定
州"蘭房"鼎出土于甲字形的大墓,墓主人为中山国王室成员,同时
出土的还有一件王宫鼎,所以"蘭房"鼎应该与中山国的宫室有关,
也就是中山国王宫中的一处重要的宫、室、观建筑名称,即后人所称
的宫观,因此,"蘭房"对应词典中的第一种解释,即高雅的、兰香
氤氲的宫观。

汉代宫观,有些见诸《汉书》《后汉书》《三辅黄图》和《太平
御览》等文献记载,有些出土文物有铭记,而文献无载,"蘭房"鼎
就属于历史无载的一种。文献无载的汉代宫观很多,如1975年山西省

洪洞县城关公社李堡大队出土的一件西汉安邑宫铜鼎[14]铭文中的"安邑宫"文献就无载。

　　尽管汉以前的文献对"蘭房"这样的宫观没有载录，但由于汉代"蘭房"的圣洁雅致，声名远扬，对后世影响颇大，所以曹魏以来的宫廷建筑竞相仿效，常有"蘭房"宫观的设置，为喜欢聚集高谈畅饮的文人墨客所向往，以至于魏晋以来的诗文中对魏晋后世的"蘭房"多有记录。如曹植《離友》："涉浮济兮汎轻航，迄魏都兮蘭房，展宴好兮惟乐康。"另有阮籍《咏怀》之廿三云："仙者四五人，逍遥晏蘭房。"晋傅咸《感凉赋》："忽轻篁于坐隅兮，思暖服于蘭房。"南朝梁沉约《栖禅精舍铭》："巖灵旅逸，地远栖禪；蘭房茸蕙，嶠甍架烟"。

　　曹植（192年—232年）汉末和三国魏初之人，南朝梁钟嵘曾赞其"骨气奇高，词彩华茂，情兼雅怨，体被文质，粲溢今古，卓尔不群"，其在世时应对汉末的"蘭房"有所涉及，诗文也反映出对"蘭房"的钟情。赵幼文先生在《曹植集校注》对"蘭房"有过解释：蘭房犹蘭室。按：此"蘭房"似指邺都中之宫观，或亦即汉时之"蘭宫""蘭池宫"[15]此注解非常准确。

　　所以"蘭房"鼎中的"蘭房"二字应指中山王宫中的一处宫观。当然，因为"蘭房"有兰香云绕，气怡芳香，再后来逐渐演变为女孩的闺房和妇女的居室，那是后话。

　　综上所述，定州所出铜鼎"一斗，官锭，蘭房"铭文应解释为：容积一斗的官家（公家作坊）铸造的"锭"（容器），置于蘭房之地。带有"蘭房"铭文的铜鼎是首次发现，证明了"蘭房"作为汉朝宫观的存在，弥补了文献记载的不足。同时，锭通鼎的实物少见，印证了辞书注释的可靠性，"蘭房"鼎的出土为研究先秦以来"蘭房"的演变及有关器物的异（别）称及汉中山国的历史提供了不可多得的实物资料。

　　（文章写作过程中曹锦炎先生给予了指导和帮助，在此深表感谢）

注 释：

[1] 《河北定州特大文物盗窃案侦破纪实》，《中国文物报》，2015年8月7日第5版。

[2] 孙慰祖、徐谷富编著《秦汉金文汇编》第42页，上海书店出版社，1997年。

[3] 《辞源》（修订本），商务印书馆，1983年，第820页。

[4] 宋治民《汉代的铜器铸造手工业》，《中国史研究》1985年第2期。

[5] 《辞源》（修订本），商务印书馆，1983年，第3193页。

[6] 《汉语大字典》三卷本，四川辞书出版社，1995年，第4224页。

[7] 孙慰祖、徐谷富编著《秦汉金文汇编》，上海书店出版社，1997年，第231页。

[8] 咸阳地区文管会、茂陵博物馆《陕西茂陵一号无名冢一号从葬坑的发掘》，《文物》1982年第9期。

[9] 孙慰祖、徐谷富编著《秦汉金文汇编》，上海书店出版社，1997年，第251页。

[10] 《辞源》（修订本），商务印书馆出版，1983年，第3219页，。

[11] 孙慰祖、徐谷富编著《秦汉金文汇编》，上海书店出版社，1997年，第86页。

[12] 《汉语大词典》第13145页，第9卷628，影印扫描版。

[13] 《辞源》（修订本），商务印书馆，1983年，第2741页。

[14] 《文物》1982年第9期

[15] 赵幼文《曹植集校注》，人民文学出版社，1998年，第54页。

（原载《中国文物报》2022年3月12日第6版）

二　鉴赏篇

凝固在燕赵大地上的古老乐章

——河北古建筑纵横

一

俄罗斯文豪果戈理说：古建筑同时还是世界的年鉴，"当歌曲和传说已经缄默的时候，而它还在说话哩。"

"以前我没有见过大地真正的形象，原来，她就像一个怀抱孩子的女人一样。"每次读到智利女诗人米斯特拉尔对大地的生动描述，我都会产生一种联想：中华大地上那数不清的古代建筑，不就是静卧在大地母亲怀中的孩子吗？

赵州大石桥

公元前 2 世纪，有一位名叫帕蒂伯尔的旅行家第一个列出了"世界七大奇迹"，后来又有人开出了第二个"世界七大奇迹"的名单，这两个七大奇迹，几乎清一色的都是建筑。而中国的万里长城，大概最无愧于"世界奇迹"的称号了。

1985 年 5 月的一天，燕赵男儿董耀会、吴德玉和张元，站在甘肃省嘉峪关的城墙上流下了激动的热泪，因为他们刚刚完成了中国历史上首次徒步考察长城的壮举，从山海关到嘉峪关。这条绵延在崇山峻岭中的古长城像一部巨大的诗史，悲壮地刻下了中华民族发展的足迹，而这三位青年却从头到尾读了这部活着的历史。

公元前 138 年，罗马人首先建造了世界上第一座 18 米长的三孔石拱桥。然而，这种先进的桥梁技术似乎并未引起欧洲人的兴趣，致使拱桥技术在欧洲湮灭了 1000 年。相反，6 世纪的中国人却把罗马圣安叶石拱桥的技术大大地向前推进了一步，创造出一种新型敞肩拱桥。坐落在河北赵县洨河上的赵州大石桥，其敞肩结构降低了桥身自重，增强了桥梁的泄洪能力，那优美的轮廓，简洁、轻盈的造型使建筑形式与结构达到了完美的统一。敞肩拱桥技术对世界和中国的桥梁建筑技术产生了深远的影响。同时建在赵县的永通桥、宋代建在行唐的升仙桥、淳县的迎恩桥、晋城的景德桥无一不是大石桥的翻版。

一代人的发明创造，有时几代人都无法突破他的运行轨迹，就是到了 20 世纪的今天，具有现代意识的桥梁设计家的画笔也不得不在大石桥的框架里描来画去，如果读者有机会入滇旅游，切莫忘记到南盘江上看看现代人建造的长虹石拱桥，来到湖南，也不要忘记瞧一眼韶山铁路桥、湘潭的公路大桥。看见它们你就会知道大石桥是多么值得自豪呀。难怪一些外国学者评论说："中国弓形敞肩拱桥确实领先达千年以上，因为到了铁路时代，西方才出现了一些可以与之相比的桥梁。"

勤劳勇敢的中国古代人民在生产和劳动中创造了自己的文化，而建筑文化又独具风格，自成体系。当一些现代建筑师不惜远渡重洋，去寻找建造摩天大厦的绝技时，1000 多年前的中国宋朝匠师已在高层建筑的领域里树起了一座云间奇迹。定州的料敌塔为我国现存最高的佛塔，它用中国最传统的建筑材料砌筑而成，1000 多年来，塔身不仅经受住了大大小小十几次地震的摇荡，而且遭受过无数次电闪雷鸣的轰击。高层建筑的避雷问题至今仍然困扰着现代建筑师，但古代的匠师们似乎早已找到了解开这个谜的钥匙。据有关专家测试，同属楼阁塔家族的河北景县塔，其塔刹设计竟与现代的平衡电压相一致，它不用避雷针、避雷线即可将雷电的威力化减为零，从而保证了塔身安然无恙。今天，当我们看到许多现代高层建筑上顺下来的避雷线时，是否应感到羞涩与难堪呢……高层建筑并非外国人的独创，如果现代建筑师们发掘一下中国建筑史上的瑰宝，或许能使今天的视野更宽一些。

定州料敌塔

中国古代的建筑奇迹确实使后人感到骄傲和激动，但同时也留下不少遗憾。古代建筑的发展有其片面性，除大石桥等少数建筑外，代表最高建筑技术水平的唯有皇家和宗教建筑。在封建社会，只有宗教建筑才能与皇家建筑平起平坐。拔地而起的云上楼塔，似乎只有虚无缥缈的宗教神灵才能享受，这大概是为了表示高深莫测的神灵不可侵犯吧。古代建筑形式等级森严，只有宫殿、寺庙建筑才允许在柱、枋上安装斗拱。因此，现在文物部门公布的文物保护单位中，地上建筑80％都是皇家和宗教建筑。专制君主和宗教权威们垄断了当时最好的建筑材料，挑选最杰出的建筑师，花上几十年甚至上百年的工夫为他们大兴土木。据记载，建料敌塔花了 55 年的时间，建承德避暑山庄先后用了 80 多年才完成主要工程，建成雍正皇帝的陵寝共用了 8 年工夫。而创造过伟大建筑的工匠和广大民众的栖身之处，与皇家、寺庙建筑相比却显得那么寒酸，致使中国民居建筑发展相对缓慢。在宋代画师张择端的《清明上河图》里有一些乡村和城市民宅的画面，可帮我们领略平民百姓的建筑形式：田间小路旁到处是低矮的茅屋，城里的居民最好的居所也不过是些简单的四合院，住宅的简单程度很难显示出房主人有什么非凡的才能。然而，中国的建筑文明确实就诞生在这些茅舍之中。

植根于黄土地上的古代工匠们，在他们唯一能施展技巧的地方用聪明的大脑和灵巧的双手创造了一个个人间奇迹。无论今天它们的功能怎样，建筑本身是科学发展的标志，它体现了人民的智想，构成了中华民族古代文明的一部分。当人们来到滦平县，站在金山岭长城上，看着蜿蜒起伏、横亘万里的长城，没有人会对它所代表的中华民族坚强意志和宏伟气魄产生怀疑，更不会因为它已失去当年的防御作用而否定其建筑价值。难怪俄罗斯作家果戈理要这样说：古建筑同时还是世界的年鉴，"当歌曲和传说已经缄默的时候，而它还在说话哩。"

长城雨后（隋唯华摄）

二

先民们将美学价值与使用价值巧夺天工地集于古建筑一身，于是就赢得了后人"立体的画""无声的诗""凝固的音乐"等种种当之无愧的赞誉古建筑文化，当它还在历史的襁褓中嗷嗷待哺时就产生了美的启蒙。

早在三千多年前，居住在今天石家庄藁城台西的商民们便将美带进了建筑。他们不仅建造出硬山式和平顶式房屋，还在墙壁内外涂抹了一层三厘米厚的草泥，使之匀滑坚硬，平整美观。今天，当考古工作者将整个建筑遗址挖出展现给人们的时候，那片片散落的草泥分明在播射着原始建筑质朴美的神韵。而自成一体的美学效应始终贯穿了整个中国古建筑史。

正定隆兴寺可谓中国古代建筑史上的一朵奇葩，其中始建于北宋皇祐四年的摩尼殿，结构奇特，主次分明，为我国早期建筑所仅见。整个建筑利用木构架的组合，从构件的形状到材料本身的质感都达到了建筑艺术与功能的完美结合。大殿檐下雄伟的绿色斗拱与梁柱、墙面、瓦顶的组合经过艺术处理后，使体、面、线、点完美交融，它所表现的整体和局部之间的关系所具有的和谐、宁静及韵味，给人以深刻的印象。斗拱成为中国古代建筑美所独具的一个民族标志。

正定南城门

　　宗教建筑既是宗教教义的艺术载体。定州塔，这座高八十四米的庞然大物，是我国楼阁塔的杰出代表。其造型明快简洁，而各塔层却飞檐叠设，极尽华丽。顶檐的八脊八坡美丽动人，正脊、斜坡相互交织，奏出一曲和谐的乐章。楚楚动人的脊兽端坐在洁静高雅的莲花瓣之间，高高在上的铜铸葫芦宝瓶稳居在铁座上，显得那么神圣、庄严。正定广惠寺花塔，正如它的名字一样，是一座含苞待放的艺术花蕾。在塔的第三层，莲瓣之上的佛龛、佛像、动物密雕其间，檐上的八角处力士像承托第四层，仙人、菩萨、仙兽、楼台、亭阁被刻画在不大的空间里，体态生动，神情各异，栩栩如生。它们上下参错，不臃不疏，配置匀称。塔所表现的既是对神圣的佛性的一曲响彻云霄的颂歌，又是对人情世俗大气磅礴的挥写。它们所具有的艺术美与技术美，正在被早已从佛教崇拜的精神迷宫中走出来的人们所发现。无论是定州塔还是广惠寺花塔，尽管它们的本义无非是佛教教义的诠释，但在现代人眼中，其艺术形象却比佛学教义具有更为丰富的内容。起翘的塔檐无疑寄托着一定的宗教观念和情趣，可那优美的曲线必然会唤起一般人对自然美的丰富联想。那直插云间和巨大超人的空间体量，是对中国古建筑平缓坦然的空间序列的突破，从而产生了震撼人心的艺术魅力。它昂首向天，既是人们对苍天的呼唤，又是对人类自身创造力的肯定。

　　人对自然的再创造诞生了中国园林，避暑山庄代表了中国古代园林艺术的最高成就。它将自然美与建筑美融合在一起，产生了宏大的艺术气派。当人们站在高楼北向的云山胜地，凭窗远眺，只见林峦烟水，一望无际，气象万千，俯瞰群峰，云蒸霞蔚。中国古代园林的宏大与精巧之美引来不少赞誉，被称为"凝固的音乐"、"立体的画"、"无声的诗"。当你漫步于避暑山庄湖区，踏上如意洲，穿过月色江声，来到青莲岛，再登上金山亭，只见湖区那碧绿的湖水、七色小桥、亭台楼榭、百荷相扶、垂柳依依，这一切不正像一曲柔情流溢，珠润玉圆的芭蕾舞曲吗。在山庄内外的山巅、溪谷、平原、湖光、水面、林间，其设计或依自然地势，或仿江南美景，或借塞北风光，整个布局疏密有致，虚虚实实。这种园林艺术设计充分运用了中国传统绘画理论中的以线造型、注意白描、散点透视、虚实相映的手法，在对瞬间形象的描绘中创造美。应当说，山庄七十二，景景如画。中国园林亲切近人，面善心和，建筑空间与自然完美结合，或有高低错落之感，或有泉水叮咚之音，充满了诗意。当年康熙大帝登临云山胜地时不禁诗意大发，作诗一首："万顷园林达远阡，湖光山色入诗笺。披云见水平清理，未识无愆守节宣。"这不正是山庄艺术美的写照吗？

三

与传统文化的高度融合，使古建筑具备了超越自身的意义，成为中国哲学、宗教思想和伦理道德的物化建筑是一个民族、国家文化的组成部分，它与民族传统、思想意识、宗教信仰、风俗习惯有着天然的联系。中国古代的人们重视人与自然的谐调、平衡，推崇"天人合一"的宇宙观。所以康熙大帝筹建避暑山庄时，曾亲自相地，确定了"自然天成就地势，不待人力假虚设"的规划原则，故而山庄建成后的园林环境有浓郁的山林野趣。

中国的园林设计思想是对世界建筑史的一大贡献。当象征着皇权、神权思想的宫殿建筑和宗教建筑随着社会的发展而退出历史舞台后，强调人与自然结合的中国古代园林设计思想仍在影响着现代的东西方建筑师们。漫步于小小的石家庄长安公园，这里的山、水、石、木、桥以及亭台楼榭，竟也折射着中国古代建园思想的灵光。瑞士建筑师海蒂和彼特·温格尔 20 世纪 90 年代来华讲学时说："在中国古代建筑中，建筑是自然环境中的一部分，人、建筑和环境是一个有机的整体，这个优秀的传统是我们应该继承的。"

在中国古代优秀建筑中，集历史、艺术、科学价值为一身，以明确的使用功能为目的建造的建筑，莫过于赵州大石桥了，这在等级森严和宗教神学占统治地位的社会中，不能不说是人民大众奔放浪漫的建筑设计思想与自然写实的现实主义设计思想向当时社会禁锢的一种挑战，它是封建社会漫漫黑夜中人民大众点燃的一盏明灯。石桥沟通了南北交通，方便了人民生活，千年百载，历史的脚印重叠在桥面上，直到 1955 年，大桥仍作为交通桥承载着车、马、人流。

今天的高楼大厦，或为人们办公、购物的场所，或为人们的栖身住所，建筑目的无一不是以使用功能为第一。然而在中国保存的优秀古建筑中，更多的是一种隐喻丰富的符号建筑。

华夏民族历来重死犹生，当把浓烈的政治伦理观念踩进葬俗后，陵墓形式得到了世俗的认可并被固定下来。从燕赵大地上的中山王墓到清代东西二陵，陵墓形式完全是一种神性化了的建筑，它既代表者阳世阴间的临界，又是活人死者交流的媒介。帝王陵墓规模巨大，极尽侈奢，而一般平民百姓受其影响，也常常追求一种莫名其妙的排场。崇拜鬼魂、先祖和天地的观念，使墓葬选择极其严格，陵墓形式尚高、尚大、尚威。据记载，雍正皇帝为了选一块"万年吉地"，废掉了东陵的陵址，命大臣跑到易县太平峪找"乾坤聚秀之区，阴阳合会之所，龙穴砂石，无美不收，形势理气，诸吉咸备"的理想陵址。建成后的泰陵从南端的五孔石拱桥到云蒙山鹿的宝顶，由 5 华里的砖石神道相连贯，而大大小小的几十座建筑都隐喻着丰富的内容。圣德碑亭下的巨龟象征孝义又喻示永垂，隆恩门则以现实存在的建筑空间环境，表达了帝王对步入天国的幻想。陵墓建筑所表现的文化内涵，一直延续了几千年。现在的人们也时常用这种方式寄托对故人的哀思和崇尚之情，在烈士陵园和革命公墓，人们仍能看到古时的遗风，只不过建筑形式和规模略有不同罢了。

西汉末年，汉人第一次听到了释迦牟尼的名字，从此，中国的文化脉搏多少改变了跳动的频率。战乱不已的中国封建社会，人民群众号饥啼寒，水深火热，佛教的引入为所谓引导众生跳出人生苦海准备了河道，一时间寺院宝塔群聚华夏大地。佛教建筑隐喻了极深的佛教教义，不论是正定隆兴寺的大悲阁，还是承德普宁寺的大乘之阁殿堂，高大体量的巨佛，迫使人们膜拜时仰视之，使人顿感自身之渺小。密宗造像的狰狞可怖，喃喃讷讷地念经声以及猛然轰响的鼓钹之声，使神经高度紧张的礼拜者无所适从，唯有拜倒其前，祈求保护。宗教建筑通过空间形态、装饰与采光，从室内视觉设计营造出一种宗教气氛和语言。

灵寿明代石牌坊

在中国的大地上，牌坊所隐喻的意义最为广泛而且细微复杂。灵寿县有座明崇祯十四年为当地的傅家大姓立造的功德石牌坊。大石坊选料讲究，雕刻艺术精湛，是件难得的艺术珍品。牌坊除代表了政府的旌表意义外，更多的是为状元名臣赞颂功名，为风景名胜标榜灵秀。而在祠堂祖庙前的牌坊，则为了维持宗法族权的尊严，在陵园墓区也时常能见到它们的形象。

亭子的运用可谓中国文化高度浓缩和优雅意境的绝妙表述，在避暑山庄、保定莲池、邯郸黄粱梦不难见到这类大小亭子，亭子像推倒了四壁的房屋，这是一种文化的升华，和朴实的隐喻。这种隐喻点缀在大自然中，既不显得庞大富丽，也不显得荒凉颓废，其表意形式为中国士大夫推崇的人和自然和谐的观念找到了表达的物证，即所谓以小喻大的意境，似有若无的痕迹。这种建筑在自然中的运用纯粹是雅文化的传统结晶，表现了老庄出世观念与儒家入世思想的折中。

西柏坡亭子

中国古建多不重视使用功能，这种传统的设计思想，使中国诞生了一批不朽之作，但它一味解释皇权，阐述宗教观念和伦理道德，也确实限制了中国古代建筑的发展。许多建筑浪费空间，疏于采光，无视采暖而且建筑材料昂贵，防火性能差，这些局限使中国建筑技术发展的脚步未能跟上世界潮流。

北宋神宗年间，政府为了管理宫室、坛庙、官署、府第的建筑工作，出版了一部完整的建筑专著《营造法式》。此书对各种建筑的设计、结构、用材及施工进行了严格规范，是前人留给后世的一份珍贵的历史资料。但书中对各种建筑形式、尺寸，甚至连榫卯的大小和建筑颜色都一一标定，任何建筑师不得越法式半步。从此以后，中国古代建筑的形象历经千年，始终是简单划一，少变化少个性，就连建筑用材也没有多少发展。中国的建筑文化开始由唐朝的极盛逐步退化，这种退化的必然性正是建筑本身严格的形制与整个社会文化体系的浑然一体所致。虽然在漫长的历史发展过程中也有局部的变化，可最终还是被整体所框住。华夏大地，从南到北，由东至西，处处都是大屋顶、马头墙和亭台楼榭，东西、陵的皇家陵寝是大屋顶，正定隆兴寺的佛教殿堂是大屋顶，曲阳北岳庙仍然十大屋顶……

涉县

建筑传统是各时代人们所创造的建筑文化在历史长河中的水流，它在历史上有时奔腾向前，有时平静流淌，有时出现逆流和落差，这取决于社会环境和主体的素质。总起来说，中国古代建筑是中国哲学、宗教思想和伦理道德的物化。只要看一看张家口下花园的孟家坟四合院和顺平腰山王氏庄园，就可窥见当时中国封建家庭和封建社会的概貌，其中的尊卑、长幼、嫡庶、主客各得其所。而东、西陵的石牌坊、神道、大屋顶所展示的则是震慑人心的皇权思想。作为历史的产物，中国古建筑就像中国封建社会发展史一样，有其发展鼎盛、光芒四射的辉煌时期，也有衰落暗淡的阶段。

从19世纪中叶至今，中国社会发生了根本变化，传统建筑已不能满足人们的要求，新的社会需要呼唤着新的建筑类型和艺术风格的诞生。新中国成立前，那些古洋杂陈的建筑只是半封建半殖民地畸形社会的写照。近几十年来，新的建筑形式改变了城市和乡村的面貌。当然，作为中国的新建筑，应当既是现代的，又是中国的，可在我们身边的一些建筑不是不够现代，就是不够中国，传统与现代如何结合？这是当代中国建筑师面临的全新课题。

如果我们翻开人类建筑文化的历史就会发现，一切独创的大师几乎无一例外的都是广义上的哲学家。没有哲学的建筑是民族精神苍白的表现。中国传统哲学的"天人合一"思想讲究人与自然结合的建筑创造思想，正是现代人应当审视和熔铸的。或许，将它与现代建筑的实用功能相结合，才是走出中国现代建筑文化低谷的一条途径。

现代建筑师只有在古代建筑文化的血管中注入新的血液，才能使中国建筑文化脉搏重新健康地跳动起来。

（原载《河北日报》1994 年 2 月 19 日周末刊第 3 版）

赵王陵及其三马

邯郸市西北 30 华里处的紫山东麓的丘陵地带有五个高大的陵台，这便是战国时期赵国君王的坟丘。5 个陵台中的 3 个坐落在邯郸县的三陵乡和工程乡境内。文物工作者对它们进行了编号，即是 1、2、3 号陵台。关于陵台，在当地有一种神秘的传说。老人们讲，东边的 1 号台是赵武灵王的，靠西的 2 号台是武灵王之子，赵惠文王的，靠西南的 3 号台是武灵王之孙，赵孝成王的。每当子夜时分，在 1 号陵台的上空便会出现一匹白马和一匹红马飞奔驰骋。因为神马的存在，农民在陵台附近耕地都不敢用马，马到陵台就惊。他们说这是人间的凡马，镇不住天马的缘故。在 2 号墓内埋有金马驹子，而且是金马驹子拉银磨，当地百姓总有吃不完的粮食。

传说只能暗示着农民的一种向往，类似这样的传说。但是，翻开中国历史就会发现，赵国与马确实有过一段因缘。

两千年前的战国时代后期，七雄之一的赵国诞生了它的第六代君王，赵武灵王。他继位之时，赵国的形势十分险恶，周围被齐、中山、燕、林胡、楼烦、东胡、秦、韩、魏包围，人称"四战之国"。积贫积弱的赵国多次受到邻边小国中山国侵扰，无力还击。西北部受林胡、楼烦的军事掠夺日甚，边关频频告急，他继位的前 19 年间还被秦、魏战败六次，损兵折将，常有忍辱削地之事。

面对这种情况，武灵王奋发图强，励精图治，开展了轰动各国的军事改革——胡服骑射。改革的直接结果是出现了中原诸国第一支庞大的骑兵。赵国铁骑先后踏灭中山，横扫林胡、楼烦，西拒强秦。成为六国中唯一能与秦国抗衡的军事大国。在某种程度上可以说赵国后期，它的骑兵成为立国之本。

然而，赵国与马的这段因缘关系似乎随着六国湮灭，被深深地埋入历史的尘迹中，人们只能在浩瀚的史籍和成语故事中捕捉到一点赵国铁骑的影子。近几十年的考古也没能挖掘出太多的证据。这不免使人对历史的记载产生了怀疑，同时也更使人们对赵文化产生了神秘感和揭开神秘面纱的冲动。

1998 年 3 月，一个偶然的机会，我得到一条信息，赵王陵 2 号墓出土了 3 件铜马。突如其来的消息使我惊呆了，盼望已久的喜讯简直让我忘乎所以，情不自禁地就要起身奔赴邯郸看个究竟。但接下来的消息又令人失望和悲伤。铜马是被犯罪分子盗掘而出，可能已流失境外。

4 月，我带着对盗墓者的愤恨和对赵文化的崇拜来到了古都邯郸。并登上了向往已久的赵王陵 2 号陵台。

所谓的赵王陵台，就是在丘陵的顶端，起高垫低，修筑成南北长，东西窄的长方形土台，南北长约 350 米，东西宽约 200 米。当初的规模十分宏大，有陵园及回廊和享堂等建筑。两千年后的今天，随着战乱和自然的侵蚀，地上建筑已荡然无存，台子也成为人们耕种的农田，只有当人们在耕作的田垄中偶尔捡到破碎的瓦片，才能影影绰绰地看出这里曾有过辉煌的过去。

陪同的公安局的同志介绍说，犯罪分子就是从 2 号陵台盗走了 209 枚玉衣片和 1 件金牌饰，1 个铜铺首，3 匹铜马。

中国人自古视死如事生，厚葬几乎伴随着历朝历代，帝王陵墓更是极尽奢华。然而厚葬的风俗却派生出了盗墓的职业，而且盗墓活动一直延续到了今天。盗墓造成的危害是巨大的。一些历史文化信息在盗掘中涤荡殆尽，用以恢复历史社会的佐证被彻底毁灭。面对封土上的盗洞痕迹，我们只有无奈的叹息和强烈的义愤。在这里，唯一让我感到有点欣慰的是公安局同志介绍说，在有关部门的配合下，流失到海外的被盗文物，有可能于近日被追回。

我们期盼着这一天。

5月12日，在邯郸市公安局会议室里，3匹青铜马和1件铺首已跃然于洁白的台布上。

3匹马高均在15厘米至18.7厘米之间，长23厘米至26厘米不等。青铜铸造而成，其中的两匹马作低头伫立状，一匹作仰头缓步行走状。从腹下的雄性生殖器和打结的马尾看，它们很可能是当时的战马。两匹立马前胸宽阔，肌腱隆突，背部浑圆丰满，马颈厚重有力，臀部劲健强壮，四腿结实发达，是典型成年马的形象。行马的四肢和身体各部位略显稚嫩，它大概是一匹马驹的造型。

20多年前，陕西秦始皇兵马俑的发现轰动了世界，尤其是那些形如真马的大陶马，个个造型准确，形象逼真生动，显示出了高超的雕塑艺术和深厚的传统，人们无不为之惊奇叫绝。而惊叹之余，人们不禁要问，这些写实的秦皇大马是从天上掉下来的，还是继承了前人的艺术，其源头在哪里？

赵王陵三马之一

几位专家轻轻地拿起铜马托在手上，经过了一阵仔细端详之后，异口同声地说：终于找到秦始皇兵马俑的源头了。

今天赵陵三马的出现为这一疑问作出了圆满的解答。

赵陵三马，尽管它已锈迹斑斑，然而其形、其神、其工艺艺术引起人们对历史的回忆和向往。

由于三马是被盗掘而出，它所表现的历史内含是怎样的已无法通过科学的手段获得，但三马出土于玉衣、金牌饰、铜铺首附近，也就是距棺椁不远，再加上对马的神态进行分析，人们仍能设想一下当时人们的思想情感，复原某些历史场景。

赵国从武灵王改革，经惠文王，到孝成王六年（长平之战前），一直是东方军事大国，这一地位的存在，胡服骑射后的骑兵立下了汗马功劳，从某种程度说赵国是因马而强。因此，武灵王、惠文王、孝成王这三个君王对马情有独钟不足为过。赵王平时的生活和征战中定有几匹骁勇善战的坐骑。长期的接触使赵王与马产生了深厚的感情，而赵王死后，也一定希望将自己生前酷爱的战马造型随自己的身躯葬入地下。这种习惯在以后的历史中都能找到旁证，如1969年甘肃武威雷台东汉将军墓中出土的铜奔马，唐朝的昭陵六骏等。

从三马的形象神态看，立马神情悲伤，似在低头哀悼逝去的主人。而那匹未成年的小马驹，好像听到主人故离的消息后懂事般地缓缓地涌向悼念的行列。不论2号墓是哪一位赵王，赵陵三马与墓主人有着不要分的深厚感情。

伟大的时代往往产生杰出的艺术。三马写实的艺术造型，改变了过去主要表现图腾崇拜的抽象图案，艺术大师们把着眼点放在刻画人们身边的景物，创造出许许多多动人的真实形象。这正是变革时代人与神的较量在艺术中的反映。

赵国，一个富有传奇色彩的诸侯大国，今天留给我们的不仅仅是些美丽的传说，重要的是它留下了一份深厚的文化遗产。

（原载《河北日报》1998年8月17日第6版）

红色电站

——点亮了西柏坡的灯光

巍巍太行，神奇美丽。在山的东麓，平山县境内，一股甘甜的山水，化作强大的电流，输送到中共中央的所在地，点亮了西柏坡的灯光，为全中国的解放立下了不朽的功绩。

一

1947年4月16日，中央工委机关离开陕西，来到西柏坡，指导晋察冀的革命工作。当时，全国的军事、政治、经济形势发生了很大的变化，解放战争处在战略转移的关头，中国人民解放军第33兵工厂从张家口以分散的形式迁往平山北冶、南冶、唐家会、罗汉坪等村庄。当时兵器生产全靠人工操作，效率低下，难以满足战争前线的需要，急需电力能源。同时，党中央即将迁往西柏坡，作为解放战争的指挥中心，也需要解决工作照明、发报的电力。为此，中央委托中央工委在平山县建造水力发电厂，为此，成立了晋察冀边区第一发电工程处。

建厂选址的任务由华北工业交通学院的黎亮和张子林承担。十几名技术人员先后考察了滹沱河及其支流卸甲河、冶河，但结果不是流量小，就是落差不足。选址情况不理想，工作人员十分犯愁。这天夜里，张子林翻阅平山县志时，发现了"沕水瀑布从天降"的记载，兴奋之余，他们带领有关人员连夜奔向沕沕水现场考察。

沕沕水

　　沕沕水位于西柏坡西南 46 千米的沕沕水村。村里有几十户人家居住在一个浑圆如筒，足有二平方千米的山间盆地之中。站在村里看不见出口进口，四周全是如劈似削，直上直下的石灰岩峭壁，高处二三百丈，低处百丈有余。险隘河先流经村旁，后流过村中。上半段属季节河，平时无水，裸露着光光溜溜的河卵石；下半段，碧水潺潺，常年流淌，四季不竭。早在几百年前，村南边就有一溶泉，涌出地面沿悬崖飞落，形成高 93 米，宽 60 多米景致壮观的沕沕水瀑布。清知县汤聘曾做七律曰:鸣泉盛沸涌山腰，叠浪惊涛八月潮。击石成音捶梵鼓，飞湍如练缀鲛绡……

　　进行了三天的考察，目睹飞流直下的百丈瀑布，湍流不息的甘冽泉水，林木繁茂的高山深谷。他们认为这里的条件得天独厚，一是溶泉流量较大，二是水质洁净，三是地处深山老林，隐蔽性强，是天赐的绝好厂址。

1947 年 6 月电站动工，黎亮任总设计师，张子林为总指挥，华北工业交通学院的师生和当地老百姓负责施工。

二

机房是当地老百姓就地取材、开山凿石搬运来的石料砌筑而成。门窗所用的木材，都是从山上砍伐树木制成的。砌墙没有水泥，全部用红土混合石灰代替。

输电用的电线，必须到石家庄购买。由于石家庄被国民党军队盘踞，控制十分严密，很难带出成捆成盘的电线。负责解决电线的 5 名同志，化装成收破烂的到石家庄收集购买旧电线。但收购的旧电线粗细不一，材质不同，而且数量不够，很难接到西柏坡。为解决数量问题，他们在夜间潜入石家庄近郊封锁沟，剪断国民党军队布控的铁丝网运回到工地。然后，旧电线细股并粗股，粗股拆细股，解决了通往西柏坡中共中央大院 46 千米的输电线路。

当时的旧中国，经济技术十分落后，没有能力生产发电机。为了寻找发电机，十多位同志跑遍河北、山西。结果不是机件残缺不全，就是功能不合适，后来得知：刚刚解放的井陉煤矿从敌人手里缴获了一台发电机。这台机器，是德国西门子制造的，装机容量为 194 千伏安。经过考察，这台发电机正是建电厂所需要的。为了运到沕沕水，他们通过当地驻军找到一台破旧不堪的大卡车。可没有吊车，两吨多重的发电机抬不到汽车上。承担运输任务的 30 多名同志想办法，在发电机旁挖出一道深沟，将汽车开进去，靠人拉杠撬搬到汽车上。从井陉矿区到沕沕水，30 多千米的路程，上有敌机，下有深谷，而且多是羊肠山路，为避开敌机的骚扰轰炸，他们白天修路搭桥，夜间秘密行进，整整用了七个昼夜，途中牺牲了三名同志。快到沕沕水时，汽车又抛了锚。附近村民得知后，纷纷牵出自家的牛和驴，通过畜拉人推，终于将发电机运达沕沕水。

当时的工作人员正在架线

有了发电机,还需水轮机,靠水的落差推动水轮机,带动发电机发电。但五十多年前,水轮机是什么样子?结构如何?谁都没有见过,又无处购买。设计者们曾想潜入石家庄,通过内线找发电厂的技术人员帮助指点,但石家庄发电厂是火力发电,没有水轮机,他们的技术人员也无能为力。功夫不负有心人,一天,技术人员在旧书摊上发现一本有关水电的日文版书籍。略懂些日语的技术员龚蕴章连懵带猜的将有关水轮机的内容边翻译,边同大家研究,弄清原理,先用木棍摆出模型,然后设计图纸。当时整个平山县没有一家机械厂,只能到刚刚解放的井陉矿区寻找加工制作厂家。他们带上图纸,化整为零,由正太机器厂等三家企业加工零部件,无力制作的部件到石家庄购买,终于完成了水轮机的制造任务!

配电盘上的仪器仪表,多是通过石家庄的内线从发电厂寻找的旧品,一小部分是在石家庄的地摊上购买的。

经过半年多的努力,电站终于建成了。整个电站占地面积约1000平方米,厂房5间。核心机房,坐西朝东,

当时的发电机

总体面积120平方米。这是中国共产党组织建设的第一座水力发电厂。

沕沕水水电站的建设一靠白手起家、艰苦奋斗的创业精神。建厂

预算投资为 28 万万元（旧币），实际支出仅 7 万万元。二是全体人员舍生忘死、不怕牺牲的奉献精神。三是不畏艰难、刻苦钻研的开拓精神。四是军民团结、携手共建的协作精神。这些精神集中体现了七届二中全会倡导的艰苦奋斗的革命精神。

三

1948 年 1 月 25 日，沕沕水水电站建成发电，晋察冀边区政府遵照中央工委的指示，举行了隆重的颁奖仪式，给负责电站建设的第一发电工程处集体记大功一次，向沕沕水水电站颁发了"边区创举"纪念匾，给建设人员每人颁发了一枚银质五星纪念章。

沕沕水水电站竣工投产后，奋勇履行中央工委赋予的光荣使命，战胜困难，忘我工作，开足马力多发电，分秒不停地为西柏坡和周围兵工厂供电。使兵器制造改变了手工操作的落后状况，生产能力提高三十多倍，为满足战争前线武器需要，推翻蒋家王朝、建立新中国奠定了坚实的基础。更重要的是改善了党中央毛主席指挥解放战争的环境条件，点亮了西柏坡的灯光，沟通了与各战场的联系，发往各战场的 193 封电报，全部以沕沕水水电站的电力为动力。为党中央毛主席指挥三大战役、解放全中国立下了不朽的功劳。

1955 年，沕沕水水电站改为民用，继续为社会主义建设事业做贡献。后并入石家庄电网运行，原发电设备停运。现在，发电站旧址作为历史文物保存，成为革命圣地西柏坡辅助胜迹，连同周围的自然生态，成为河北省红色旅游的一个重要景点。2006 年被河北省文物局推荐为第六批全国重点文物保护单位。

电站附属文物：

岗　楼

在距发电站东南 30 米处有一座放哨的岗楼。岗楼是 1947 年建设发电厂时一起建造的。

当时正处于解放战争时期，石家庄刚刚解放，社会治安混乱，国民党把发电厂视为共产党的重要军事设施，不断派飞机进行侦察、轰炸，并派出军队、便衣特务到附近搞破坏。

1949年3月初的一天，正当中央七届二中全会召开之际，在岗楼值班的小王发现三个农民打扮的年轻男人蹑手蹑脚地经过电厂门前往南山。生疏的面孔，不自然的神情，引起小王的警觉，他们的一举一动都被小王看在眼里。交班时小王将情况告诉了接班的小李，并报告给警卫赵队长，赵队长当即决定岗楼增加一名值班警力，并派三名警卫在墙南侧隐蔽警戒。当天黑下来吃饭的时候，三个黑影翻越山顶慢慢向电厂靠拢。在岗楼值班的小李突然喊道："站住！口令！"黑影中的一人突然朝岗楼投出一枚手榴弹，然后调头往山上跑，三名在墙外警戒的人员追了上去并朝黑影开了枪，结果打死一名，俘虏两名，缴获一个炸药包，经审讯，他们是石家庄特务机关派出的三名特务，执行炸毁机房的任务，妄图达到停止供电破坏党的七届二中全会顺利召开的目的。

据第一任厂长商钧回忆，从电厂建成到1949年初北京解放，国民党飞机侦察轰炸九次，便衣特务潜入搜集情报搞破坏达30多起，负责安全保卫任务的我军哨兵，以岗楼为阵地，时刻监视周围的敌情动向，累计俘虏国民党特务7名，击毙4名，使敌人的破坏阴谋一次都没有得逞，有效地保卫了电厂的安全。

简陋矮小的岗楼，为发电厂的安全生产发挥了重要作用。今天它成为发电站的一部分被完整地保留下来。

岗楼

（原载《中国文物报》2005年6月24日第3版）

千年石佛身首合一　两岸共谱护宝佳话
——我省流失文物北齐汉白玉释迦牟尼佛首回归记

2015 年 5 月 15 日，为迎接台湾高雄佛光山向大陆捐献的北齐汉白玉释迦牟尼佛首回归，国家文物局组织河北省文物局精心遴选的包括陈列于河北博物院曲阳石雕展厅的北齐汉白玉释迦牟尼佛身及另外 76 件精美佛教文物将空运至台湾高雄，参加 5 月 23 日在佛光山举办的"河北省佛教文物展"。据悉，在此次文物展上，分离 19 年的释迦牟尼佛身和佛首将得以身首合一，展览结束后，还将迎接佛首"回家"。

此次我省千年石佛佛身与流失台湾的佛首得以身首合一，体现了两岸人民对中华民族文化遗产的共同关注，也谱写了一段"护宝"佳话。

两岸合作，促成佛像身首合一

2014 年初，台湾高雄的佛光山。

两位信徒找到了佛光山佛馆馆长如常法师，希望把一尊北齐时期的汉白玉释迦牟尼佛首捐献给佛光山。他们告诉如常法师，佛首辗转来自大陆。

如常法师及时将情况告诉了佛光山开山宗长星云大师。星云大师了解到，这尊佛首是河北省幽居寺塔供奉的释迦牟尼佛像的佛首。这尊佛像始建于北齐天保七年（556 年），于 1996 年被盗。对于中华文物遭受的破坏、盗窃，星云大师常常悲伤叹息，他认为佛教文物是人类重要的文化资产，属于全人类共同所有，像这样被盗出的佛首应该回归原处。于是他通过有关方面的努力联系到了国家文物局，希望将佛首捐回大陆。

2014年6月3日16时20分，国家文物局办公室国际组织与港澳台处朱晔处长将电话打到了河北省文物局博物馆处，就台湾欲捐赠佛首一事，要求河北省方面判断佛首是否为河北流失文物，同时将台湾方面提供的佛首照片发至河北省文物局。

河北省文物局博物馆处的李宝才处长曾在20世纪90年代主管过文物安全工作，对当时灵寿幽居寺塔佛首被盗情况记忆犹新。李宝才曾督办过当时案件的侦破工作，多次查看佛像被盗前后的照片和幽居寺塔佛首被盗案件的记录。当他看到台湾方面提供的佛首照片时，兴奋不已，马上从电脑中调取了当年的记录，并迅速回复国家文物局的朱晔处长："基本判断没问题。佛首正是幽居寺塔被盗文物。"

为确保万无一失，河北省文物局主管副局长李恩佳又要求河北省文物鉴定委员会派人进行专业技术鉴定。经照片比对和研究，专家们也一致认为，台湾提供的佛首照片与幽居寺塔内被盗前释迦牟尼佛首的照片完全吻合。

经过多方努力，2014年6月10日，完全确认无误后，河北省文物局正式报告国家文物局。消息传到台湾佛光山，佛光山正式决定于2015年将佛首捐赠回河北，让身首分离19年的佛像"合一"。

2015年3月19日至20日，佛光山的如常法师和如元法师专程赶到河北灵寿幽居寺遗址考察，随后又到河北博物院参观了陈列于曲阳石雕展厅的来自幽居寺的3尊石佛的佛身。那尊孤寂的释迦牟尼佛身仿佛在呼唤着"团聚"，这让他们更加坚定了让佛首回归河北的决心。

重访名刹，追寻佛首失窃之痛

幽居寺位于河北省中西部的灵寿县，西依太行山，东临大平原。

东魏末年，定州的定国寺僧人标在今天的灵寿县县城西北55千米处的沙子洞村北侧创建了幽居寺（又名"祁林寺"）。到了北齐天保七年，定州刺史、六州大都督赵郡王高叡为其亡父母、亡伯、亡兄、亡妻及自身功德，选择上好的汉白玉石，敬造了释迦牟尼佛、无量寿佛、阿閦佛 3 尊佛像供奉在幽居寺内，并扩建了寺院。高叡为北齐皇室贵胄，经其扩建后的幽居寺规模更加宏大，殿堂鳞次栉比，成为当时的一座名刹。据史料记载，彼时的幽居寺有僧舍二百余间，行僧二千余众居之，短短 20 年的时间里寺院香火旺盛，诵经声不断，可谓盛况空前。

然而北齐是个短命的王朝，仅存在了 28 年，随着北齐的灭亡，幽居寺也逐渐荒废，到了清代完全废止。今天，昔日的殿堂建筑均已不存，曾经声名远扬的名刹只剩下一座唐代重修时留下的幽居寺塔巍然屹立。

当地老人回忆称，当年赵郡王高叡敬造的 3 尊较大型的汉白玉佛像不知何时被供奉在了塔内第一层。3 尊佛像的位置是正中为释迦牟尼佛，右为无量寿佛，左为阿閦佛。除此之外，塔内还有小型造像共 15 尊，被镶嵌在第一层塔的东西北三面的墙壁上，通高在 20—48 厘米之间，造型多为佛像。这些佛像具有明显的北齐造像风格，并一改北魏清风道骨的清瘦形象，趋向丰腴，整体平润光洁，面部表情宁静安详。

修缮后的幽居寺

历史专家称，皇室成员铭刻纪年的石刻造像并不多见，高叡敬造的3尊较大型的圆雕造像有明确的纪年，为研究北齐的佛教及佛教造像艺术提供了不可多得的实物资料。

然而，20世纪90年代，祖国优秀的文化遗产竟成为境内外犯罪集团觊觎的对象，一时间盗掘古遗址、盗窃田野石刻造像、走私文物的案件频发。

幽居寺塔周围的文物也未能幸免于难。1992年4月，幽居寺塔内阿閦佛头被犯罪分子盗窃。1996年2月7日，以邢台宁晋县的薛某某、高某某、卜某某为首的盗窃团伙几十人趁着漆黑的夜色来到灵寿幽居寺，无情地将塔内的释迦牟尼佛头像、无量寿佛头像割下，连同大齐卧碑部分、砖塔石门楣、石柱等文物盗走。

此次猖狂的犯罪引起了当地政府和公安部门的重视，灵寿县公安局成立专案组破案，两个月后案件告破，抓获犯罪分子20多名。追回大齐卧碑部分、砖塔石门楣、石柱三件文物，然而包括释迦牟尼佛首在内的其他文物被贩卖到了大陆以外地区，不知所踪。这样，北齐时期保留下来的释迦牟尼佛、无量寿佛石造像从此"身首异处"，令人痛心疾首。

为了保护幽居寺的文物，1997年以后，灵寿县文物部门将幽居寺塔内外的石刻文物，只要能搬动的，全部运到了河北省博物馆保管。2013年6月，河北博物院将原存放在幽居寺塔内的释迦牟尼佛身、无量寿佛佛身、阿閦佛佛身陈列在了曲阳石雕展厅内。然而失去佛首的遗憾一直萦绕在人们的心头。

护宝佳话，引领流失文物回归高潮

了解到台湾佛光山有意捐献佛首的善举后，经国台办批准，并与台方协商，国家文物局与佛光山文教基金会签署捐赠协议。佛光山方面将该尊佛首的所有权移交国家文物局。为迎接北齐汉白玉释迦牟尼佛首，国家文物局决定将于2015年5月23日—8月20日在台湾高雄佛光山佛陀纪念馆举办"河北省佛教文物展"。

为举办该展览，自 2014 年 10 月开始，省文物局博物馆处的工作人员先后对省内 10 余家博物馆的几百件文物进行了认真的选择，最后，从河北博物院、定州市博物馆、蔚县博物馆、衡水文物管理处、邢台市文物管理处精心选取了与佛教文化有关的 77 件文物参展。

省文物局长张立方说，这些精美的文物将作为中华优秀传统文化的一个重要组成部分呈现在台湾同胞面前，必将加强两岸人民的文化交流。

据悉，2015 年 5 月 23 日，台湾佛光山文教基金会将在"河北省佛教文物展"开幕式上举行佛首捐赠仪式。届时，国家文物局将以中华文物交流协会的名义接受台方捐赠，流失十几年的佛首将与由大陆运往佛光山展出的佛身实现身首合一。据介绍，预计在 2016 年 3 月，佛首将与佛身一同运回大陆，在北京举行回归仪式后入藏河北博物院。

如常法师介绍称，星云大师和佛光山希望通过这次捐献佛首和举办"河北佛教文物展"，使得这些精美的文物作为中华优秀传统文化的一个重要组成部分呈现在台湾同胞面前，进一步加强两岸人民的文化交流。他说，这次佛首回归显示两岸共同重视中华文物保护的行动，这将起到一个引领示范作用，必将掀起中华流失文物的一个回归高潮，创造两岸人民共同保护中华文物的一段佳话。

业界人士也认为，由于历史和现实原因，中国是世界上流失文物最严重的国家之一。流失文物追索一直受到海内外华人的广泛关注。此次台湾同胞将流失的文物捐赠大陆，促成国家珍贵文物的回归，是两岸合作的积极成果，也是两岸同胞同根同源、同文同种的真实反映，更是两岸同胞共同保护与传承中华传统文化的具体体现。

（原载《河北日报》2015 年 5 月 14 日第 7 版）

北齐汉白玉释迦牟尼佛首复归因缘记

2015 年 5 月 23 日，为迎接台湾高雄佛光山向大陆捐献北齐汉白玉释迦牟尼佛佛首，包括原陈列于河北博物院曲阳石雕展展厅的北齐汉白玉释迦牟尼佛佛身等 77 件精美文物参加了在佛光山举办的"河北省佛教文物展"。

两岸合作，促成佛像身首合璧

1998 年，台湾的一位先生在海外见到一尊佛头，根据造型、面目、雕刻技法及颈部新茬断痕等，推测为河北流失的北齐佛像。2013 年，这位先生参观河北博物院，看到佛身及旁边展出的旧时完整佛像照片，感觉佛身与 15 年前所见佛头可能为一体，遂协调原收藏者将佛头转让给台湾善心人士，并由其捐赠给佛光山星云大师，请星云大师牵头完成佛首荣归故里的心愿。这位先生及相关团体参与过 1999 年山西灵石资寿寺 16 尊明代彩绘泥塑罗汉和 2 尊童子头像、2002 年山东济南四门塔东魏石雕阿閦佛头返还回归的协调工作。

北齐汉白玉释迦牟尼佛佛首

2014 年初，台湾高雄的佛光山，两位佛教信徒找到了佛馆馆长如常法师，希望将一尊北齐时期汉白玉释迦牟尼佛首捐给佛光山，让佛陀回到寺院；同时告诉法师，佛首辗转来自大陆。

如常法师及时将情况告诉了佛光山开山宗长星云大师。星云大师了解到，这尊佛首是启建于北齐天保七年（556 年）间的释迦牟尼佛首，原为河北省幽居寺塔供奉的三尊佛像之一，1996 年被盗。

对百年来中华文物遭受的破坏、盗窃，就像这尊佛首一样也不能幸免于难，以及无数祖先留下来的佛教文化宝贵资产流浪在拍卖市场任人喊价获利的现实，常让星云大师悲伤叹息。大师认为，佛教文物是人类重要的文化资产，是属于全人类所有的，像这样被盗出的文物应该用盛大的方式使佛首和佛身合一并回归原处，通过回归促使人们保护中华文物，带头让流失在外的中华文物一一回来。于是他通过有关方面联系到了国家文物局，希望将佛首捐回大陆。

2014 年 6 月 3 日 16 点 20 分，国家文物局办公室国际组织与港澳台处处长朱晔打电话给河北省文物局博物馆处的笔者，就台湾欲捐赠佛首一事，要求判断是否确为河北流失，同时将台湾方面提供的照片发至河北省文物局。

笔者 20 世纪 90 年代主管过文物安全工作，对幽居寺塔佛首被盗情况记忆犹新，督办了当时案件的侦破工作，多次看过佛像被盗前后的照片，并保留了案件记录。当看到台湾方面提供的佛首照片时，马上从电脑中调取了当时的被盗记录，并根据记忆于 17 时 22 分告知朱处长："基本判断没问题。"为慎重起见，6 月 4 日一早，笔者将台湾提供的照片传至灵寿县文物保管所，请他们找到被盗前的照片发至省文物局，同时希望请原所长孟宪国先生协助。孟宪国先生在灵寿县文保所工作近三十年，对幽居寺塔的文物如数家珍，更对塔内文物被盗有切肤之痛，件件被盗的文物时刻萦绕在他脑海里。2011 年，他调到县地名办公室，但幽居寺塔内失窃文物始终是挥之不去的心病。在看到发来的佛首照片后，他认定是幽居寺塔内一层北墙中央的释迦牟尼佛佛首。

　　为确保万无一失,河北省文物局请河北省文物鉴定委员会派员鉴定。经照片比对,认为台湾提供的佛首照片与幽居寺塔内被盗前释迦牟尼佛首的照片吻合。

　　2014年6月10日,河北省文物局正式向国家文物局报告。消息传到台湾佛光山,佛光山即决定将佛首捐赠回河北博物院,让佛陀的身、首合璧。

　　2014年7月30日至8月3日,国家文物局又组织河北省文物出境鉴定中心主任刘建华、北京大学考古文博学院教授李崇峰、中国社会科学院考古研究所研究员李裕群等专家赴台湾高雄佛光山,对佛头进行了鉴定,出具了鉴定意见。

2014年7月31日,国家文物局派专家赴台鉴定

北齐名刹幽居寺

　　灵寿县地处河北省中西部,西依太行山,东临大平原。上古时属冀州,战国时的中山国国都就设在灵寿与平山县的交界处,中山亡后属赵国。古灵寿以产灵寿木著称,木材质地坚硬,宜以制杖,古代皇家多以此杖赐赠大臣勋戚,以示尊崇,灵寿因此得名。东魏末年,定州的定国寺僧标禅师在今灵寿县县城西北55千米的沙子洞村北侧建

幽居寺（祁林寺）。寺院坐北朝南，背倚苍翠的山峦，面临清澈的山间流水，山川交错，风光绮丽，清静幽雅，寺院也因此得名。北齐文宣帝高洋天保七年，定州刺史、六州大都督赵郡王高叡为其亡父、母、伯、兄、妻及自身功德选择上好的汉白玉石敬造了释迦牟尼佛、无量寿佛、阿閦佛，供奉在幽居寺内。接着他还扩建了寺院。高叡为北齐皇室贵胄，经其扩建的寺院规模宏大，殿堂鳞次栉比，成为北齐的一座名刹。据史料记载，彼时的幽居寺有僧舍二百余间，行僧二千余众居之，短短 20 年的时间里寺院香火旺盛，诵经声不断，可谓盛况空前。然而北齐是个短命的王朝，仅存在了 28 年，随着国家的灭亡，幽居寺也逐渐荒废。到了元大德年间，寺院曾有过奇峰四列、林谷幽丽、山灵无损的短暂兴盛，到了清代完全废止。今天，昔日的殿堂建筑均已不存，曾经威名远扬的名刹只剩下一座唐代重修时留下的平面为正方形的幽居寺砖塔巍然屹立。

修缮前的幽居寺

高叡其人其事

幽居寺因北齐赵郡王高叡扩建闻名，而高叡又是个什么样的人呢？

史载，赵郡王高叡，北齐高祖神武帝高欢弟弟高琛之子。自幼聪慧夙成，高欢十分宠爱，三岁丧父后，被高欢养于宫中。在十岁母亲去世时，他曾持佛像长时间斋戒禁食，以至于消瘦得皮包骨头，难以站立，不得不依靠拐杖方能站起。高叡成人后身长七尺，相貌堂堂，曾认真研究过官吏的职责，有知人善任之能。他平时留心各种民间事务，纠察揭发邪恶，奖励督促农桑劝，接待各方人才，经他管辖的地方风清气正，被称为贤能。有年六月，他带领太行山以东数万兵众监筑长城。时值盛夏，行军途中，高叡拆除了避暑用的伞盖，与军兵一起顶着炎炎烈日。定州冰窖每年储存大量冰块，长史宋钦道怕高叡中暑，派人用车载冰块追来。中午时分，兵众休息，冰车赶到，而高叡却叹息说："三军将士都喝热水，我凭什么单享寒冰呢？我不是追求古代名将的风范，实在是于心不忍。"冰融化了，也没尝一口。全军感动，远近称颂。此前，服劳役的人完成任务后，任随各自回家，疾病衰弱者多丢山北，饥饿病患，任其自生自灭。高叡则率所部，同完成劳役的人员返乡，按乡里编队，安插在军营里，令强弱相扶；遇水草丰茂之地，驻扎休整，食物给养分供给不足者，因而保全下来的有十之三四。天保八年（557年），高叡到首都邺城重任，他抚慰军民，有计划地安排烽燧戍亭，内防外御，各项守备井井有条。遇无水之处，他礼拜祈祷后掘井，水泉涌出，人们呼为"赵郡王泉"。皇建元年（560年）孝昭帝高演驾崩前，高叡受托顾命在邺城奉迎高湛继位，即武成帝。天统中，高叡父母受追赠，有司备礼仪在墓前拜受。逢隆冬，天寒地冻，高叡赤足步行，悲痛得号啕大哭，以至于在凛冽的寒风中面颊破裂，并呕血数升。

高叡久典朝政，为官清真自守，声誉和影响力渐渐增大，难免被人嫉恨。他将古时忠臣义士的事迹编写成《要言》，以致其意。

561 年，武成皇帝高湛继位，将原为文宣帝高洋的长广王妃胡氏立为皇后。但胡皇后并不受高湛的宠爱，皇帝宠爱的人是嫂子李祖娥。而胡皇后是个生性淫荡的女人，与宫中"诸阉人亵狎"。时给事中和士开为皇帝最宠信的大臣，与胡皇后勾搭成奸，和士开劝武成皇帝传位给胡太后之子高纬。昏庸的武成帝遂让位太子高纬，胡皇后被尊为皇太后。高叡对胡太后、和士开的行为极为愤慨，与其他大臣上奏皇帝，要求处死和士开。高纬继位的第三年，武成皇帝高湛驾崩。葬后几天，高叡等人谏和士开，为胡太后指使刽子手刘桃枝在雀离佛院杖杀，时年三十六岁。

古寺石刻，历史的见证

幽居寺在清代完全废止，昔日的殿堂建筑不存，唐代重修时的幽居寺砖塔便成为寺院唯一的建筑，塔内和周围保留了不少往日的遗物。

当年，高叡为亡父、母、伯、兄、妻及自身功德敬造的三尊较大型的汉白玉佛像不知何时移至塔内第一层供奉，正中为释迦牟尼佛，右为阿弥陀佛，左为阿閦佛。推测应是在历史上的灭佛时期遭受损毁，至今，释迦牟尼佛像基座右下方有条断裂的缝隙贯通至左臂下。三尊造像，头雕低平磨光肉髻，面相丰满，双目微启，神态安详；着袒肩袈裟，或作说法印，或作施无畏与愿印，首饰腕镯。三尊造像基座的正面皆刻发愿文，一曰"大齐天保七年岁次丙子闰月癸巳十五日丁亥赵郡王高叡仰为亡伯大齐献武皇帝亡兄文襄皇帝敬造白石释迦像一区"；二曰"大齐天保七年岁次丙子闰月癸巳十二日丁亥赵郡王高叡仰为亡父魏使持节特进侍中大尉公尚书令都督冀定沧瀛幽殷并肆云朔十州诸军事骠骑大将军左光禄大夫开府仪同三司并肆汾太行台仆射领六州九酋长大都督知承相事冀定二州刺史定州六州大都督散骑常侍御史中尉领左右驸马都尉南赵郡开国公琛亡母魏女侍中华阳郡长公主元敬造白石无量寿像一区"；三曰"大齐天保七年岁次丙子闰月癸巳十五日丁亥使持节散骑常侍都督定州诸军事抚军将军仪同三司定州刺史六州大都督赵郡王高自叡为己身并妃郑及一切有形之类敬造白石阿閦像一区"。

同时，塔内有小型造像 15 尊，镶嵌在第一层的东西北三面的墙壁上，通高 20-48 厘米，为高浮雕造像。造型多为佛像，菩萨仅一身。这些佛像具有明显的北齐造像风格，并一改北魏清风道骨的清瘦形象，趋向丰腴，衣纹服薄贴体，整体平润光洁，面部表情宁静安详。

尚佛的北齐曾拥寺院 4 万多座，僧尼多时 200 余万人，而当时全国人口才 2000 多万。在短短 28 年的时间里创造出中国石刻艺术的辉煌，今河北的南北响堂、水浴寺、娲皇宫留下了大量佛教雕刻。幽居寺塔内的这 18 尊造像为北齐佛像上乘之作。皇室成员铭刻纪年的石刻造像不多见，高叡敬造的三尊较大型的圆雕造像有明确的纪年，为研究北齐的佛教及佛教造像艺术提供了不可多得的实物资料。

2015 年 3 月 20 日如常、如元法师考察幽居寺遗址

塔外有三尊较大型的无头石造像和一个建于元天历二年（1329年）的石经幢及北齐碑、元碑各两通。北齐碑分置塔内外。塔内的高叡修寺颂记碑，卧式，正书款"天保八年四月四日"。碑文 21 行，

行 10 字。立于塔东南 9 米处的高叡修寺碑，螭首龟趺，额题"大齐赵郡王□□□之碑"。额上部辟佛龛，其内浮雕一尊坐佛。碑阴首部佛龛内浮雕释迦牟尼多宝并坐像。碑文计 38 行，行 64 字，正书款"大齐天保八年二月十五日立"。两通碑文表彰了高叡的功德，概述了扩建幽居寺的情况及地貌、形胜、传说和佛教信仰，该地与北齐帝室的关系等。二通元碑，碑文字迹大多模糊。塔西北 8 米处的祁林院圣旨碑，刻立于大德六年（1302 年），螭首龟趺，碑阳额正书"皇帝圣旨碑、皇太后懿旨、皇后懿旨、帝师法旨"，碑阴额正书"皇帝圣旨碑记"。塔西南一通寿宁寺圣旨碑，刻于大德五年（1301 年），碑阳额正书"大元历代圣旨恩惠抚护之碑"，碑阴额正书"大寿宁寺原祖复业重创记"。碑文记载，元代幽居寺（祁林院）为五台山寿宁寺下院。祁林院圣旨碑与寿宁寺圣旨碑皆为白话碑，叙述内容反映了元朝几代帝后对幽居寺的重视及民族往来与文化交流，和该寺的规制、信仰情况及其与五台山佛教的关系。

原幽居寺保存的赵郡王修寺碑

2015 年在省博物院展出释迦牟尼佛石造像

保存在幽居寺塔周围的这些文物是中华文明的历史见证。然而，改革开放的 20 世纪八九十年代，受境外不良风气的影响，文化遗产成为境内外犯罪集团的觊觎对象，一时间盗掘古遗址、古墓葬，盗窃田野石刻造像、走私文物的案件频频发生。幽居寺塔周围的文物也未能幸免于难。1992 年 4 月，幽居寺塔内东墙阿閦佛头被犯罪分子盗窃；1996 年 2 月 7 日，以灵寿县的薛某某、高某某、卜某某为首的盗窃团伙几十人趁着漆黑的夜色来到灵寿幽居寺无情地将塔内的释迦牟尼佛头像、无量寿佛头像割下，并将大齐碑部分、砖塔石门楣、石柱等文物盗走。灵寿县公安局成立专案组破案，两个月后案件告破，抓获犯罪分子二十多名，追回大齐卧碑（碎）、石门楣、石柱三件文物，但是，包括佛首在内的其他文物被销售到了大陆以外地区，不知所踪。

为了保护幽居寺文物的安全，1997 年以后，灵寿县文物部门将塔内外能搬动的石刻文物，全部运到省博物院保管。2013 年 6 月，省博物院将原存放在幽居寺塔内的释迦牟尼佛佛身、无量寿佛佛身、阿閦佛佛身陈列在了曲阳石雕展厅内。

迎回归，精品文物赴台展览

流失文物回归事关国家利益、国家形象、国家文化安全以及民族情感。此次台湾同胞将流失在外的珍贵文物捐赠回归大陆，将对两岸民众的文化认同和国家认同产生影响，也是两岸同胞同根同源、同文同种的真实反映，更是两岸同胞共同保护与传承中华传统文化的具体体现。经国台办批准，并与台方协商，国家文物局与佛光山文教基金会签署捐赠协议，佛光山将该尊佛头的所有权移交国家文物局。

为迎接北齐汉白玉佛首，国家文物局决定于 2015 年 5 月 23 日至 8 月 20 日在台湾高雄佛陀纪念馆举办"河北省佛教文物展"。2016 年 3 月，佛首与佛身将回归大陆，在北京举行仪式后入藏河北博物院。

为筹备"河北省佛教文物展"，河北省文物局 2014 年 10 月起在全省挑选文物，最终，确定河北博物院、定州市博物馆、蔚县博物馆、衡水文物管理处、邢台市文物管理处收藏的 54 件套 77 件佛教文物赴台，其中，一级文物 15 件。佛首的回归显示出两岸共同重视中华文物保护的决心和行动，起到了一个引领示范作用，必将掀起一个流失文物回归的高潮，创造出感动两岸人民热爱传统文化的佳话。衷心期待两岸同胞共同努力，促成更多流失海外的文物早日回家！

（原载《文物天地》2015 年第 6 期）

金身合璧与国宝归原

——由星云捐赠北齐佛首谈起

在外流落 20 年后，有着 1460 年历史、堪称北齐造像典范的汉白玉释迦牟尼佛佛首，今年在台湾星云大师的护送下，终于回到河北，实现了身首合一。佛首与佛身在中国国家博物馆展出之后，归还河北博物院，并于日前完成了佛首与佛身合璧的修复工作，在河北博物院石刻专题展厅与幽居寺塔内其他佛教石质文物一并展出。"两岸同胞同根同源、同文同种"的血脉亲情，成就了金身合璧的传奇，国宝归原，也再一次唤起社会各界对文物保护的重视、对文化遗产的尊重。

千年古刹敬奉北齐造像

这尊汉白玉释迦牟尼佛佛像，头顶低平磨光肉髻，面相丰满，双目微启，神态安详，着袒肩袈裟，左手捏提衣襟，右手施无畏印，首饰腕镯，两腿结跏趺坐。佛像原存于河北省中西部灵寿县的千年古刹——幽居寺塔内。幽居寺是北齐时期的重要寺院。据史料记载，东魏末年，定州的定国寺禅师僧标，在灵寿县城西北 55 千米处的沙子洞村北侧创建了幽居寺。幽居寺，史称"三尊佛祁林院"，又名祁林寺。寺院背倚苍翠的山峦，面临清澈的山涧流水，清静幽雅，因此得名"幽居寺"。

北齐文宣帝高洋天保七年（556 年），北齐定州刺史、六州大都督、赵郡王高叡，为彰其亡伯兄父母妻及自身功德，选择上好的汉白玉石敬造了释迦牟尼佛、无量寿佛、阿閦佛三佛，供奉在幽居寺内。

幽居寺塔内 15 尊小佛像之一

高叡，为北齐高祖神武帝高欢之弟高琛之子，自幼聪慧夙成，深受高欢宠爱，《北齐书》及《北史》皆有传。高叡敬造三尊佛像供奉在幽居寺后，还增筑了佛塔、扩建了弥勒佛正殿、罗汉殿等殿宇。扩建后的寺院规模宏大，殿堂鳞次栉比，有僧舍 200 余间，行僧 2000 余众，成为北齐较大的官寺。随着北齐亡国，幽居寺也逐渐荒废。元大德年间，寺院有过短暂兴盛，清代完全废弃。今天，只剩下一座唐代重修时留下的幽居寺砖塔。

　　经过 1400 多年的历史变迁，虽然幽居寺寺院早已圮废，在砖塔内却完整地保留了一部分文物，具有重要的历史和艺术价值。其中，高叡敬造的三尊佛像不知何时被供奉在了塔内第一层，三尊佛像基座的正面皆铭刻发愿文及确切的纪年、造像者及为之造像人的姓名和官职，这在北齐皇家石刻造像中并不多见，为研究北齐的政治及佛教造像艺术提供了不可多得的实物资料。同时，砖塔内还有小型高浮雕造像 15 尊，通高在 20—48 厘米之间，多为佛像，菩萨仅一身，有着明显的北齐造像风格。另外，砖塔外还有三尊较大型的无头石造像和一个建于元代天历二年（1329 年）的石经幢以及北齐碑、元碑各两通。两通北齐碑碑文表彰了高叡的功德，概述了其扩建幽居寺的情况及当地的地貌、名胜、传说和佛教信仰，该地与北齐帝室的关系等。两通元碑还记载了元代幽居寺为五台山寿宁寺下院，以及元朝几代帝后对幽居寺的重视和民族往来与文化交流，同时反映了该寺的规制及其与五台山佛教的关系等内容。

北齐历六帝立国 28 年，佛教十分兴盛。据记载，北齐有佛教寺院 4 万多所，僧尼最多时也有 200 多万人，占了总人口 1/10 还多。短短 28 年间，北齐创造出中国石刻艺术的辉煌，在河北的南北响堂山、水浴寺、娲皇宫以及山西天龙山、云冈等留下了大量佛教雕刻艺术，也反映着佛教造像本土化的变迁。幽居寺塔内的佛造像，已经逐渐摆脱印度佛造像艺术的影响，并在造型上一改北魏以来以秀骨清像为美的观念，向健美丰润的造型转变，重在表现不凡的气宇，并有别于后来唐朝丰腴饱满的形象，体现了佛造像从北魏清瘦向唐代丰腴过渡时期的特征。此外，佛像衣纹轻薄贴体，平润光洁，呈现出北齐受曹仲达影响而形成的"曹衣出水"的审美倾向。

两岸情深力促民间合作

千年的辉煌却遭受浩劫。20 世纪 80 年代开始，盗窃、盗掘和走私文物猖獗，许多古墓被盗、古遗址被毁，田野石刻造像等大型艺术品及馆藏文物频频失窃，甚至被走私出境，流失海外。据不完全统计，仅 1996 年至 2000 年 9 月底，全国共发生馆藏、寺庙、田野文物被盗案 251 起（不含盗掘古墓及倒卖文物案件），丢失文物 1671 件。幽居寺塔内的汉白玉佛像也未能幸免——1991 年至 1996 年，三尊主佛佛首依次被盗割，虽然很快破了案，但佛首却下落不明。1997 年以后，灵寿县文物部门将幽居寺塔内包括释迦牟尼佛佛身在内的石刻文物全部运到了河北省博物馆保管。陈列展中，无头佛身时刻向观众诉说着那段悲伤的历史。

善应机缘。2014 年初，有信徒向佛光山捐赠一尊佛首。后经确认，这尊佛首正是幽居寺释迦牟尼佛像 1996 年被盗的佛首。佛光山开山宗长星云大师有感于佛首法相庄严，痛心于千年佛像身首分离，遂通过有关方面联系国家文物局，希望将其捐回河北博物院。为实现星云大师在佛光山将佛像身首合璧展出的愿望，2015 年，海峡两岸相关机构在台湾佛光山佛陀纪念馆举办了为期 3 个月的"佛光普照——河北幽居寺塔石佛暨佛塔宝藏艺术展"，展出了 54 件组来自河北博物院、定州市博物馆等文博单位的相关文物。高 47 厘米、重达 76 千克的佛首，与高 1.59 米、重达 1000 千克的佛身首次合璧，并走上了回家的路。

近些年，为了加强对祖国优秀历史文化遗产的保护，国家一方面通过加强管理、堵塞漏洞、严打文物犯罪等手段，尽可能使文物少受损失；一方面通过国际合作、运用国际法不断追索流失到海外的中国文物。远有 20 世纪末从英国追回的千件中国走私文物，近有 2015 年在中法两国政府的共同努力下甘肃礼县大堡子山秦公墓地 20 世纪 90 年代被盗窃的金饰片的回归，均是例证。但流失文物的追索，一直困难重重。

在河北博物院展出的三尊佛像，期待另外两尊佛首归原

值得重视的是，由于历史原因及地理位置毗邻、监管缺乏、立法缺失以及法律适用等多方面原因，中国港澳台地区成为我国近几十年流失文物的中转站，大量文物或转口欧美，或沉淀在该地区。面对这一困境，同根同源的海峡两岸同胞早在20多年前就为保护中华优秀文化遗产做出了积极的尝试：1993年，山西灵石资寿寺的十八罗汉像像首曾被盗割贩卖到日本、东南亚和中国台湾地区，台湾有关人士发现罗汉像像首踪迹后斥巨资购回，并无偿捐赠给了山西灵石资寿寺；1997年，山东济南四门塔内的隋代阿閦佛佛首被盗至台湾，台湾有识之士购得佛首，于2002年将其捐赠给济南；河北幽居寺释迦牟尼佛佛首的回归，同样源于两岸同胞的共同努力——20世纪末，台湾相关人士在海外见到该佛首，根据造型、面目、雕刻技法及颈部断痕等，推测为中国流失文物，2013年该人士参观河北博物院时见到佛身，顿感与当年所见佛首为一体，于是与原收藏者协商重金购回，并捐赠给台湾佛光山。

在国家追索之外，民间合作开启的文物回家路时间短、效率高，对促成文物回家无疑起到了不可忽视的作用。从20世纪开始，海峡两岸同胞携手实现文物回流一直未有间断，此次星云大师捐赠佛首的义举，更是在海内外产生了广泛影响。正如星云大师在捐赠仪式上所表示的，已经有善心人士表达通过佛光山向大陆捐赠文物的意愿。这不仅激发了海峡两岸同胞共同保护民族文化遗产的责任与意识，也为海峡两岸共同追索流失文物提供了新方法——发动民间的力量，进行事先协商、调查、达成意向，这或许可以在一定程度上化解我国在港澳台地区监管、追索流失文物所面临的现实障碍，为文物回家找到更为便捷的路径。

（原载《人民日报》2016年6月19日12版〈副刊〉）

满城汉墓之谜

满城县陵山东南脚下有一个守陵村，据村里人讲，他们的先人是看陵人，但陵墓在哪里？谁的陵？早已无人知晓。

"金缕玉衣"首次被发现时，为何其内没有发现装殓尸骨？一度成为困扰史学界和考古界的一大谜团。

皇家身份的大型崖墓的真实面目，在满城汉墓发现之前仍是历史之谜！

1968 年 5 月，中国人民解放军北京军区驻河北保定满城工程兵165 团来到县城西南 1.5 千米的陵山上，他们将在这里执行一项秘密的国防施工任务。

陵山，石灰岩质，既不高也不大，孤零零的突兀在太行山东侧的华北平原上，海拔 200 余米，山势南北走向，西高东低，主脉东侧有两个南北对峙的小山峰，整个陵山形成圈椅状，主脉好似椅背，两个小山峰就是椅子扶手，蹬上主脉山峰向东远望，无际的大平原尽收眼底。按照古代的"风水"学说，这里背依山峰、面临平原，是一处绝好的万年吉地。

陵山东南脚下有一个守陵村，据村里人讲，他们的先人是看陵人，但陵墓在哪里？谁的陵？早已无人知晓。

5 月 22 日，工程兵们按计划在陵山主峰的东坡上开凿隧道，下午 3 时，当机电 12 班的战士吴家高在距离山顶 30 米处打炮眼时，底部岩石突然下陷，出现了一个 1.5 米的洞口。几个胆大的战士拿来照明设备下到了黑漆漆的洞中。一进洞他们就感觉好像踩在了瓦砾上，借助灯光，看到地面铺满了瓦片。掀开瓦片，下面又有一层泥，扒开泥土再往下看，是一些大骨头。接着，他们还发现了铜制用品、陶罐和一些泥人(陶俑)。战士们挑选了四件东西带出了山洞，并向领导汇报。由于发现泥人的缘故，部队认为这可能是座古庙。

刘胜墓中室

　　施工发现古庙的消息立即引起部队领导的高度重视，并在第二天，以"绝密"文件的形式报告有关主要领导……经周恩来总理亲自批示，中国科学院院长郭沫若先生挂帅，科学院考古研究所和省文化局考古工作队组成的联合考古队，在当地驻军的协助下开始了一场大规模的考古发掘活动。一场轰动全国的西汉满城汉墓的发掘工作，使无数历史谜团两千年后重见天日。

墓主人身份之谜

　　在陵山施工的战士们带回的四件文物中，除了三件镏金的器物底座外，还有一件颈部刻有"中山内府铜钫一，卅四年"字样的铜器。

　　"中山"指的是历史上的中山国，而在中国古代曾经出现过两个中山国，一个是春秋战国时期的鲜虞中山国，它在战国晚期被赵国所亡。另一个是西汉的时候皇帝将战国中山旧地分封给了诸侯王，是为汉中山。汉代中山，大致包括今易水以南、滹沱河以北的地区，与战国中山国的范围略有不同，首府设在卢奴(今河北定州市)。

　　根据铜器和铭文字体接近汉隶风格的特点，我省考古队的郑绍宗先生初步认定战士们发现的是一座西汉古墓，排除了战国中山的可能。

　　当考古工作者进入墓洞后，被墓内的情景惊呆了。墓室硕大无比，南北耳室随葬品比比皆是，7 米高的中间大厅里，包括一些铜器在内的文物琳琅满目。如此规模的墓葬和如此丰厚的随葬品，墓主人到底是谁？

　　考古工作者首先对南北耳室和中间大厅进行清理，相继发现公元前二世纪前后西汉王朝的"五铢钱"和铜器，很多器物刻有"中山府""中山内府""中山宦者"的铭文，而且标有"卅四年""卅六年"甚至"卅九年"的字样。

　　汉武帝以前，帝王没有年号，计年以在位时间数计。历史记载，西汉中山国有十代王，只有第一代王刘胜在位时间最长，共 42 年，其余没有超过 30 年的。卅四，应该是刘胜在位的 34 年，这样推算，墓室的主人应该就是在位最长的中山靖王刘胜。

但是推算归推算，在墓葬的后室没打开前，与中山靖王刘胜有关的直接证据始终没有发现。在汉墓中要想找到墓主人是谁的直接证据有时是很难的，因为汉墓跟三国两晋南北朝以后的墓葬不一样，它没有介绍墓主人生平事迹的墓志。当然，如果有墓主人的印章也能解决问题，但清理过程中没有这样的发现。

考古队把最终确定墓主人身份的希望，寄托在了墓葬后室——墓主人往往把最主要、最贵重的东西随身携带。

后室的清理结果令考古专家震惊，包括金缕玉衣在内的大量精美文物惊现人间。而金缕玉衣的出现又为确定墓主人的等级身份提供了新的物证。西汉时期能穿金缕玉衣入葬的至少也是诸侯王。《史记》和《汉书》记载：只有汉代帝王、诸侯死后用金、银缕玉衣入葬。西汉的皇陵人们早已掌握，满城大墓不可能是皇帝陵寝，只有诸侯王的可能。

回顾历史，东汉末年和三国时期的刘备曾为了证明自己为汉室正统，号称是中山靖王刘胜之后。尽管《史记》和《汉书》都没有给中山靖王刘胜单独列传，但刘胜其人却在这些史书中频频出现。

刘胜，汉景帝刘启的庶子，汉武帝刘彻的异母兄长。公元前154年，被汉景帝封为中山靖王。汉武帝刚即位，大臣们因七国之乱的教训，对诸侯王百般挑剔，动不动就上告诸侯王的过失。建元三年，刘胜和一些诸侯王到长安朝见汉武帝。汉武帝设宴款待，而刘胜听见奏乐大哭。汉武帝问何故，他借机控诉被国相吹毛求疵，动不动就要进谗言。文辞雄壮，条理分明。汉武帝于是告诫有司不得再欺凌诸侯王，一时之间，刘胜被誉为"汉之英藩"。史载，刘胜"乐酒好内"有子孙一百二十多人，死于汉武帝元鼎四年(公元前113年)，统治中山国达42年之久。这样一位人物在郭沫若的脑海里留下了深刻的印象，中山靖王刘胜又一次成为最有可能的墓主人，走进考古学者的视野。

但问题又出现了，"金缕玉衣"被发现时，玉衣中没有发现装殓尸骨。难道这个墓仅仅是埋葬随葬器物的？墓主人另有它墓？

完整的"金缕玉衣"首次发现的消息传到北京，郭沫若先生十分兴奋。7月22日，他特地从北京赶来一睹玉衣的风采。但当看到玉衣中并没有尸骨时，郭老大为不解。在场的考古队长王仲殊等人汇报说，墓室北面地貌特征很奇特。于是，郭老信步来到大墓北面一百多米处。在对眼前地形和环境做了一番观察后，凭着丰富的历史学知识，郭老判断这里应该还有一座墓，如果墓主人不是刘胜夫人的墓，便是真正埋着刘胜尸骨的墓。郭老向大家解释：汉代有"同坟异葬"的习俗，建议考古队做好发掘第二座汉墓的准备。

为了保证已发掘的"金缕玉衣"的完整性，考古队员采取原封不动的方法将"金缕玉衣"整体迁出古墓，运送到北京进行室内整理修复。

当晚回到北京的郭老仍然惦记着墓主人的去向，又专门打电话提醒考古队的王仲殊等人说，应该注意玉衣所在棺床下面是否还有一层墓穴，然而考古队挖到棺床下坚硬的原始岩层也没有发现任何东西，那么，墓主人的尸骨究竟会埋在哪里呢？

在北京，郭老迅速向周总理递交了一份关于满城汉墓的考察情况报告，并建议由原班人马立即发掘第二座汉墓。1968年8月13日下午，在当地驻军的协助下，第二座汉墓的发掘正式开始。随即，在这里出土的一套完整的"金缕玉衣"中发现了部分颈脊椎骨和四条肋骨，以及三颗牙齿。这件"金缕玉衣"明显存有尸骨的情况，提醒了考古专家，先前发掘的第一套"金缕玉衣"内肯定有尸骨的蛛丝马迹，于是考古队提醒在北京进行室内整理修复第一套"金缕玉衣"的人员，详细观察，仔细寻找。终于，北京传来好消息，墓主人终于被找到了，原来，刘胜的尸骨就藏在玉衣之内，只不过由于地下水和石灰岩溶解的作用，尸骨已经变成了灰褐色的粉末状，只在头颅内尚残留有一部分牙齿的珐琅外壳。同时，第二座汉墓中发现了印文为"窦绾"的铜印，由此断定，此墓为中山靖王刘胜的妻子窦绾墓。

据此，满城汉墓墓主人身份之谜终于解开了。

金缕玉衣之谜

玉衣，又称"玉匣""玉柙"，是汉代皇帝和高级贵族死时穿用的殓服。其外观和人体形状相似，分为头部、上衣、裤筒、手套和鞋5大部分。头部由脸盖和头罩构成，上衣由前片、后片和左右袖筒组成，裤筒、手套和鞋都是左右分开的。玉衣由许多玉片组成，玉片之间用纤细的金丝、银丝或铜丝加以编缀。

汉代人认为玉是山岳精英，将玉放置于人体上，可以使人的精气不致外泄，这样就能保持尸骨不腐，期待来世再生。根据《后汉书·礼仪志》记载，汉代皇帝死后使用金缕玉衣，诸侯王、列侯始封、贵人、公主使用银缕玉衣，大贵人、长公主使用铜缕玉衣。至东汉时期，玉衣已明确分为金缕、银缕、铜缕3个等级，确立了分级使用的制度。金缕玉衣是汉代规格最高的丧葬殓服。到了三国时期，皇帝和高级贵族以玉衣作为殓服葬俗得以废除。

后人除在古文献上看到包括金缕玉衣在内的玉衣记载外，真正的金缕玉衣在满城汉墓发现之前谁也没有见过。1946年9月，邯郸的一座汉墓中首次发现玉衣的玉片，但完整的金缕玉衣是什么样子，在考古界始终是个未解之谜。

满城汉墓发掘出的刘胜及其妻窦绾的两套金缕玉衣是中国考古乃至世界考古史上的首次发现，解开了关于金缕玉衣的千古之谜。

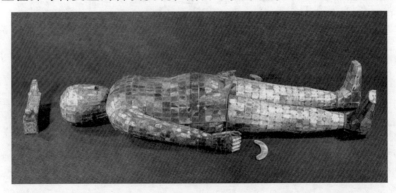

刘胜金缕玉衣

　　刘胜的玉衣全长 1.88 米，脸盖上刻制出眼、鼻和嘴的形象，上衣的前片制出宽阔的胸部和鼓起的腹部，后片的下端做成人体臀部的形状，左右裤筒也按人腿的形状做出，鞋作方头平底高腰状，全套玉衣由 2498 片玉片组成，编缀玉片的金丝共重 1100 克左右。窦绾的玉衣略小，全长 1.72 米，共有 2160 块玉片，金丝约 700 克，胸部的玉片不是用金丝编缀，而是用丝织物编结而成，中间对缝的地方用丝带粘起来，由于年代久远，织物早已腐烂。

　　如果按照《后汉书·礼仪志》记载，只有皇帝死后才可以使用金缕玉衣，中山靖王刘胜只是诸侯王，为什么会穿只有皇帝才有资格穿的金缕玉衣呢？郭沫若先生解释，分等级使用玉衣的制度，是在西汉中晚期才严格执行的，而刘胜所处的西汉中前期制度并不严格。

　　满城汉墓的两套玉衣都是中央朝廷手工业作坊统一制作的，皇帝把它作为礼物赏赐给各地的诸侯王及朝中受宠幸的大臣。其制作过程非常复杂，制造时需要先把大块玉料切开，按人体各部分的不同形状磨制成各种规格的薄片，再在玉片的四角钻孔。每一玉片的大小和形状都必须经过精心的设计和细致的加工，玉片上有些锯缝仅 0.3 毫米，钻孔直径仅 1 毫米，所用的金丝一般长 4 至 5 厘米，最细的金丝直径只有 0.08 毫米，相当于一根头发丝的细度。整个玉衣制作过程所花费的人力和物力相当惊人，据推算，汉代制作一件玉衣，约需一名玉工费 10 余年的工夫，相当于当时一百户中等人家的全部财产。

　　中国古代尚玉，认为玉是山石之精，吞食可以长寿，佩戴可以避邪，敛尸可以不朽。所谓"金玉在九窍，则死人为之不朽"。事实上，尸体保存是否长久，与是否穿玉衣没多大关系。尸体保存得好坏主要看埋藏的时间和墓葬密封程度，埋藏的时间越长腐烂的概率越高。但是，如果有一个良好的密封条件，迅速断绝了墓室内的氧气，消灭了各种细菌生存的条件，尸体就能相对保存较长时间。满城汉墓属于崖墓，密封程度较差，氧气相对充足，山水渗入，环境潮湿，各种有机物十分活跃，极易导致尸体腐烂。所以发掘刘胜墓时出现了只见玉衣，不见尸骨的情况。

大型崖墓之谜

在中国的历史上，曾产生过一种凿山或者利用自然山洞为穴的墓葬形式，被称之为崖墓，形式有单洞单葬、单洞群葬及联洞群葬。在我国的中南、华南、西南、华东目前仍然保存大量古代崖墓，长江和珠江流域的悬棺葬就是崖墓的一种。

由于生产力低下，受开凿工具的制约，早期的崖墓大部分是利用自然洞穴，到了战国时期，随着生产力的发展，铁工具的大量出现和使用，为崖墓的开凿提供了条件。不过南方的崖墓由于受政治因素和墓主人身份的影响，大部分规模相当小。

汉朝，皇帝和诸侯王、贵族死后往往用平地挖坑的方式将皇帝的棺椁埋入地下，是为土坑墓，陵墓的上部起封土形成巨大的坟丘。汉代为皇帝和诸侯王依山开凿崖墓的情况并不常见。因此，皇家身份的大型崖墓是什么样的就成为一个历史之谜。

刘胜和窦绾墓的开启使人们一睹汉代大型崖墓的真实面目。其墓葬形制和修筑艺术也为后人所了解。

两墓的形制和结构大体相同。由墓道、甬道、南耳室、北耳室、中室和后室6部分构成。

中室和后室有石门相隔。墓道口用土坯、砖砌筑，再以铁水浇灌封门。两墓南北并列，夫妇并穴合葬，即所谓"同坟异葬"。刘胜墓全长51.7米，最宽处37.5米，最高处6.8米。窦绾墓全长49.7米，最宽处65米，最高处7.9米。

刘胜墓的甬道、南北耳室和中室，窦绾墓的中室，采用模仿地上宫殿建筑的模式，在岩洞内还建有瓦顶木构房屋。这样设计是为了把生前的一切都象征性地搬入地下，象征着死后如生前一样。

两墓的后室，包括放置棺椁的主室和一个象征浴室的小侧室，均系在岩洞中修建的石屋。墓内设置了完整的排水系统。两墓各洞室的顶部，均作拱形或穹隆顶，周壁为弧形，符合力学原理，因而历经两千多年，墓洞保存完好。另外，在陵山顶上当时还建有用于祭祀的庙。

　　刘胜葬以一棺一椁，窦绾墓有棺而无椁，改变了过去诸侯王使用多层棺椁的旧制。墓内各洞室都放置随葬品。共出土随葬器物 4200 多件，长信宫灯、错金博山炉、错金银鸟篆文壶、鎏金银蟠龙纹壶和鎏金银镶嵌乳丁纹壶等，都是汉代铜器中难得的艺术瑰宝。

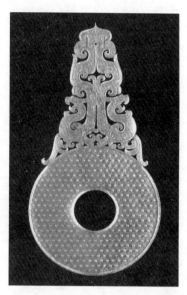

错金博山炉　　　　　　　双龙高纽谷纹白玉璧

　　北耳室出土了 33 个大酒缸，另外墓内还出土了两件铜祖和一件银祖，是证实刘胜其人"乐酒好内"的最好佐证。

　　整座墓室约有 2700 立方米，在岩石中开凿如此巨大的墓室，即使用现代化的施工设备，100 个人也需要一年才能完成。以当时中山国的国力来推算，开凿一座这样的墓室，最少也在万人以上，用数十年的时间才能完成。

　　首次发现了"镶玉漆棺"。窦绾墓棺内装饰十分特别。棺内周壁用 192 块玉版镶嵌，棺的外壁镶嵌玉璧，棺盖及左右侧壁各镶 8 块，前后端均嵌大型玉璧一块，这种内外镶玉的漆棺史书未见记载，奇特无比。

铬盐处理工艺——冶金史上的奇迹。满城汉墓中清理出一种三棱状铜镞，表面曾用含铬化合物进行处理，至今光洁如新。这种在金属表面进行铬盐处理的工艺，其他国家直到 20 世纪 20 年代才出现。

最早的钢制品。在满城汉墓中出土了包括刘胜随身佩剑在内的 600 多件铁器。其中令人惊叹的"百炼钢"，成为世界上最早的钢制品。

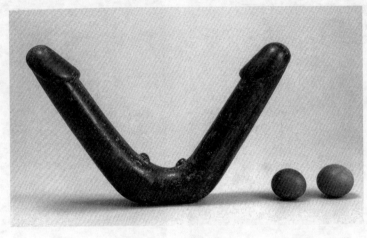

铜祖

中国最早的实用性工具。刘胜墓中出土了两件尺寸、口径不同的双头铜祖（男性生殖器）和一件银祖（残）。设计科学，制作逼真。透视出汉代发达的性文化。这是我国目前发现的最早的实用性工具。

（原载《河北日报》2007 年 6 月 15 日第 9 版）

河北幽居寺释迦牟尼造像佛首
回归仪式在京隆重举行

3月1日下午2时，中国国家博物馆举行河北幽居寺释迦牟尼造像佛首回归仪式，文化部部长雒树刚，中共中央台办、国务院台办主任张志军，文化部党组成员、国家文物局局长刘玉珠，国家宗教局副局长蒋坚永，国务院侨办副主任谭天星，河北省副省长姜德果，文化部部长助理于群，全国政协文史和学习委员会副主任叶小文，文化部原副部长、全国人大外事委员会副主任委员赵少华，文化部原副部长、国家文物局局长、中国文物保护基金会理事长励小捷，国家博物馆馆长吕章申，国家文物局副局长刘曙光，台湾佛光山开山宗长星云大师及来自海峡两岸的有关人士共同出席仪式。

2016 年 2 月 26 日捐赠仪式现场

雒树刚在讲话致辞中指出，星云大师以 90 岁高龄，亲自护送这件在海外流失 20 载的佛首造像由台湾安全顺利地回来，这是一件留在两岸民众心间、载入两岸文化交流史册的大事。

姜德果致辞：河北省委、省政府高度重视佛首回归工作。佛首回到河北后，举行隆重的佛首入藏仪式，完善文物档案，纳入我省馆藏珍贵文物序列，尽快以技术手段使这尊释迦牟尼佛像实现永久的"金身合璧"。河北博物院将在石刻展厅辟出专门空间，集中展示以这尊释迦牟尼佛造像为首的一批幽居寺塔珍贵佛教石质文物，让优美深邃的佛教艺术，唤醒社会各界对文物的重视和对文化遗产保护的自觉。

一、两岸合作，共同保护中华历史文化遗产

1998 年，台湾的一位先生在海外见到一尊佛首，高 47 厘米，重约 80 斤，根据造型、面目、雕刻技法及颈部新茬断痕等，推测为河北流失的北齐佛像。2013 年，该先生参观河北博物院，看到佛身及旁边展出的旧时完整佛像照片，感觉佛身与当年所见佛头可能即为一体，遂协调原收藏者将佛头转让给台湾善心人士，并由其捐赠给佛光山星云大师，请大师牵头完成佛首荣归故里的共同心愿。该先生及相关团体曾参与过 1999 年山西灵石资寿寺 16 尊明代彩绘泥塑罗汉和 2 尊童子头像的返还义举。

2016 年 2 月 26 日捐赠的文物到京后新闻发布会

2014 年春节过后，星云大师了解到，这尊佛首是启建于北齐天保七年（556 年）年间的释迦牟尼佛佛首，原为河北省幽居寺塔供奉的三尊佛像之一，于 1996 年被盗。

对于百年来，中华文物遭受的破坏、盗窃，星云大师常常悲伤叹息，他认为这尊佛首是人类重要的文化资产，是属于全人类共同所有，应该用盛大的方法使佛首和佛身合一并回归原处。于是他通过有关方面联系到了国家文物局，希望将佛首捐回大陆。

2014 年 6 月 3 日 16 点 20 分国家文物局办公室国际组织与港澳台处朱晔处长将电话打到了河北省文物局博物馆处，并传送了佛首照片，要求河北省方面判断佛头是否为河北流失文物。笔者曾在 90 年代主管过文物安全，对当时幽居寺塔佛首被盗情况记忆犹新，督办了当时案件的侦破工作，多次看过佛像被盗前的照片，至今保留了幽居寺塔佛首被盗时的案件记录。当看到台湾方面提供的佛首照片时兴奋不已，马上从电脑中调取了当时的被盗记录，并根据记忆于 17 时 22 分告诉朱处长，"基本判断没问题"，佛首正是幽居寺塔被盗文物。为慎重起见，6 月 4 日一早，将照片传至灵寿县文物保管所，要求他们找到被盗前的照片发至省文物局，同时希望请 90 年代任县文保所所长的孟宪国先生协助辨认。原所长孟宪国先生在灵寿县文保所工作了近 30 年，对幽居寺塔的文物如数家珍，更对当时塔内文物被盗感到痛心，虽然 2011 年他已调离原单位，但幽居寺塔内失窃文物始终是他挥之不去的一块心病。在看到省里发来的佛首照片后，他激动异常，马上认定正是 90 年代被盗的幽居寺塔内一层北墙中央的释迦牟尼佛佛首。

为确保万无一失，省文物局主管副局长又要求河北省文物鉴定委员会派员进行技术鉴定。经照片比对也认为台湾提供的佛首照片与幽居寺塔内被盗前释迦牟尼佛佛首的照片吻合。

6 月 10 日，河北省文物局的确认报告正式报向国家文物局。消息传到台湾佛光山，佛光山星云大师决定将佛首捐赠回河北省博物院，让佛陀的身、首合璧。2014 年 7 月 30 日至 8 月 3 日，国家文物局又组织了有关专家赴台湾佛光山，对佛头进行了现场鉴定，出具了鉴定意见。

二、北齐名刹幽居寺

幽居寺所在地的灵寿县地处河北省中西部，西依太行山，东临大平原。灵寿县历史悠久。东魏末年，定州的定国寺僧人标在今天的灵寿县县城西北 55 千米处的沙子洞村北侧创建了幽居寺（祁林寺）。当时的寺院坐北朝南，背倚苍翠的山峦，面临清澈的山间流水，整个环境山川交错，风光绮丽，清静幽雅，寺院也因此为名。到了北齐文宣帝高洋天保七年，定州刺史、六州大都督赵郡王高叡为其亡父、母、伯、兄、妻及自身功德选择上好的汉白玉石敬造了释迦牟尼佛、无量寿佛、阿閦佛供奉在幽居寺内。接着他还扩建了寺院。高叡为北齐皇室贵胄，经其扩建的寺院规模宏大，殿堂鳞次栉比，成为北齐的一座名刹。据史料记载，彼时的幽居寺有僧舍二百余间，行僧二千余众居之，短短 20 年的时间里寺院香火旺盛，诵经声不断，可谓盛况空前。然而北齐是个短命的王朝，仅存在了 28 年，随着国家的灭亡，幽居寺也逐渐荒废。到了元大德年间，寺院曾有过奇峰四列，林谷幽丽，山灵无损的短暂兴盛。到了清代完全废止。今天，昔日的殿堂建筑均已不存，曾经威名远扬的名刹只剩下一座唐代重修时留下的平面为正方形的幽居寺砖塔巍然屹立。

三、高叡其人其事

史载，赵郡王高叡，北齐高祖神武帝高欢弟弟高琛之子，高洋帝的堂兄弟。自幼聪慧夙成，高欢十分宠爱，其 3 岁丧父，被高欢养于宫中。在十岁母亲去世时，他曾持佛像长时间斋戒禁食，以至于消瘦得皮包骨头，难以站立，不得不依靠拐杖方能站起。高叡成人后身长七尺，相貌堂堂，曾认真研究过官吏的职责，有知人善任之能，留心各种民间事务，纠察揭发邪恶不法，奖励督促农桑劝，接待各方人才，经他管辖的地方风清气正，被称为贤能的州郡长官。某年盛夏六月，他领太行山以东数万兵众监筑长城。行军途中，其拆除避暑伞盖，与众人共顶烈日同其劳苦。定州当时建有冰窖储存大量冰块，地方官长史宋钦道派人用车子载上冰块追过来。中午时分，送冰的车到,大家都说能得到一块冰真是雪中送炭。而高叡对着冰块叹息说："三军将士，都喝热水，我凭什么单独享用寒冰呢？"，等到冰全化了，竟没尝上一口。全军感动，远近称颂。天保八年，高叡到首都邺城，被委以重任。皇建元年（560 年）孝昭帝高演驾崩前，高叡受托顾命在邺城奉迎高湛继承皇位，即武成帝。武成皇帝高湛继位后，将原为文宣帝高洋的长广王妃胡氏立为皇后。但胡皇后并不受高湛的宠爱，皇帝宠爱的人是嫂子李祖娥。而胡皇后是个生性淫荡的女人，她不甘寂寞，居然与宫中"诸阉人亵狎"。当时，给事中，鲜卑人和士开为皇帝最亲信的大臣，经常出入武成帝身边。和士开的存在引起了胡皇后关注，并开始频频向他献媚。两人不谋而合并勾搭成奸。为巩固地位，和士开劝武成皇帝传位给胡太后的儿子、太子高纬。昏庸的武成帝采纳了和士开的建议，让位给太子高纬。高纬继位后，尊胡皇后为皇太后，这一下胡太后和和士开的奸情没有了障碍，便肆无忌惮。

赵郡王高叡对胡太后和和士开的行为极为愤慨，与其他大臣上奏皇帝，要求处死和士开。

高纬继位的第三年，武成皇帝高湛驾崩。葬后几天，高叡等人启奏后主高纬说："和士开这人不适合仍在宫中任职。"并入内廷奏明皇太后，要求外放和士开任兖州刺史。胡太后说："士开一向受任用，等守丧百日后再说吧。"高叡说："不行。"几天之内，太后多次发话要求留下和士开。有内廷宦官要人知道太后的心思，劝高叡不要违抗懿旨呢，高叡说：这是国家的大事，死也不回避，于是又再次进言。太后令人斟酒赐给他，他拒绝了。这天入朝前，妻子儿女都劝他别上朝了，恐有危险，他说：自古忠臣都不顾个人性命，国家存亡是大事，怎能让一个女人把国家葬送了！和士开如此骄横跋扈，我宁可死了去侍奉先皇，也不忍看到国家的倾覆！。来到皇宫大殿门前，有人提醒他不要进去，高叡说："我上不负苍天，死无遗憾。"见到太后后，太后又要求留下和士开，高叡仍然坚持如故。从太后的宫殿出来后高叡便被武士拿下，接着被东魏北齐时的第一御用刽子手刘桃枝在雀离佛院杖而杀死，时年 36 岁。

四、古寺石刻，历史的见证

北齐名刹幽居寺在清代完全废止后，昔日的殿堂建筑均已不存，唐代重修时的幽居寺砖塔便成为寺院唯一的建筑，塔内和周围仍然保留了不少往日的遗物。

当年，赵君王高叡为其亡父、母、伯、兄、妻及自身功德敬造的三尊较大型的汉白玉佛像不知何时被供奉在了塔内第一层，正中为释迦牟尼佛，右为阿弥陀佛，左为阿閦佛。三尊造像，头雕低平磨光肉髻，面相丰满，双目微启，神态安详；着袒肩袈裟，或作说法印，或作施无畏与愿印，首饰腕镯。三尊造像基座的正面皆刻发愿文。

同时，塔内还有小型造像共 15 尊，被镶嵌在第一层的东西北三面的墙壁上，通高在 20—48 厘米之间，为高浮雕造像。造型多为佛像，菩萨仅一身。这些佛像具有明显的北齐造像风格，并一改北魏清风道骨的清瘦形象，趋向丰腴，衣纹服薄贴体，整体平润光洁，面部表情宁静安详。

北齐是个尚佛的王朝，曾有佛教寺院 4 万多所，2000 多万人口的国家僧尼最多时达到 200 多万人。在短短 28 年的时间里创造出中国石刻艺术的辉煌，至今在河北的南北响堂、水浴寺、娲皇宫留下了大量佛教雕刻艺术。幽居寺塔内的这十八尊造像雕刻技艺高超，艺术风格统一，均为北齐佛像中的上乘之作。皇室成员铭刻纪年的石刻造像并不多见，高叡敬造的三尊较大型的圆雕造像有明确的纪年，为研究北齐的佛教及佛教造像艺术提供了不可多得的实物资料。

另外，塔外还有三尊较大型的无头石造像和一个建于元天历二年的石经幢及北齐碑、元碑各两通。

保存在幽居寺塔周围的这些文物是中华优秀传统文化的一部分，是中华文明的历史见证，具有重要的历史艺术和科学价值，然而，改革开放的八九十年代，受境外不良风气的影响，祖国优秀的文化遗产竟成为境内外犯罪集团的觊觎对象，为了高额利润他们不惜铤而走险将犯罪的黑手伸向了祖国的文物宝库，一时间盗掘古遗址、古墓葬盗窃田野石刻造像、走私文物的案件频频发生。国家文物惨遭浩劫。幽居寺塔周围的文物也未能幸免于难。1992 年 4 月，幽居寺塔内东墙阿閦佛头被犯罪分子盗窃，1996 年 2 月 7 日，灵寿县的薛某某、高某某、卜某某为首的盗窃团伙几十人趁着漆黑的夜色来到灵寿幽居寺无情地将塔内的释迦牟尼佛头像、无量寿佛头像割下，并将大齐碑部分，砖塔石门楣，石柱等文物盗走。

此次猖狂的犯罪引起了当地政府和公安部门的重视，灵寿县公安局成立专案组破案，两个月后案件告破，抓获犯罪分子 19 人。追回大齐卧碑（碎）、石门楣、石柱三件文物，然而包括佛首在内的其他文物被销售到了大陆以外地区，不知所踪。北齐时期保留下来的释迦牟尼佛、无量寿佛石造像从此竟落了个身首异处，令人痛心疾首。

为了保护幽居寺其他文物的安全，1997 年以后，灵寿县文物部门将幽居寺塔内外的石刻文物，只要能搬动的，全部运到了省博物院保管。2013 年 6 月，省博物院将原存放在幽居寺塔内的释迦牟尼佛佛身、无量寿佛佛身、阿閦佛佛身陈列在了曲阳石雕展厅内。

五、共促金身合璧

流失文物回归工作事关国家利益、国家形象、国家文化安全以及广大人民群众民族情感，一直受到党中央、国务院领导同志的高度重视，也受到社会各界的广泛关注。此次台湾同胞将流失在外的国家被盗的珍贵文物捐赠回归大陆，将对两岸民众的文化认同和国家认同产生影响。也是两岸同胞同根同源、同文同种的真实反映，更是两岸同胞共同保护与传承中华传统文化的具体体现。

经国台办批准，并与台方协商，国家文物局与佛光山文教基金会签署捐赠协议。佛光山方面将该尊佛头的所有权移交国家文物局。为迎接北齐汉白玉释迦牟尼佛首，国家文物局和佛光山方面协商，将河北博物院收藏展出的释迦牟尼石佛佛身运往佛光山，在 2015 年 5 月 23 日与在台湾佛光山的佛首完成金身合璧。同时，河北省文物局精选 77 件河北省的佛教题材的文物赴台湾高雄佛陀纪念馆举办《河北省佛教文物展》。

2015 年 5 月 23 日，河北幽居寺释迦牟尼佛金身合璧仪式在佛光山隆重举行，金身合璧仪式和随后开始的"河北省佛教文物展"取得圆满成功。这些精美的文物作为中华优秀传统文化的一个重要组成部分呈现在台湾同胞面前，成为两岸人民文化交流的历史见证。佛首的回归显示两岸共同重视中华文物保护，起到了一个引领示范作用，创造出感动两岸人民热爱传统文化的佳话。

六、今朝一惜别，期待再相逢

2016 年 2 月 21 日上午，"星云大师捐赠北齐佛首造像回归启程典礼"在台湾佛光山藏经楼隆重举行，近三千位两岸人士聚集主殿，恭送"金身合璧"的佛像，回归故里，当供奉佛像的帷幕徐徐关闭时，在场的许多人士含着依依惜别的眼泪，共唱星云大师谱写的《恭送佛首歌》：今朝一别，相隔西东，何时能再相逢，两岸佛缘，千里道同，但愿时能相逢。与这尊共同见证了两岸合力促成珍贵文物回归的汉白玉石佛告别。

2月26日上午,90岁高龄的台湾佛光山星云大师亲自护送其捐赠的北齐佛首,抵达北京首都机场。这个有着1460年历史的佛首,流失20年后,终于回归大陆。

佛首将在国家博物馆做短暂展出后回到河北,作为河北博物院的藏品永久收藏。据悉,河北省委、省政府对此高度重视,责成省文物局做好后续工作。

省文物局局长张立方表示：将首先在河北博物院举行入藏仪式,经藏品接收、定级、分类建档等规定程序,将郑重地纳入馆藏珍贵文物序列。之后,将按既定方案,尽快使佛首和佛身"合璧"。另外,将在河北博物院石刻专题展厅辟出空间,集中展示以这尊释迦牟尼佛造像为首的一批幽居寺塔珍贵佛教石质文物,共同展示其优美和深邃的佛教艺术与佛教文化,唤醒社会各界更多对文物保护的重视和对文化遗产的尊重。欢迎包括台湾同胞在内的各界人士参观。

（原载于《文化遗产》2016年3期）

三 调研篇

湖北省古墓葬保护工作调研报告

　　素有"九省通衢"之名的湖北省地处长江中游，这里历史悠久，文化发达，是中华文明的发源地之一。2001 年 5 月 11 日至 18 日，由《文物保护单位防范体系研究》课题组一行四人在课题组负责人李晓东的带领下赴湖北的荆州、荆门市及钟祥、当阳、潜江市先后实地调查了全国重点文物保护单位八岭山古墓群、楚纪南故城、荆州城墙、纪山楚墓群、显陵、玉泉寺及铁塔、龙湾遗址，以及省文物保护单位关陵等保护情况，参观了荆州博物馆、荆州城墙博物馆、荆门市博物馆和钟祥博物馆等，重点对古墓葬保护情况进行了实地考察和调研，调研期间共召开了四次座谈会，从古墓保护制度、具体做法和存在的问题等方面听取了当地政府、文化局、文物局、文管办、护墓队部分人员的情况介绍，与他们共同交换了意见。同时，调研组还到当阳市河溶镇前进村，走访慰问了在保护古墓中做出突出贡献的 67 岁的义务文物保护员范平宽同志。此次考察、调研活动得到湖北省文化厅、文物局和湖北省考古研究所的大力支持，省文物局陈树祥副处长、省考古所张昌平副所长陪同参加了考察、调研。

　　作为楚文化的发祥地，湖北省的地上地下文物十分丰富，仅古墓群就有 3000 多处，其中 66 处被公布为省级文物保护单位，6 处被公布为国保单位，显陵还被列入世界文化遗产名录。目前全省从地面上观察到有封土的楚墓约 10000 余座，而在荆州、荆门、宜昌市县就有近 4000 座，没有封土的则不计其数。大量的古墓葬既是历史和考古工作者研究中国历史的重要对象,同时也是对人民群众进行历史唯物主义、爱国主义和传统教育的活教材,而且为当地的旅游事业提供了重要资源。然而,1992 年以来,国内外一些不法之徒相互勾结,利用先进的工具大肆盗掘湖北省的古墓,然后将盗得的大量珍贵文物偷运出境牟取暴利,使文物遭受严重破坏。疯狂的盗墓活动使许多宝贵的历史信息彻底毁灭,并影响了湖北省的两个文明建设发展。

为及时遏制日益猖獗的文物犯罪,保护祖国优秀的历史文化遗产的安全,在湖北省委、省政府的领导下,由省法院、省检察院、省公安厅共同协助,省文化厅、省文物局统一指挥,全省展开了声势浩大的打击文物犯罪活动,并收到良好效果,以郭孝平为首的一大批盗墓分子受到了法律的严惩,文物保护环境得到全面整治。与此同时,为彻底改变古墓葬保护不力的被动局面,加强古墓葬保护,在全省实施了一系列古墓葬保护措施。这些措施在各地文物部门具体实践中,又与本地实际情况相结合,因地制宜地总结出了一整套行之有效的保护古墓葬方法和经验。他们的方法不但在当地行之有效,还可以为全国的古墓葬保护,预防古墓葬被盗,堵塞文物走私犯罪源头等方面提供极其宝贵的经验。以下把荆州、荆门、当阳保护古墓葬的具体做法介绍如下:

一、古墓葬保护的基本做法

(一)荆州市古墓葬保护管理工作的主要做法

荆州市是国家级历史文化名城,全市共有文物点 509 处,其中国家级文物保护单位 7 处,省保单位 25 处,市县级文物保护单位 473 处,目前已发现有封土的古墓葬 1105 座。

(1)实施"一把手"工程,使古墓葬保护成为党委、政府行为。近几年来,荆州市委、市政府多次召开古墓葬保护现场会,主要领导亲临指导。1996 年,《荆州市古墓葬保护管理实施办法》颁布后,市政府领导每年都要与荆州、沙市两区政府主要领导签订古墓葬保护责任书,并连续 5 年召开古墓葬保护责任制兑现暨总结表彰会。荆州、沙市两区和 13 个古墓葬保护重点乡（镇）、林场的古墓葬保护工作都由党政一把手亲自抓。区长、乡（镇）长、村主任都是古墓葬保护的第一责任人。荆州区 5 个古墓葬保护重点乡（镇）都是书记、乡（镇）长负总责，他们把古墓葬保护纳入社会治安综合治理，并向计划生育工作学习，实行一票否决制。今年，荆州区委、区政府还把古墓葬保护工作纳入了一年一度的三级干部会、总结表彰会和责任书签订会。并专门下发了古墓葬、古遗址保护责任追究制办法。沙市区政府主要领导与市政府领导签订古墓葬保护责任书后，全面加大了古墓葬保护工作力度，拍板解决了古墓葬保护编制、经费等问题。

　　（2）营造良好的社会环境，使古墓葬保护具有广泛的群众基础。古墓葬大都在荒郊野外，保护难度大，如在总面积 47 平方千米的八岭山林场和八岭山镇就发现有封土的古墓 511 座。如果没有群众的参与，保护就无从谈起。多年来，一些重点乡（镇）、林场坚持抓好文物法规的宣传教育，不断强化人民群众自觉的古墓葬保护意识，加强对古墓葬的有效保护。这些乡（镇）每年都要在古墓葬保护重点区域刷写保护标语。马山镇在古墓葬保护重点村张贴古墓葬保护公约，约法六章。八岭山林场在发给护墓信息员的挂历上印了"护村防火，保护古墓"的宣传词。每年元旦、春节等节假日，乡（镇）领导都要作广播电视讲话，并对有盗墓前科的人开办法制学习班。长期不懈的宣传教育，逐步增强了古墓葬保护区广大群众的文物保护意识，多起盗掘古墓葬事件都是因为群众举报及时，使盗掘未遂。

　　（3）建立健全古墓葬保护责任制度，使古墓葬保护工作规范有效。一是各级领导责任制。它是古墓葬保护最基本、最关键的责任制。这项责任制的实施，直接影响和制约着其他责任制的实施。区、乡（镇）、林场、村、组各级行政一把手为第一责任人，分管领导为第二责任人。责任书一年一签，年年兑现；二是农户责任制。各村组都要与古墓葬保护区的农户签订农户责任田、责任山上的无封土堆古墓葬保护责任书。这种责任书使难以察觉的无封土古墓的保护有了基本保障；三是多户联防责任制。这是对有封土的古墓葬保护的一项基本措施，这种责任制就是以每一农户为主，其他就近农户为辅，共同保护某座有封土的古墓。它是针对猖獗的文物犯罪活动而采取的一项联合防范措施，增大对有封土古墓葬的有效保护；四是夜间护墓巡逻责任制。针对盗掘古墓犯罪多在夜间进行的特点，荆州区在 60 多个重点村和林场建立了专门的夜间护墓巡逻队，部分重点地域设立了古墓葬保护哨所，巡逻队、保护哨采取固定人员、固定报酬的办法。这种带有专业性质的队伍有较强的责任感，增加了重点地段古墓保护安全系数，它与农户联防责任制形成了古墓保护"双保险"；五是督查责任制。冬、春季节是盗掘古墓葬的多发季节，每年 10 月至来年 4 月，重点乡（镇）领导和机关干部每晚都要轮流值班，到所属古墓葬保护重点村进行夜间护墓巡逻，检查护墓人员上岗情况，督查他们做好值班记录，哪个班上出问题，就追究哪个班的责任。

课题组在湖北荆州了解楚墓保护情况

近年来，古墓葬保护责任制较普遍地得以执行，得益于奖惩分明。荆州区文物局规定，在古墓葬现场抓获一个盗墓者奖励 2000 元。举报有功，避免一次古墓葬被盗可奖励 200-2000 元。乡（镇）干部带班一次不到位，扣除 100 元工资，三次不到位扣除全年工资。2000

年，八岭镇镇长把有封土古墓葬保护责任兑现经费送到每个责任人手中。2001 年年初，沙市区区长特批 5000 元经费送到观音当镇负责人手中，用于该镇的村组古墓保护责任人的年终奖励兑现。纪南镇对责任制落实不好的单位和个人按有关制度进行了处罚，取消了一个村双文明达标先进单位称号，给予村治保主任撤职处分。对擅自在古墓葬保护区取土，损毁古墓葬的某村砖瓦厂厂长由公安派出所留置 24 小时，并处以罚款，责令该村村委会写出书面检查，村支部书记被停职反省半个月。

（4）坚持严打，有效遏制文物犯罪活动。近几年荆州公检法部门在文物部门的配合下，开展了多次打击盗掘古墓葬犯罪活动的专项斗争，抓捕判处了一大批文物犯罪分子，有效遏制了盗掘古墓葬犯罪活动，有力地震慑了文物犯罪分子。

（二）荆门市古墓葬保护管理工作的主要做法

荆门市共有古墓葬 1700 余处 3000 余座，特别是全国重点文物保护单位的纪山楚墓葬，范围为 12 平方千米，有封土的单体墓葬 278 座，封土最大直径 70 米，高 12 米。其保护方法是：

（1）建立了"三级责任、四级保护"责任制，形成了自上而下的文物保护网络。所谓的"三级责任、四级保护"就是强化县（市）、镇（乡）、村民委员会三级行政组织的文物保护责任。"四级保护"就是各乡（镇）文化站、派出所、村治保主任和组长、农户的保护职能。它是由乡（镇）长与各村民委员会，村民委员会与农村小组组长，组长又与农户签订古墓保护责任状。年初签订责任状后，将村民承包的责任山、责任田范围内的古墓由村民保护，年底按责任内容兑现奖惩。在这里他们要求农户们当好文物保护员、信息员、情报员、联络员"四员"。责任制的建立，有利于加强各级政府部门和各级领导的文物保护意识，明确文物保护责任，使田野文物，特别是古墓葬保护工作责任明确，使主管领导责任清楚，分管领导身上有压力有动力，村民感到有义务有利益。除建立责任制度外，荆门各地还将古墓葬保护纳入到文明乡镇、文明村组的考核条件。在重点文物区域，将古墓葬保护纳入到村组干部政绩考核内容，实行"一票否决权"，即村组干部管理的地方如发生盗掘古墓案件，村组干部一把手自动辞职。

（2）成立专门保护机构，加强管理。纪山位于楚纪南故城北郊，楚国在纪南城建都 400 余年，历王 20 余代，纪山一带是王室贵族陵园区之一。为适应保护工作需要，1995 年，经市编委批准，成立了"荆门市纪山文物管理所"定编 2 人，副科级单位，事业性质，财政预算定为差额，隶属市文化局直接领导。文管所的成立，使纪山文物特别是楚墓群保护管理有了专门机构、专职人员。他们采取集中管理，分片负责保护的办法，使纪山古墓群和周边地区的古墓葬得到了保护。

（3）成立专业队伍"护墓队"，建设了望哨。1996 年，纪山、郭店、郭场三个重点村成立了"护墓队"，由村治保主任领导，业务上接受文管所指导。具体任务是夜间通宵巡逻，一般分成 3 – 4 个组，每组 3 – 5 人，轮流值班，队员主要由民兵组成，村组从义务工中解决其待遇。"护墓队"的成立，使夜间盗掘古墓犯罪难以进行，加上在重点墓区搭建了瞭望哨，进一步加强了古墓的保护力度。

（4）开展打击盗掘古墓葬的专项斗争。1994 年以来，市政府连续四年开展了四次打击盗掘古墓葬的专项斗争。对惯犯、罪大恶极的盗掘古墓犯罪分子实行坚决打击，并以法律的威力敦促盗墓分子主动投案。四次专项斗争中，有 3 名重犯被判死刑，1 人被判无期徒刑，20 多人被判处有期徒刑，另有 30 多人受到教育、宽大处理。通过严打和上述措施，基本遏止了大规模的盗墓恶风。

（三）当阳市古墓保护管理工作主要做法

当阳是湖北省历史文化名城。该市分布着不同类型的文物点 251 处，其中全国重点文物保护单位 1 处，省级文物保护单位 6 处，市县级文物保护单位 29 处。在保护古墓葬的工作中主要做法有：

（1）强化政府行为，完善管理机制。根据文物保护"五纳入"的要求，将文物保护纳入管理体制改革和各级领导责任制，加强了文物保护工作的政府行为。各地各部门都把文物保护工作列入了重要议事日程，并作为考核有关领导政绩依据之一。首先是完善管理机制。

市政府成立了以分管教科文卫的副市长为主任的当阳市文物管理委员会，全面领导文物管理工作。委员会下设办公室，由文化文物旅游局分管文博工作的副局长任办公室主任。当阳文化文物旅游局是全市文物行政主管部门，具体领导和协调全市文物管理工作。2001 年 4 月，当阳市文化文物旅游局对市博物馆与关陵文管所实行分离，并成立市文物保护管理处，具体管理关陵文管所、玉泉寺文管所、市博物馆三个单位业务工作和文物调查、勘探、考古发掘、文物市场，同时进行文物行政执法，这种改革明确了责任，使文保队伍相对稳定，加强了文物执法力度。由于管理机制不断完善，文物保护工作逐渐走向制度化的轨道。二是确保文物保护经费。在财政极端紧张的情况下，市财政确保了对文物保护经费的投入，除对文管所实行全额拨款外，每年还专门拨款 10 万元用于文物保护专项治理。另外还通过举办关公文化节、旅游接待接受捐赠等方式筹集一部分文物保护经费。近三年来关陵文管所共筹集了二百万元资金用于文物保护、环境整治等。

（2）健全文物保护网络，落实责任制，确保文物安全。在古墓葬保护方面狠抓三条线责任网络的落实。一是行政一条线，由分管文物工作的市长与乡（镇）行政一把手签订古墓葬保护责任书。乡镇长与各村组签订文物保护责任书；二是公安一条线，由公安局局长与乡（镇）派出所所长签订古墓葬保护责任书。派出所所长与村治保主任签订文物保护责任书；三是文化一条线。由文化旅游局局长与各乡（镇）文化旅游站长签订古墓葬保护责任书。这几条线一级抓一级，层层抓落实。多年来，这里坚持文物干部逐村巡察制度，每年春秋两季都要定期对全市文物点进行巡察，重点区域一年四季不间断的巡察或直接进驻农民家里了解情况。同时坚持抓好古墓葬保护情况逐级上报制度，对重点古墓群和墓冢选用责任心强、有奉献精神的文物保护员看守，定期或不定期进行实地踏勘和安全检查。对古墓葬保护不得力，发生盗掘古墓案件的，追究有关人员的责任。由于机构健全、责任落实，当阳市古墓保护十七年无事故。

（3）兑现工资、奖惩。文物保护网落必须由经费作保障。市文物旅游局按各乡（镇）文物的多少划出保护工作在乡（镇）长工资中所占比例后由市政府确定。一般乡（镇）长工资中的百分之二十属文物保护工作，如果年内文物保护工作不出问题，那么属文物保护工作的百分之二十的工资全额发放，如果文物保护出了问题则扣除。同时，市财政每年拿出 50000 元，作为奖励费。做得好的乡（镇）长每年可得 1000 元奖励。各村也采用奖励的方法激励农户的文物保护积极性。经济条件好的村，每年给有保护任务的农户个人 200 元，经济条件较差的村用减免义务工的办法进行褒奖。同时文物旅游局每年还要对乡（镇）长的文物保护工作在调查后向市委组织部作出行政建议，作为个人政绩及升迁考评的依据之一。这些措施极大地激发了广大干部、群众的文物保护热情，使古墓葬得到较好的保护。

（4）加大执法力度，严厉打击文物犯罪活动。为刹住盗墓风，当阳市坚持严打方针，加大打击力度。市公安局成立了打击盗墓专项领导小组，制定了打击盗墓活动总体方案，由一名副局长具体负责此项工作。各乡（镇）派出所根据各自的特点制定了"打击盗掘古墓专项斗争活动方案"和"区域联勤、整体联动方案"。每年由市公安局牵头组织一次反盗墓实地演练。预演活动的开展教育了群众、震慑了犯罪，收到了良好的社会效果。2000 年 8 月 6 日，2 名盗墓分子在河溶镇磨盘山古墓保护区内打孔踩点时，被村文物保护员及时发现，并向 110 报告，河溶派出所在 15 分钟内赶到发案现场，30 分钟内就将两名犯罪嫌疑人抓获，当场缴获部分作案工具。三年来，全市共抓获 6 起现场作案的盗墓分子 17 人，使盗掘古墓犯罪活动一次也未得逞。

课题组在湖北当阳河溶镇与保护员范平宽老人交谈

二、古墓葬保护的基本经验

通过对湖北省荆州、荆门和当阳等地古墓葬保护的调研，调研组认为：在古墓保护中取得的经验是地方政府和文物部门在新的历史条件下探索出的一条保护文物的新途径、新方法，极大地丰富了文物保护工作的内涵，为全国古墓群的保护提供了宝贵的借鉴经验。

（一）把古墓葬保护纳入政府工作

文物工作是各级人民政府的工作任务之一，湖北省荆州、荆门和当阳制定相关制度，把古墓保护作为政府的重要职责，将部门行为转变为政府行为，在文物保护中能够很好地协调处理有关方面的关系和利益，认真解决文物保护工作中存在的实际问题。如荆州市政府与荆州区和沙市区政府主要领导签订了古墓保护责任书后，两区的古墓保护被纳入了社会治安综合治理的轨道。为便于监督，还制定了古墓保护责任追究办法。当阳市则把文物保护工作列入了考核有关领导的政绩依据。这样一来，文物保护工作就会引起地方政府领导的重视，进而加强对这项工作的领导，将文物置于政府的监控之下，政府担当起保护文物的主要责任，成为文物的保护神。

（二）把文物保护工作纳入领导责任制，建立群众参与的古墓葬保护制度

荆州市的领导责任制、农户责任制、农民多户联防制和护墓人员巡逻制等制度从多层次、多角度构筑了一条护墓管理防线，让各层面的人员互相监督、互相制约、互相促进，进而把古墓葬的安全系数提高到最大程度。荆门市的"三级责任、四级保护"制度，把基层干部和群众编制成了一个巨大的文物保护法网，将各种文物犯罪拒于法网之外。当阳市的行政、公安、文化三条线责任制的建立，使盗墓分子实施盗掘古墓的可能降到了最低点。他们的做法，使古墓保护工作有点有面，有网有线，形成了全方位的立体保护框架。在这个框架中，广大的农民是最基本、最前沿、最可靠、最忠实、最英勇、最有效的文物保护积极分子。如当阳河溶镇前进村 67 岁的共产党员范平宽老人，用自己的钱买来笔、油漆，刷写文物保护标语，制作了古墓保护

瞭望架，时刻注意着不法分子的行为。如果经过努力，各地所发展的义务保护员都能像他那样忠于职守，那么任何文物犯罪都逃不过他们那雪亮的眼睛，他们将会成为文物犯罪分子最有力的克星。

（三）专职与群众相结合，使保护古墓有了组织保障

荆州、荆门等地在保护古墓葬工作中创建了自己的护墓组织，成立了护墓队，把文物保护专业队伍和义务队伍相结合，从组织上保证了护墓工作的顺利开展。例如荆门沙洋县文管所设在纪山镇，村里成立了护墓队。当阳市文物主管部门每年定期派遣文物干部进驻乡（镇）、村，分期举办文物知识培训班，培训文物保护工作骨干。这些队伍在护墓工作中起到了决定性作用。如果没有文物专业队伍与义务保护队伍共同协作，根本不能对付当前的文物犯罪活动，因此，建立一支强大、可靠的文物保护队伍是文物保护工作的根本保障。

（四）奖惩结合，建立激励制度

文物保护奖惩制度直接与有关部门、乡（镇）干部和护墓人员的政绩考核和经济利益挂钩，激发了广大干部群众的护墓热情。尤其在奖惩制度执行好的地方，真正起到了激励先进，教育后进的作用。实践证明，必要的奖惩也是文物保护工作中不可缺少的一种手段。

三、保护古墓葬存在的主要问题

湖北荆州、荆门等地为保护古墓葬制定和实施了一套行之有效的制度，取得了巨大成效。但他们的做法和经验还没有得到很好的总结，上升到国家文物政策的一部分加以推广。全国尚有许多古墓群急需这样有效的保护方法和手段，以应对古墓葬面临的被盗掘的危险。同时，就是对湖北本身的这

范平宽老人自制用以观察盗墓的瞭望哨

些做法，如果不能很好地进行巩固，并解决存在的主要问题，随着时间的推移，也会出现执行不利的问题。

湖北省荆州市荆州区、荆门市所属市和当阳市在古墓葬的安全保护方面取得了可喜的成绩，但同时他们也遇到了一些难以解决的问题，主要包括：

（一）少数基层领导打"持久战"的思想不牢，厌战情绪，畏难情绪逐渐显现

湖北的护墓经验肇始于 1992 年的盗墓，其出发点是应付突发性的盗墓，经过几年的工作，当大规模的盗墓基本被制止后，如果再投入大量的人力、物力和经费长期坚持护墓，得不到上级有关部门的政策帮助，他们的工作势必半途而废。古墓葬保护是一项长期艰巨的工作，各级政府感觉压力大。各级领导干部，特别是乡（镇）一些干部，觉得上级压下级，最后落实都在乡（镇），而上级对诸如编制、经费问题又不能很好解决，出了问题还要丢票子，摘帽子，再加上古墓葬保护又没有期限，因此厌战情绪日渐突出。

（二）人员编制严重不足，工作情绪不稳

由于编制等问题，基层文管所正式人员少，临时人员多，这些临时人员平时工作任务重，但工资和其他福利待遇很差，使他们感到"工作无着落，身份没明确，福利不固定、工资难保障"，工作忙的压力和收入低的现状情况，使他们几乎难以维持正常生活，因此，不安心工作的多，要求辞职不干的人多，存在着管理危机。

（三）保护手段落后，难以适应工作需要

目前盗墓一般为集团作案，采用先进的交通工具和机械设备，并装备有红外线望远镜、金属探测仪，微型冲锋枪等，犯罪活动已十分专业化和智能化。1994 年以前，盗墓分子一般采取人工挖掘盗洞，1996 年开始，利用分层挤爆法，1999 年后，则采用自下而上爆破法，先爆破底层，距封土表层 50 厘米左右保持不动，在捕捉到机会后，迅速将 50 厘米封土炸开，直奔墓室，盗走所要的文物后马上脱离犯罪现场。如果对一座墓第一次未盗掘成功，还要进行第二次第三次盗

掘。在实施文物犯罪过程中，盗墓分子还采取威胁恐吓手段，特别是对古墓周围的群众和报案群众，除进行毒死家畜、断电等报复手段外，还用"灭门"、"杀人"等来威胁、恐吓。有的犯罪分子被抓获后以"出狱以后再算账"等语言来威胁干部和群众，因此，很多群众因安全无保障，又无奖励，不敢报案，不愿报案。而面对凶残的盗墓分子，我们的文保队伍既无机动车辆和通信工具，又无防身武器。犯罪分子先进的作案工具和设备与文物保护人员近乎赤手空拳的现状形成巨大的反差，文保人员在遇到突发事件时，很难应付局面。加上盗墓分子作案一般选择在雨天夜晚或十二点以后，周围人烟少或利于隐蔽的地区，增加了保护难度。

（四）经费严重不足，影响古墓保护

尽管《文物保护法》和国务院文件，要求各地将文物保护经费列入各级财政预算，但落实起来相当困难。古墓葬保护需要充足的经费作保障。根据湖北省的古墓葬分布情况，预计每年需要 600 万元~800 万元，才可以基本满足保护需要。然而，湖北的县（市）财政，根本无法支付如此庞大的古墓葬保护经费。2001 年以前，省财政每年拨给省文物局 70 万元，用于古墓葬保护，但这点钱对全省的古墓葬保护来说，无异于杯水车薪。一些地方已出现经费匮乏的局面，部分专业、义务文管人员的工资难以全部落实，工作积极性受到挫伤，其后果是有些地方每年各级签订的文物保护责任书在年底时奖励不能兑现，失信于民。夜间护墓巡逻及督查经常有不到位的问题。另外基层文管人员绝大部分是聘用，除了没有补助费外，人头费无法保证，生病无医保，后顾之忧较重。在全民护墓工作中，一些保护费用都摊派在农民身上和乡村等基层单位，如荆州区采用每亩摊派一元钱的办法，用于古墓保护，增加了基层和农民的负担，群众有怨言，人大代表反映十分强烈。专业文物队伍中，某些人员的编制问题不能妥善解决，使他们难以安心工作。还有就是公安部门破案经费少，致使有些案件追追停停，无法保证连续性。

四、几点建议：

（一）推广荆州、荆门和当阳等地保护古墓葬基本做法和经验，建立一套古墓葬保护人防体系

包括队伍建设、保护制度、责任制度、奖惩原则等古墓保护政策，在有古墓群的地方执行。

（二）调整农业种植结构

当地政府及有关部门在有古墓保护任务的地方根据不同的土质、水质、气候，研究制定一整套适合本地农业发展的种植业规划，并由政府组织实施、落实。帮助农民种植一些既有利于古墓保护，又有利于农业生产的经济型作物，以减少因保护古墓而造成的损失，提高农民的护墓积极性。对于无法调整而影响农民正常收成的，国家和省政府应制定优惠政策，予以减免费税。具体减免数额，参照农田的常年产量等方面确定。

（三）减免义务保护古墓葬的农民的义务工

农民因为参加义务保护古墓葬，不能参加集体用工，由乡（镇）为这部分农民减免义务工，增加了乡（镇）经济负担的问题，应与有关部门磋商，将护墓人员义务工的减免问题在国家或省一级解决。

（四）加强科技保护，建立技防体系

与有关的科研部门合作，利用声呐、红外、微波等技术，共同研发预防古墓被盗的科学探测仪器，构成古墓葬技术安全防范体系。选择文物保护机构健全的地方，如荆门市沙洋县纪山楚墓群作为试点，待条件成熟后向各地推广。利用这些设备，使文保人员或护墓人员在盗墓分子未察觉的情况下就能侦测到他们的犯罪活动，提高护墓效果，减少护墓人员的风险。

（五）加强物防投入，预防突发事件

面对装备精良的盗墓分子，给护墓人员配备必要的防卫器械、远红外望远镜及先进的交通工具与通信工具，使他们能迅速有效的预防

盗掘活动。

（六）列入专项补助经费项目

国家和省在文物专项补助经费中，列入古墓葬保护项目，对全国重点文物保护单位和省级文物保护单位的古墓葬（群）保护在经费上给予支持。

课题组参加调研人员有李晓东、刘铭威、隋卫星、李宝才。

（原载李晓东主编《文物保护单位防范体系研究》，学苑出版社，2007 年）

内蒙古自治区古墓葬保护工作调研报告

内蒙古自治区地处祖国北部边陲，是"全国文物大省区"之一。2001 年 8 月 29 日至 9 月 9 日，《文物保护单位防范体系研究》课题组一行四人，在课题组负责人李晓东的带领下赴内蒙古自治区的呼和浩特、包头和赤峰市，先后实地调查了全国重点文物保护单位万部华严经塔、金刚座舍利宝塔、美岱召、五当召、秦长城、辽中京遗址、黑石沟遗址、辽上京遗址和辽祖州城、祖陵等的保护情况，考察了自治区博物馆、考古所、包头市博物馆、赤峰博物馆、宁城博物馆及巴林左旗和巴林右旗博物馆的安全状况。调研期间共召开了七次座谈会，从古墓保护制度、具体做法和存在的问题等方面听取了当地文化局、博物馆、文管所部分人员的情况介绍，与他们共同交换了意见。此次考察、调研活动得到内蒙古自治区文化厅的大力支持，厅文物处哈达副处长陪同参加了考察、调研。由于赤峰是内蒙古保存文物十分丰富的盟市之一，其工作状况极具代表性，因此课题组重点是对赤峰市的古墓葬保护情况进行了实地考察和调研。

一、文物概况及保护措施

赤峰是我国古代文化的重要发源地之一,曾先后发现了距今8000至 4800 年的兴隆洼文化、赵宝沟文化、红山文化、富河文化、小河沿文化。青铜时代,先后有夏家店下层和夏家店上层两种文化的存在。到公元 4 世纪,契丹族来此游牧,并在公元 10 世纪建立了以赤峰为中心的强大的辽国。悠久的历史,灿烂的文化,使赤峰的地上地下文物十分丰富。目前已发现各类古文化遗址 6800 余处,文物总数约占内蒙古自治区的 47% 以上,其中国家级重点文物保护单位 14 处,自治区级重点文物保护单位 24 处,市级文物保护单位 50 处,旗县级文物保护单位 332 处,馆藏文物 5 万余件。

这些文物成为我国多民族团结融和的见证,在对人民群众进行爱国主义、历史唯物主义和革命传统教育中起到了其他教育手段无法替代的作用。然而,众多的文物成为一些犯罪分子觊觎的对象,在巨额利润的刺激下,国内外文物犯罪团伙沆瀣一气,利用赤峰市地广人稀,草原山区多,保护难度大的特点,铤而走险,大肆盗掘古墓,倒卖、走私文物,该市的地下文物遭受到空前浩劫。针对这种严重的局面,1997 年后,在市委、市政府的领导下,该市先后采取了一系列措施,保护古墓葬,打击文物犯罪活动,这些措施取得了一定成效。

(一)加大《文物保护法》的宣传力度,提高全社会的文物保护意识

《中华人民共和国文物保护法》是文物保护工作的根本大法。1997 年,在《文物保护法》颁布十五周年之际,市文化局组织全市各旗县文化主管部门、文博单位开展文物保护宣传月、宣传周、宣传

内蒙古赤峰巴林右旗辽庆陵被盗后坍塌情景

日活动。出动宣传车辆，向社会展示文物保护宣传牌，印发宣传单和宣传册。结合普法工作，市文化局与司法局、普法办共同举办了《文物保护法》、《自治区文物保护条例》知识竞赛活动。同时与市电台联合举办"柳乡放谈"专题栏目，播放了《文物保护法》的专题讲座。敖汉旗博物馆到古遗址所在地的学校宣讲文物法规；巴林左旗、阿旗、松山区等旗县的文化局、博物馆到古遗址所在地，利用板报橱窗等形式进行宣传。公安部门将打击盗掘走私犯罪活动中收缴的文物，集中到市博物馆进行了专题展出，使市民们受到了触目惊心的教育。1999年，市文化局与市司法局联合组织民族艺术剧院曲艺团，编排了一台法制教育专场节目，深入十二个旗县区巡回演出，其中的文物保护戏剧小品深受观众欢迎。这些宣传活动，增强了群众自觉抵制文物犯罪的能力，使广大群众受到了不同程度的文物法制教育，许多群众纷纷向公安、文化部门举报文物犯罪嫌疑人，形成了一个保护文物光荣，盗窃破坏文物可耻的良好社会风气。

（二）加强基层文物保护组织建设，进行群防群治

为提高文物保护单位保护的管理水平，在考察了兄弟省市的文物管理经验后，1997年市文化局制定出台了1997至2000年四年文物保护规划，以《文物保护法》的"四有"要求为准则，设计制作了市、区、县全国重点文保单位保护标志，建立了文物档案，确定了文物保护范围，尤其是在市县乡各级政府的支持下重新建立基层文物保护组织1690个，聘请文物保护员2000余人，发放《文物检查证》400多个，初步形成了文物保护群众网络，如宁城县在19个重点乡设立文物保护委员会，每个村又设立文物保护小组。

（三）把文物保护纳入政府责任制，开展文物保护"安全年"活动

1997年，国务院《关于加强和改善文物工作的通知》下发后，立即引起了市政府的高度重视，根据《通知》精神，市政府把文物保护工作纳入政府的领导责任制，实行目标管理，本着守土有责的精神，开展了文物保护安全年活动。这项活动要求本辖区内的古遗址、古墓葬和馆藏文物不被盗，古建筑不发生火灾。具体做法是，由市政府同

各旗县区签订文物安全责任书，旗县长与乡镇长签订责任书，乡镇长再和村组负责人签订责任书。作为文物主管部门，市文化局和旗县区文化（文体）局签订责任书。所签责任书责任到人，目标明确，年终市里对责任落实情况进行检查评比，其结果将作为考核领导班子工作业绩的一项重要内容。为此他们引入激励机制，做得好的进行奖励，发生事故的一票否决。如 1997 年，巴林右旗丢失卧佛一个，按责任制内容，市里取消了他们市文化先进单位的称号。文物安全责任书的签订及文物保护安全年活动的开展，使各级政府部门对文物保护工作给予了高度重视，加大了文物保护工作的力度，文物保护效果十分显著。

（四）抓大遗址保护，及时开展古遗址、古墓葬抢救发掘工作

赤峰市的大型古文化遗址较多，为预防破坏，市政府抓紧研究制定大遗址保护方案，出台了《赤峰市文物保护十年规划》，使全市的文物保护工作纳入法制化轨道。

根据《保护规划》，赤峰市文物部门配合上级文物主管部门，尽可能地对一些已遭破坏和面临破坏的古遗址和古墓葬进行抢救清理，把损失降到最低程度。几年来在宁城小黑石沟、喀喇沁大山前、松山区初头朗、喀喇沁牛营子、左旗韩氏家族墓地、敖汉城子山等地进行考古调查和抢救发掘，清理了阿旗裂缝东山辽墓群。获得了一批珍贵的文物和历史研究资料。2000 年，在高延青市长的直接指挥下，市、旗县两级政府和文化主管部门共同组织建筑方面专家和技术人员精心运筹，将顶部向南倾斜 45 厘米的元代蓟国公张应瑞墓碑扶正，同时又对元代蒙古族大书法家康里子山的罕见碑文进行了加固保护。

（五）组建执法队伍，开展打击文物犯罪的专项斗争

90 年代后，面对文物犯罪活动比较严重的情况，在政府的领导下，公安、文物等部门加强配合，并充分依靠广大人民群众，共同打击文物犯罪。据统计 1992 年至 1998 年，全市共破获盗掘古墓案 150 余起，查获文物走私案 210 余起，处理犯罪分子 580 余人，收缴文物 2154 件。1998 年秋至 1999 年春，市文化局和市公安局联合开展打击

内蒙古赤峰巴林右旗辽庆陵远景

文物犯罪的专项斗争，侦破各类文物犯罪案件 29 起，打掉文物犯罪团伙 11 个，抓获犯罪嫌疑人 97 名，追缴文物 251 件。1999 年，市政府在编制非常紧张的情况下，给公安部门增加 50 个人员编制，强化文物犯罪案件的侦破力量，组建了全区第一支文物缉私大队。自文物缉私大队成立以来，又办理各类文物案件 18 起，其中盗掘古墓葬案件 6 起，倒卖文物案件 12 起，打掉文物犯罪团伙 12 个，逮捕犯罪嫌疑人 27 个，劳动教养 1 人，收缴各类文物 203 件组。同时指导协调全市各区旗县刑侦部门办理盗掘古墓葬案件 26 起，倒卖文物案件 58 起，追缴各类文物 650 件，处理犯罪嫌疑人 224 人，打击活动取得良好效果，有力地遏止和震慑了文物犯罪。另外，在市人大、市政府的督促下，1996 年，公安部门将打击文物犯罪活动中追缴的 3000 余件（组）文物移交到文物主管部门。2000 年，市公安局又将 274 件（组）文物移交给文物主管部门。

二、古墓葬保护经验

（一）各级人民政府对文物保护工作的重视是作好文物保护工作

的基本保证

赤峰市悠久的历史和众多的文物资源成为当地重要的文化品牌，对于该市的发展起着重要的促进作用。因此，市政府对文物保护工作十分重视，特别是对古遗址、古墓葬的保护尤为关注。在市政府的领导下，制定了《赤峰市文物保护规划》，实行文物保护责任制，开展文物保护"安全年"活动，给公安局增加编制，成立文物缉私队。这些工作直接向世人宣誓了政府对文物保护工作的态度，成为文物部门和广大人民群众依法保护文物的强大靠山。

（二）建立专职文物执法队伍，严厉打击各种文物犯罪活动

赤峰市政府为打击文物犯罪而给公安局增加 50 个编制建立文物缉私队的做法，在一定程度上弥补了该市由于文物保护的人力、物力和财力不足造成的被动局面。50 个编制被分配在市区和全市 12 个旗县，这些警员的主要任务就是专门办理文物案件。专业队伍的成立，使警员们有时间建立各类文物案件档案，物色特情，掌握文物犯罪规律，了解国内外文物犯罪集团的作案方法和手段，并学习文物常识。当文物案件发生后，他们就能及时迅速的侦破案件。文物缉私队成为赤峰市一道文物保护屏障，对文物保护工作起到了巨大的推动作用。

三、古墓葬保护中存在的主要问题

赤峰和内蒙古的大部分盟市一样，位处祖国边疆，具有文物分布广，地域辽阔，草原面积大，人烟稀少，气候恶劣，经济落后及交通不便等特点。这一特点决定了赤峰的古墓葬保护存在几大难点：

一是文物保护人员投入不足。分布众多的文物增加了看护难度，它需要大量的人力，而赤峰的经济等条件限制了人员的投入。如巴林右旗的土地面积是 10000 平方千米，有古遗址、古墓葬 500 余处，其中的古墓葬就有 200 多处，仅一个辽代皇家陵墓庆陵就占地 52 平方千米，这里的文物保护任务是由旗博物馆承担的，可旗博物馆只有 19 人的编制。宁城土地面积 4300 平方千米，文物点 1000 余处，

文保所和博物馆仅有正式人员 17 名。少量的管理人员与大量的管理对象存在明显的反差，在遇到文物被毁、被盗时，往往出现管理真空。

二是文物保护人员与文物犯罪分子的较量中，文保人员所运用的技术手段始终处于下风。目前往往犯罪集团大多具有国际犯罪背景，实施犯罪时一般是集团化，他们大部分以家庭为主，纠集一些亲属，少到几人，多到十几人共同犯罪。他们装备有精良的交通工具、通信工具、盗窃工具和野外作案的生活用具。为了适应草原条件，犯罪分子一般都开着日本产的越野车，用手机、对讲机和 BP 机等进行联络。盗掘时利用现代化的金属探测仪和洛阳铲相结合的手法确定墓穴位置，然后根据不同的土质采用爆破或挖掘。而文物保护人员中，基层的文物保护员基本没有通信工具，交通工具也仅仅是马匹。专业文物部门的文保所等也没有配备手机、对讲机和机动交通工具。如 1997年以来，不法分子多次开着吉普车、卡车来到巴林右旗境内的国保单位，辽代皇帝陵墓庆陵，用不同方法对墓葬进行了疯狂的盗掘。庆陵距旗博物馆约 200 千米，开汽车需走 3 个半小时的土路，然后还要步行 1 个半至 2 个小时穿越丛林。由于它处于无人烟的半山区，冬季冰封雪冻，夏季林缠树绕，蚊虫成群，只有在春秋两季才能靠近（因人无法生存，旗博物馆在距庆陵 50 千米的辽白塔设了一个 3 人文保所，但从这里到陵区也需近 3 个小时）。有一次，文物部门得到了庆陵被盗的消息，当他们雇好交通工具赶到出事现场时，已是几天以后的事了，犯罪分子早已裹胁着文物逃之夭夭。文物保护人员简陋的装备与文物犯罪集团精良的装备形成的巨大反差严重制约着古墓保护工作的有效进行，不利于及时制止各种文物犯罪活动，增加了古墓葬等文物被破坏的危险性。

三是文物经费投入不足，古墓葬保护难以落实。各级人民政府将文物保护经费纳入财政预算是文物法的基本要求，但在这部法律颁布近 20 年来，一些老、少、边、穷地区，文物保护经费仍然不能全面落实。包括赤峰在内的内蒙古自治区是我国贫困地区之一，经济不发达，财政困难，国家要求的"五纳入"在这些地区基本无法执行。区

课题组在内蒙古宁城黑石沟遗址了解保护情况

文化厅每年只有文物保护费80万元,赤峰市1997年前没有文物经费,1998年市财政才开始安排了约20万元文物经费,而且是一年一预算,随意性比较强。经费不足使一些业余文物保护组织形同虚设,导致专业的文物部门消息不灵、信息不畅,打击文物犯罪倍受影响。包括旗县在内的赤峰市有业余文物保护员2000余名,但市、旗县既没有固定经费,也没有奖励费,由于缺少激励机制,激发不起保护员的工作积极性,保护员的作用发挥的较差。市县级财政对文博单位只有人头费,几乎没有开展工作的业务费,使这里的古墓保护和打击文物犯罪工作处处捉襟见肘。因资金缺乏,在不得已的情况下,市政府曾给公安部门一个政策,规定打击文物违法犯罪过程中的罚款可以不上缴,抵顶办案经费的不足。根据其他地区的一些经验,这样的规定势必会出现抓人、罚款、放人和再抓、再罚、再放的严重局面,容易形成司法腐败不利于打击文物犯罪和文物保护工作,相反还会刺激文物犯罪分子变本加厉地疯狂实施犯罪,对文物造成更大的损害。

四、调研建议

（一）《中华人民共和国文物保护法》及其《实施细则》

规定的"四有"之一，建立专门的文物保护管理机构或者聘请文物保护员保护文物是最直接、最有效的方法。在赤峰的一些地方，之所以发生古墓葬被盗案件，是与文物保护组织不健全，文物保护员的作用发挥不够有关。如市保单位，属于夏家店上层文化的宁城黑石沟遗址，古墓葬以外 200 米处就是村庄，这里已多次发生古墓葬被盗案件。如果这里的文物保护组织，尤其是文物保护员的作用发挥得当，古墓被盗完全可以避免。当地群众对自己周围的一草一木非常熟悉，责任田里的任何细微变化逃不过他们的眼睛，只要他们能向文物、公安部门通报消息，文物犯罪的盗墓行为绝难得逞。目前，许多地方放松了对文物保护组织和保护员的管理，原因之一是认为它是计划经济的产物，在社会主义商品经济的条件下，这一工作既难搞，又过时。其实不论是计划经济时代，还是社会主义商品经济时期，人民群众的道德观念并没有太大改变，人民群众对文物犯罪始终疾恶如仇，如果我们能够稍微改变工作方法，在我国经济状况好转的情况下，利用经济杠杆，激励保护员的热情，社会主义商品经济条件下同样会起到意想不到的效果。因此，各级政府、文物文化部门重新抓好文物保护组织和保护员队伍建设，建立群众保护网是祖国文物免遭浩劫的最有效的手段。

（二）提高科技防范能力，加强技防投入

在巩固人防力量的同时，运用科学技术手段，辅助保护古遗址、古墓葬，提高保护效率。像赤峰这样的边疆地区文物分布广，地域辽阔，草原面积大，人烟稀少，气候恶劣，经济落后、交通不便，冬季时这里的许多地方人根本无法生存，大量的遗址、墓葬完全依靠建立文物保护组织和文物保护员保护既不现实，也不可能。但如果运用现代科技与人员相结合共同构筑防线，可起到事半功倍的效果。首先，利用与国家地震局地壳所共同实验成功的震动监测设备埋藏在保护区内，用少量的人力，监视大范围的地区，发现问题及时采取措施。

其次是根据不同的环境条件,在人迹罕至的古墓保护区以外的必经之路设置电视监控系统,监视不法分子车辆的出入。如巴林右旗的庆陵、怀陵都可以采用这两种手段辅助看护。

(三)加强与相关部门的合作,共同保护文物

赤峰一些旗县的古遗址和古墓葬都在国有林场和牧场的范围内,但这些林场和牧场大部分又直属自治区或更上一级的林业部门领导。根据文物法"一切机、组织和个人都有保护文物的义务"的原则,上级政府应协调好有关方面的关系,促使这些单位与文物部门一道,共同保护好辖区内的文物。

(四)建立专业文物执法队伍

与公安等部门磋商,落实1997年国务院《关于加强和改善文物工作的通知》中关于在大的文物开放单位和文物犯罪多发区建立文物公安派出机构的指示,形成专业的打击网络,使打击文物犯罪工作真正落到实处。

(五)加强文保人员的装备建设,增强抗击文物犯罪的能力

应当放宽当前各级政府财政部门在文物经费拨付中的项目,适当增加对文物保护人员的交通工具、通信工具和自身安全防护能力等投入,使他们在与文物犯罪集团的斗争中立于不败之地。国家文物局与财政部协商,把增加安全装备列入专项补助项目。同时,根据不同情况,对一些重点地区给予补助。另外,国家文物局可在文物安全装备投入方面,制定硬性的政策,要求全国执行。

课题组参加调研人员有李晓东、刘铭威、隋卫星、李宝才。

(原载李晓东主编《文物保护单位防范体系研究》,学苑出版社,2007年)

邯郸市古墓葬保护工作调研报告

邯郸为赵国古都，国家历史文化名城。2002年5月11日至18日，由《文物保护单位防范体系研究》课题组一行两人在课题组负责人李晓东的带领下赴邯郸市的涉县、磁县和邯郸县，先后实地调查了全国重点文物保护单位娲皇宫、八路军129师司令部和北朝墓群，参观了邯郸市博物馆，重点对古墓葬的保护情况进行了实地考察和调研，调研期间共召开了两次座谈会，从古墓保护制度、具体做法和存在的问题等方面听取了当地政府、文化局、文物局、文管所和文物保护员的情况介绍，与他们共同交换了意见。此次考察、调研活动得到河北省文物局的大力支持。

邯郸位处河北省的南部，战国时期为赵国都城所在地，这里历史悠久，文化积淀深厚。在1.2万平方千米的土地内，保存有丰富的文物资源。据统计，目前全市有不可移动文物保护点1500余处，其中全国重点文物保护单位9处，省级文物保护单位97处，市、县级文物保护单位450余处。有馆（库）藏文物约40000件，其中三级品以上珍贵文物2298件。邯郸文物分布点多面广，且大多位于田野、山岭之中，保护任务繁重。从20世纪80年代开始，盗墓之风吹到邯郸，包括赵王陵和北朝墓在内的古墓多次被盗掘。为刹住盗墓，保护好国家的文化遗产，邯郸市实施了一系列古墓葬保护措施。这些措施在古墓葬保护和预防古墓葬被盗方面提供了极其宝贵的经验。以下将他们的做法介绍如下：

一、古墓葬保护的基本做法

邯郸的古墓葬非常集中，尤其在邯郸县和磁县，分布有全国重点文物保护单位赵王陵和北朝墓群等。赵王陵是战国时期赵国的王陵，目前有五座陵台，分别坐落在邯郸市西北部 10 千米的邯郸县和永年县交界处的三陵乡、工程乡和温窑村。北朝墓群是东魏、北齐时期的皇家贵族墓地，分布在磁县全境，现存墓葬 134 座，其中有封土的77 座。这些分布面积广，而且十分珍贵的古墓一直是文物犯罪分子觊觎的目标，周围省份一些盗墓分子经常到此盗墓，但由于措施得力，盗墓往往被消灭在萌芽中。

（一）把古墓保护纳入党委、政府工作

邯郸市委、政府对古墓葬的保护工作十分重视，将古墓葬保护工作列入了重要议事日程，实行"官职官责"。经过市委、市政府的深入谋划，确定了包括赵王陵在内的全市文物保护"七大"工程。这些文物保护重点工程的顺利开展，对全市文物保护工作起到巨大的示范和带动作用。1997 年后，市委、市政府围绕古墓被盗情况，多次召开全市文物工作会议，下发关于加强全市文物保护工作的文件。同时，市政府一把手还亲自听取各县（市）区一把手汇报文物安全工作，大大推进了各县（市）区古墓葬保护工作。

（二）加强地方立法，确定专项保护

为适应新形势，依法加大古墓葬保护力度，市人大制定了《邯郸市文物保护管理规定》，并于 1997 年 10 月经省人大常委会审议批准、公布施行。2000 年初，市政府在充分论证的基础上制定了《邯郸市城市总体规划》（第三期），其中辟专章对北朝墓群和赵王陵等重点文物保护单位的保护提出了明确要求。这些地方文物法规、文件的制定和实行，使邯郸市古墓葬的保护在文物保护法的原则规定下更具可操作性。

（三）建立了专业与群众相结合的文物保护网络

国务院《关于加强和改善文物工作的通知》规定：要建立以国家保护为主并动员全社会参与的文物保护新体制。邯郸市在古墓葬保护

工作中，一方面强化了文物保护的政府行为。按照国家、省、市文物
法规规定，各级政府切实担负起文物保护的各项职责。市政府从 1997
年起与全市 19 个县（市）区政府签订了《文物安全保护管理责任书》。
各县（市）区政府、乡（镇）政府、村委会、文物保护员层层签订了
《文物安全保护管理责任状》。这里有几种情况，一是由县政府与乡
镇政府，乡政府与村委会签订责任状；其次是县文化局与乡镇政府，
乡镇政府与派出所签责任状。还有就是乡镇政府与村委会，村委会与
文物保护员签订责任状。同时各县人大、政府、法制办等有关部门成
立了文物保护小组，乡镇也成立了同样的组织。这些工作保证了政府
保护文物责任的到位。另一方面是建立完善了一支基层文物保护员队
伍。古墓葬大多位于田野、山岭之中，保护管理十分困难。市政府下
发了《关于加强我市文物保护员队伍建设的意见》，规定全市市级以
上重点文物保护单位要有专（兼）职文物保护员看护，并制定了保护
员工作制度，明确规定对市级以上文物保护单位，要在就近的村确定
1 至 2 名文物保护员，正式颁发聘书，要求发给每个文保员每月不低
于 60 元的报酬。同时，要求每一个文保员切实负起责任，加强文物
安全巡查，发现问题及时上报，如古墓等文物失窃要追究责任。2000
年 12 月 20 日市政府下发了《关于进一步加强文物保护员队伍建设的
通知》再次明确了文物保护员的条件、职责、待遇，还规定了评比和
奖励的条件。到目前为止，全市共聘用文物保护员 510 余名。

课题组在河北邯郸磁县文物保护管理所与保护员座谈

邯郸把保护员队伍的建设看成保护古墓最基础最有效方法。文物部门在物色保护员时十分用心，一般选择积极性高的老党员、老村支书和退休教师及田地承包人充当保护员。市文物局给保护员发放保护员证，并在市文物局备案。为调动保护员的积极性，磁县政府、文物部门规定允许保护员无偿耕种古墓周围已收归国有的土地，作为看护文物报酬、补偿。耕种这样的土地每亩能打1000多斤粮食，保护员认为很合算。每年年底文物部门都要召集保护员开表彰会。邯郸县的文物部门非常注意与保护员的感情交流，他们每个月召集保护员开一次例会，进行座谈、交流经验、交流感情。许多保护员感到有政府作后盾，有组织的关怀，保护古墓是一种非常光荣的工作。于是在磁县出现了70多岁的杨存老汉看护古墓大冢，他的儿子、儿媳也参加到护墓行列的感人故事。由于文物保护员的积极性得到了最大的发挥，近几年许多盗墓活动的信息都是文物保护员及时提供的。我们在磁县座谈时，曾碰到一位农妇前来报告某古墓周围发现可疑情况的场面。保护员在保护古墓，及时有效地打击盗墓活动中起到了决定性作用。磁县三年共接到包括保护员在内的报告60余起，破获盗墓案26个，87名盗墓者被判刑。前几年发生的邯郸县赵王陵2号墓被盗大案及永年县发生的几起文物盗掘案件，都是文物保护员发现后报告公安、文物部门及时破案的。

二、古墓葬保护的主要经验

（一）领导支持

邯郸市委、政府、人大以及县、乡级政府非常重视文物保护工作，在工作中切实将文物保护工作列入了议事日程。这种重视文物保护工作的传统除来源于根深蒂固的古文化影响，另外来自于盗墓带来的惨痛教训，疯狂的盗墓曾使探索赵文化最有力的实物材料遭到灭顶之灾，如果遗留到现在的古文化遗产损失在这代人的手里，那就上对不起祖先，下愧对子孙，因此邯郸的各级领导下决心保护文物。市政府下发古墓保护工作的文件都极具针对性，如邯郸市政府印制了《邯郸市人民政府文物安全保护管理责任书》，包括安全保护目标、督促检查、考评与奖励七项内容在内的责任书由市长与区县长签署。市政府《关于进一步加强文物保护员队伍建设的通知》是一项关于具体指导保护员工作的重要文件，它规定翔实，操作性强，正确的指导了辖区内的保护员队伍建设。各级政府及领导的支持使古墓保护工作十分顺畅，对古墓构成威胁的活动基本能得到控制。

（二）基层文物保护组织到位

邯郸在保护古墓工作中的一条最重要的经验就是发动群众保护古墓。群众是真正的英雄，只有群众积极地参与护墓，古墓才真正得以保护。邯郸的各级政府、文物部门采取了多种方式物色保护员，并特别注意发挥他们的积极性，使他们的热情很高，工作十分努力，成为政府、文物和公安部门的眼睛，为有关部门掌握墓葬保护情况，防止被盗，打击文物犯罪立下了汗马功劳，基本保证了全市的古墓安然无恙。

（三）与相关部门协调好关系

打击文物犯罪是公检法等有关部门的工作任务之一。邯郸的文物部门与公安部门的派出所、110建立了良好的工作关系，只要保护员等报告案情，这些部门都能保证及时出警，迅速布防，震慑文物犯罪。

课题组在河北邯郸了解张庄桥汉墓保护情况

三、古墓保护工作中存在的主要问题

邯郸市的古墓保护工作，虽然取得了较大成绩。但也存在一些不可忽视的问题。突出表现在以下几个方面：

（一）古墓葬安全形势仍不乐观

由于邯郸市南邻豫北，西靠晋东南，一些文物案件情况说明，周围省份的犯罪分子始终把邯郸作为盗墓的主要目标，古墓安全依然面临严峻的形势。

（二）对古墓保护重要性的认识还不平衡

部分县（市）区领导和有关部门也存在对古墓保护认识的差异，这在一定程度制约着护墓经费的投入。

（三）部分县（市）区文物机构不健全，文物保护专业人员不足，不能适应古墓保护形势的需要

建立、健全基层文物保护组织、发挥群众保护文物的作用，仍是一个长期的工作。

四、调研建议

（一）建议国家文物局与公安部等部门联合

在一些文物犯罪重点省份持之以恒地开展打击盗掘古墓葬犯罪活动，清理古墓葬等文物保护的环境。

（二）加强科技保护能力

邯郸的古墓葬大部分处于平原，有利于科技保护设备的应用。邯郸市已具备良好的文物保护环境。面对犯罪分子经常运用挖地道和爆破的方法盗掘古墓，如果国家把一些科技保护的手段运用到这里，古墓保护更会如虎添翼。它会完全置于政府和群众的保护之下，把损失降到最低程度。

（三）制定保护员政策

保护员是文物保护最基础、最重要的手段。国家应制定一个关于保护员的政策规定，这个规定应该是内容翔实，具有可操作性，从保护员的数量、分布、职责、权利、义务以及经费补助方面作出规范要求。

课题组参加调研人员有李晓东、李宝才。

（原载李晓东主编《文物保护单位防范体系研究》，学苑出版社，2007 年）

山西省古代寺庙塑像及古墓保护工作调研报告

位于黄土高原上的山西省，历史悠久，文化发达，是晋文化的发源地。2002 年 9 月 6 日至 13 日，由《文物保护单位防范体系研究》课题组一行三人在课题组负责人李晓东的带领下赴山西的太原、忻州、晋中、临汾、运城市及五台、定襄、平遥、介休、灵石、洪洞、曲沃、侯马、新降、稷山、万荣、夏县，先后实地调查了全国重点文物保护单位净因寺、窦大夫祠、南禅寺、佛光寺、广济寺、晋祠、双林寺、平遥古城、镇国寺、后土庙、资寿寺、曲村西周晋侯墓、福圣寺、青龙寺、东岳庙、稷王庙、关帝庙、司马光墓，以及省文物保护单位回銮寺、王家大院、苏三监狱、铁佛寺、佛阁寺（大佛寺）、舜帝陵等保护情况，参观了山西省侯马考古工作站、运城盐湖区博物馆等，重点对古建筑内的塑像、壁画和晋侯墓的保护情况进行了实地考察和调研，调研期间共召开了八次座谈会,从对古建筑内的塑像、壁画和古墓保护制度、具体做法和存在的问题等方面听取了当地政府、文化局、文物局、文保所部分人员的情况介绍，与他们共同交换了意见。此次考察、调研活动得到山西省文物局的大力支持，省文物局王义民处长、王晓东同志陪同参加了考察、调研。

山西是中华民族发祥地之一，历史文化遗存极为丰富，目前，发现地面不可移动文物点 3500 余处，已公布的文物保护单位 6018 处，其中全国重点文物保护单位 119 处，居全国第一位，省级文物保护单

位 351 处。另外有各类博物馆 72
个，藏品 50 多万件，包括珍贵文
物 20 多万件。大同、平遥、祁县、
代县、新绛是国家级历史文化名
城，平遥古城、大同云冈石窟被
列入世界文化遗产名录。山西的
文物不仅在数量上居全国前列，
而且品类齐全、价值高。尤其是
上迄唐代，下至清朝的古代建筑，
保存了二万多处，居全国第一位，
被称之为"中国古代建筑宝库"。
而建筑内的彩塑、壁画数量也居
全国第一位，部分作品代表了中
国古代彩塑艺术和壁画艺术的最

课题组考察山西净因寺内的物防设施

高水平。曲沃的周代晋国古墓遗址在研究晋文化的过程中具有举足轻
重的地位。但是，从 80 年代开始，国内外一些不法分子相互勾结，
大肆盗窃和武装抢劫古寺庙内的彩塑文物，盗掘山西省的古墓葬，然
后将盗得的大量珍贵文物偷运出境牟取暴利，出现了侯林山、郭秉霖
为首的带有黑社会性质的盗掘、走私文物犯罪集团。文物犯罪活动使
山西的文物遭受严重破坏，造成无法弥补的损失，许多文物被走私出
境，造成了极坏的社会影响。疯狂的文物犯罪引起了山西省委、省政
府的警觉，从 1994 年开始，山西组成了由省法院、省检察院、省公
安厅、纪检、政法参加的专案组，依法严肃处理了侯、郭两个大的文
物犯罪集团。同时，为改变古建筑内的彩塑和古墓葬频频被盗的不力
的局面，加强古墓葬保护，省文物局以及基层文物部门实施了一系列
保护措施。这些措施不但在当地行之有效，还可以为全国各地预防古
建筑内的彩塑被盗等方面提供宝贵的经验。山西省的基本做法和经验
如下：

一、古建筑内附属文物保护的基本做法

山西省的许多古建筑内有唐以来的彩色泥塑，这些文物造型优美，形象逼真，色彩艳丽，是不可多得的艺术珍品，因此它成为文物犯罪分子觊觎的重点，1993 年 12 月 25 日，犯罪分子将灵石资寿寺的明代 18 罗汉头盗走卖到了台湾等地（后由台湾震旦集团董事长陈永泰先生重金购得，并捐赠回归，现文物已修复）。因此，山西省的安全防范任务十分繁重。近年来，山西把文物安全视为文物保护工作的生命线，一手抓防范，一手抓基础建设，在资金短缺，基础设施差的情况下，采取了一系列相应措施加强防范。

（一）加强组织建设，将安全保卫工作纳入法制化的轨道

在省委、省政府的直接领导下，省文物局把原机关保卫处变为文物安全督察处，扩大了职责范围并赋予了全省文物执法监督的职能，使之在指导、督促、检查文物安全工作中更具法律效力，增强了执法督察的力度。2000 年 9 月，山西省公、检、法、司、纪委、工商、海关、铁路、民航、财政等 16 个部门联合成立了"山西省打击文物犯罪领导组"，办公室设在文物局。这个机构的成立，对打击全省文物犯罪起了很大作用。省文物局成立了文物行政执法责任制领导小组，制定了实施方案和《行政执法岗位责任制度》等 8 项制度，明确了文物执法的指导思想、执法范围、执法依据、执法主体及目标要求。同时还制定了有关行政执法责任制度，并将其上墙公示。这些制度规范了行政行为，使文物行政执法工作步入了正规化和法制化轨道。按照国家文物局"十五"规划的总体要求，拟定了全省文物建筑技防"十五"规划，根据这个规划，到 2005 年，全省文博单位的整体防护能力将有很大增强。拟定并试行了《山西省文物单位安全技术防范工程管理办法》等工作规定，使监督、管理有章可循。几年来，全省狠抓了安全管理五项制度的落实，强化了管理，增强了责任意识，将单位一把手是单位第一责任人制度落到实处。

（二）增加技防设施投入，提高技术防范的力度

山西南禅寺内需要保护的唐代塑像

1992 年，公安部和国家文物局制定了《文物系统博物馆风险等级的规定》，该规定主要针对博物馆的特点而制定的一个技术防范要求。针对山西文物建筑多数地处偏远、人烟稀少，安全保卫难度大的特点，除继续按以人为本的传统看管方法外，自 1998 年开始，山西着重加强了技防设施的投入，引进博物馆防范的技术要求，先后为包括古建筑在内的 150 多个文博单位安装了报警装置。具体做法是：在有围墙的古建筑周围铺设泄漏电缆或主动红外报警，这些周界报警，从外围构成了第一道防线。同时在古建筑屋外的院内，由摄像镜头组成的监控系统构筑了第二道防线。另外就是在有条件的古建筑门窗上安装了门磁断线报警。最后就是在古建筑内部安装了摄像机镜头和红外、双技术报警探头。它们都由控制室内的微机主机控制，有些还有声音复核系统。这些现代化的设备由外及里，纵深防预，层层布防，构成了技术防范体系。

另外在当前文物犯罪十分猖獗的特定环境下，山西省文物局还向全省有彩塑的地方提出物防要求，要求在古建筑的大殿内安装铁栅栏，将彩色塑像隔开，尤其在技防力量不完备或没安装技防设备的地方必须安装铁栅栏。调研组在净因寺、佛光寺等寺庙看到了焊接牢固的钢筋栅栏。

技防、物防的加强，增大了防盗、防抢劫的能力。实践证明，这些设备在防止文物犯罪过程中起到了重要的作用。2002年3月8日晚，10几名犯罪分子携带作案工具，来到了太原郊区净因寺，推倒了寺院围墙，用刀子逼住值班人员，剪断了电源线和电话线。当他们准备打开殿门实施抢劫时，报警器开始报警，盗窃未遂。1999年，犯罪分子先后14次到新绛县的福胜寺，正是由于报警器及时报警才阻止了文物犯罪行为。同时这些设施还协助保管人员当场抓获了部分作案者。有一次，犯罪分子来到运城解州关帝庙实施盗窃时，由于铁栅栏的阻挡，犯罪分子半个小时也没把铁栅栏打开，后被保卫人员发现，文物安然无恙。

（三）政府和群众共同保护，制定实行"四级责任制"

为使安全保卫工作由部门行为转变为政府行为，并将其纳入社会治安综合治理的范畴，形成全社会关心保护文物的良好风尚。1999年，山西省在吕梁地区召开了"全省文物安全保卫四级责任制现场会"，推广了吕梁地区以及曲沃、侯马、新峰等县市建立文物保护"四级责任制"的经验，即县政府、乡政府、村委会、土地承包人"四级责任制"，通过层层签订责任书，使《文物保护法》规定的"当地政府保护本行政区域内的文物"的法律意识进一步增强，把文物保护和安全工作落到实处。

在此基础上各市县因地制宜地创造出了种种有效的保护方法。如运城市规定，凡省级以上文物保护单位，可以成立文物保护小组。全市共有这样的文物保护小组30个。对省级以上文物保护单位，市政府与市文物局，市文物局与县文化局，县文化局与村主任，村主任与文物保护员签订多层文物保护协议。县级文物保护单位一般由县政府或县文化局与乡镇长直接签文物保护协议。协议一年签一次。市文物局每年拿出22000元补助全市的1500个文物保护员。同时各县在每年年底都要召集保护员开表彰会，对50个保护员和10个文物保护小组给予100元的物质和颁发奖状的精神鼓励。目前全省基本形成了文物保护"四级网络"并容"人防、技防、犬防"三位一体的防护体系，形成了政府、组织、个人自觉保护文物的思想意识。运城、临汾等地组建了专门的文物执法队，晋中等市成立了"打击文物犯罪领导组"等等，地方政府主动将文物安全保卫工作纳入了社会治安综合治理的范畴。

（四）严厉打击文物犯罪活动

临汾和运城是山西文物犯罪十分猖獗的地区，由于种种原因，襄汾、侯马、新绛、闻喜等县是文物犯罪分子主要聚居地。从 1994 年开始，山西省在临汾、运城开展了打击盗掘古墓葬犯罪活动的专项斗争，尤其在 1995 年将侯林山、郭秉霖两个大的文物犯罪集团的 10 名主犯处决，26 名从犯也受到相应的严惩。接着又查处了郑晓林文物犯罪集团。这些活动不仅沉重打击了文物犯罪分子的嚣张气焰，保护了祖国宝贵的历史文化遗产，而且维护了法律的尊严，教育了广大的干部群众。

二、古墓葬保护的基本做法

晋侯墓位于曲沃和翼城县的交界处，主要部分在曲沃县的曲村，它是西周、东周时期的晋国的侯墓及贵族墓（邦墓），共有墓葬 20000 余座，分布在东西 3800 米，南北 2800 米，11 平方千米的范围内，涉及两县 4 个村，其中一个村在翼城县。从 20 世纪 80 年代初，犯罪分子就开始运用挖地道的方法盗掘这些古墓，后来又发展到运用爆破技术炸开古墓进行盗掘的严重局面，侯、郭两个大的文物犯罪集团均把这里作为他们盗掘的主要目标，晋侯墓遭受到了史无前例的浩劫。面对严峻的盗墓形势，山西省开展了打击盗掘古墓葬的专项斗争，并取得了重大胜利。曲沃等县采取了许多方法，齐抓共管。首先是建立了三级保护网。县里成立了文物保护委员会，有关的乡镇建立文物保护协调组，协调古墓葬保护出现的问题，在此基础上县政府与镇政府和村委会共同承担古墓保护责任，签订了县、乡（镇）、村三级文物保护责任书；其次是公安部门承担古墓保护任务。曲沃县公安局刑警三队负责看护晋侯墓，曲村派出所负责看护邦墓。这是动用国家机器保护祖国历史文化遗产的一种尝试；还有就是在曲村成立文物保管所。其任务是既要管理和保护晋侯墓，又要管理周边的文物保护单位。最后就是在村镇设文物保护员。晋侯墓周围共设了 5 个保护员，分别设在曲村镇和周边 4 个村。其任务主要是向文物部门和公安部门报告古墓保护中出现的问题。

闻喜县有省保单位春秋、战国时期的邱家庄墓地和汉、唐、宋时期的裴氏墓群。在传统护墓的基础上，闻喜县公安局成立了配备冲锋枪的武装巡逻队，而且特批了 10 个编制成立了文物派出所。这里还形成了两条保护线。县政府与乡镇长签订文物保护责任状，县公安局与派出所和村治保主任也签订有责任书。

三、古建筑内泥塑文物及古墓葬保护的基本经验

调研组认为：山西对古建筑内彩塑等文物及古墓葬的保护取得了一定经验，一些方法丰富了文物保护工作的内涵，可以为其他省市保护古建筑内的泥塑、壁画等文物提供借鉴。

净因寺物防

（一）把博物馆技防设施与古建筑相结合，创造出了古建筑泥塑等文物保护的技防体系

由于中国传统建筑的布局、建筑风格、建筑材料的原因，人们一般认为，以微机管理为主的现代化的报警、监控设备适用于全封闭的博物馆和封闭的文物库房，而缺少封闭性的古建筑是不适合这种设备。尽管一些地方在古建筑中运用了一些报警装置，但没有形成由外及里，层层设防的纵深防预体系。山西的经验说明，凡是在古建筑内有泥塑、壁画等文物或文物陈列的地方都可以因地制宜地选择博物馆防范体系中运用的技防设备，在古建筑的外围设置周界报警，古建院内安装电视监控系统，在古建筑内安装不同种类的防盗探测器和电视监控镜头，形成了层层设防的技术防范体系。

（二）领导重视，把安全工作列入文物局议事日程

山西省文物局对安全工作十分重视，思想认识高，措施得力，工作力度大。从稳定大局出发，他们牢固树立了安全第一的思想，增强文物安全的责任感、紧迫感，正确处理安全、稳定和发展的关系，不存侥幸心理。充分认识安全工作是文博工作的基础工作。在机构设置、职能的确定和安防设施的经费投入等方面均能重点考虑，把保卫处该设为安全督察处，不仅是名称的变更，更重要的是职能的变化和强化责任，同时每年投入安全经费不少于100万元。除经常强调文物安全的重要性外，还把节假日派人到各市巡查与适时组织检查进行大检查并举施行。这种做法已形成一种制度。年底省局还召开全省文物安全工作会议。省局对文物安全工作的重视，有力地增强了全省文物部门的安全意识，使全省文物安全步入了一个新的阶段。

（三）把文物安全工作与省人大常委会文物执法检查工作相结合

省文物局安全工作注重借助各方面的力量。他们经常向省人大汇报文物安全工作，引起了省人大对此项工作的重视。于是，省人大把文物安全列入文物执法检查的重要内容。2001年3月，王文学副主任带省人大文物执法检查组赴临汾、侯马等地对当地文物安全执法情况进行了检查、调研，收效很好。2002年6—7月，省人大

通过对各市、县文物保护现状和安全形势的分析，确定了安全检查的内容，派出三个组分别对太原、运城、忻州、大同、长治、晋城等六个重点市及其一些重点县、区文物安全工作进行了检查。检查工作领导得力，安排周密，内容全面、细致，效果很好，解决了很多实际问题。

（四）加强了安全督察工作

督促、检查文物安全保卫工作是督察的一项重要职能。通过检查能够及时发现问题，监督各项安全制度的落实，消除隐患。几年来，山西省文物局除在重大节日、旅游季节派人检查外，还有计划地每年安排一次全省文物安全大检查。2002 年 1—3 月，文物局派督察组，先后深入大同、朔州、忻州、长治、运城、晋中、吕梁、临汾等 8 个市、地，共 40 多个县（市、区），对 86 个基层文博单位进行了文物安全大检查，发出《安全隐患通知书》34 份，分别向朔州、忻州、临汾、大同、运城等 5 个市、地政府发出了《关于加强文物安全工作的通知》。5 月份又对省保单位进行了检查。在执法检查中发现的安全隐患及时向当地政府发出了《关于加强文物安全工作的通知》。在检查过程中，还要求分管县长到现场，发现问题能当场解决的当即解决，难点问题要拿出整改措施限期解决。督查使全省的文物部门对文物安全不敢有丝毫的懈怠，树立了安全第一的思想。

四、保护古建筑泥塑等文物及古墓葬存在的主要问题

（一）安全形势依然严峻

由于山西是文物大省，大量的珍贵文物仍然是文物犯罪分子想方设法要获取的目标。山西和河南是利用自制炸药进行定向爆破盗墓的地区，也是首先运用长距离挖地道开展盗墓和盗掘古塔地宫的地区，同时又是武装抢劫寺庙文物十分猖狂的地区。尽管省里和各地市县先后开展了打击文物犯罪的活动，但种种迹象表明，文物犯罪分子赖以生存的基础并未消除。山西省内的文物犯罪重点县和周围省份的文物犯罪集团时刻威胁着全省的文物安全。

（二）安全经费投入少，而且不平衡，安防基础设施滞后的现状仍未从根本上改变

由于经济条件所限，技防设施投入较大，一些贫困县的文物安全经费十分可怜，在保护古建筑泥塑、壁画等文物中，省文物局提倡的利用现代科学技术的报警、监控手段进行纵深防御，层层设防的构想难以完全实现，凡经济条件好，收入高，或由国家、省资助的地方可以较好地实现高科技保护文物的目标。如晋祠和佛光寺是由自筹和国家资助完成的。而大部分地方使用的是被淘汰的单一红外报警，外围没有周界报警，院里和古建筑内更没有监控设施，如有的寺内只有红外报警，功能单一，防范能力差。目前119处全国重点文物保护单位中需要完善技防设施的还有很多，与国家文物局"十五"规划要求还有很大差距，要在2005年完成规划任务，经费缺口还很大。

（三）群众保护组织发展不平衡

尽管山西建立了群众保护组织，组建了保护员队伍，但由于工作力度不同，其效果也有较大区别。运城有保护员1500名，市文物局每年都开展活动，对保护员进行简单的培训，而且经常表彰先进，推动后进，工作开展得有声有色。但个别地方也有文物保护员，自1997年签订过一次保护协议外，至今未续签协议；平时对保护员既没有培训，也没有奖励，文物保护员形同虚设，以至于塑像、古建琉璃瓦件等文物频频被盗。实践证明，文物保护员工作开展好的地方，文物保护一定好，文物被盗案就少，反之作则多。

（四）传统的保护手段必须有科技手段辅助才能有效地保护地下文物

古遗址古墓葬等地下文物一般范围大，远离人的聚居地，山西对它的保护目前仍然是人看人守，但保护人员又比较少。而现在的犯罪分子开展远距离挖地道的方法，并用爆破技术相配合盗挖地下文物，这种盗挖使文物保护人员防不胜防，地下已被掏空，文物被盗走，地面上的人员可能全然不知。因此运用现代化的技术手段与保护人员共同保护地下文物势在必行。

五、几点建议

（一）山西省创造的将博物馆技防手段运用在古建筑保护中形成的纵深防御

层层设防的保护方法，调研组认为这种手段是成功的，它在防止文物犯罪分子盗窃古建筑内的彩塑等文物方面起了重大作用。因此建议国家文物局和公安部等有关部门针对文物系统等经常在古建筑内举办文物陈列以及古建筑内往往有彩色塑像、壁画等文物的现实，吸收山西的成功经验制定《文物建筑室内文物安全防护级别的规定》，要求全国有相同情况的地方执行，建立起文物建筑内文物保护科技防范体系。

（二）加快研发和配备地下文物防盗探测器

随着文物犯罪集团犯罪手段的改进，长距离的挖地道盗掘古墓和古塔地宫，使地面人员难以发现。目前课题组与中国地震局地壳所研制的振动监控报警技术系统为科技保护地下文物找到了方法，这些设备构成地下文物技术安全防范的重要手段。建议在没有地上封土的晋侯墓地作为一种类型进一步试验，进而推广，使保护人员在盗掘分子未察觉的情况下就能侦测到他们的犯罪活动，给保护者按上电子眼，提高保护效果，减少保护人员的风险，并能及时抓获文物犯罪分子。

（三）山西省对有泥塑等文物的古建筑

在围墙周围铺设泄漏电缆，或主动红外报警，古建筑院内安装摄像机镜头组成技防系统，在古建筑内部安装摄像机镜头和红外等报警探头等纵深防范体系是成功的。利用地震波监测报警已进入试点阶段。因此，建议国家文物局向财政部和国家发改委申请上述专项经费，集中解决古建筑内泥塑等文物和地下重要文物集中区文物的安全问题。这是一项功在千秋的保护中华民族重要文化遗产的伟业。

（四）开展案情教育，进行群防群治

近几年，犯罪分子先后在山西、河南、甘肃等地挖地道盗窃地下文物，地下文物保护的形势严峻。在我们的技防探测设备没有普遍配备之前，建议国家文物局向全国下发通知要求各地有地下文物的地方加强对周围群众的案情教育，运用典型案例，让他们提高警惕，注意租赁房屋人员的情况。做到群防群治。经验告诉我们，如果群众工作做得好，任何文物犯罪都逃不过他们的眼睛，发动群众、组织群众、信任群众是文物部门的一个重要的思想和工作方法，没有群众参与保护，再好的设备也不能发挥它应有的作用。

课题组参加调研人员有李晓东、隋卫星、李宝才。

（原载李晓东主编《文物保护单位防范体系研究》，学苑出版社，2007年）

河北省长城保护与管理情况的调研报告

　　河北为古冀州之地，燕赵、中山之乡，元明以来为京畿之地，这里历史悠久，文化发达，地上地下文物十分丰富。目前发现不可移动的文物点12000余处，其中有国保单位88处，省保单位670处，市县级文物保护单位2300处，是名副其实的文物大省。根据国家文物局的立法计划，《长城保护管理条例》作为2003年的立法计划上报

金山岭长城（纪正权摄）

国务院法制办。国家文物局委托中国文物信息咨询中心组成了专门的起草小组，草拟条例文本，为了使《长城保护管理条例》草案制定的切实可行，具有较强的可操作性，按照中心领导的指示，作为条例起草成员，笔者于五月份以来先后到河北省的承德、秦皇岛、保定和张家口市的滦平金山岭长城、山海关长城、易县紫荆关长城和万全县的浪窝沟长城，对当前河北省长城保护管理中存在一些情况进行了实地考察和调研。现将考察、调研情况报告如下：

一、河北省长城状况

据初步统计，河北有燕、赵、中山、秦、汉、北朝长城遗迹四千华里。史书记载：公元前四世纪，燕、赵两国，为了抵御北方部族的侵扰，在国土北部修筑长城。河北现存最早的长城（遗迹除外）是建筑于赵肃侯17年（公元前333年）蔚县松枝口乡山门庄村和南相庄乡九辛庄村的赵国长城。与辽宁、内蒙古接壤的地方，还有蒙恬督军新建在燕、赵长城基础上续建的燕秦长城一道，当地群众称之"土龙"。它自内蒙古入河北的康保、围场、丰宁县后进入辽宁省，长约四百千米。燕秦长城的南面，还有汉代修建的一道长城，自内蒙古宁城入河北承德、隆化、滦平、丰宁县。

另外，河北有明代长城4432华里。它东起秦皇岛市山海关的老龙头，沿着燕山诸峰西行，经过抚宁、青龙、卢龙、迁安、迁西、宽城、遵化、兴隆、滦平、崇礼、怀来、涿鹿、张家口、张北、万全、尚义、怀安等县市，在怀安县的西洋河口转入山西省。同时，还有一条从山西平型关东南的下关进入河北，沿太行山南行，经涞源、涞水，唐县、易县、阜平、平山、井陉、赞皇、内邱、邢台，直达沙河市而终的内长城。河北境内的明长城，修的最长，保存也最好。

河北的长城分布十分广阔，现存里数在长城沿线省市也名列前茅，丰富的长城资源已成为向广大人民群众进行爱国主义、传统教育的无尽源泉，在向世界展示中国的古老文化，提高河北的知名度以及促进对外文化交流，发展河北经济方面发挥着巨大的作用。

二、河北省在长城保护和管理中取得的经验和成绩

20 世纪 70 年代末，80 年代初，国家文物局要求长城沿线的省市做好长城保护工作，制止各种破坏长城的活动，1980 年和 1981 年，河北省人民政府先后两次颁布"关于保护长城的布告"，要求全省采取一切手段，切实加强长城保护工作。经过多年的努力，河北在建立长城保护机构、进行科学研究、加强和完善群众保护组织方面取得了许多宝贵的经验和成绩。

（一）成立保护机构

长城是人类的文化遗产，保护需要由人来完成。成立保护机构是长城得以保护的根本，也是《文物保护法》对文物保护单位管理的基本要求。1983 年 5 月，借全国长城会议和河北省长城联保会议同时在滦平县召开的东风，当时承德地区的滦平县成立了金山岭长城管理处。由于有了专门的管理机构，管理处将长城的保护工作开展得有声有色，到 1986 年初，管理处完成砖跺口至后川口 2240 米墙体整修及部分敌楼修复工程；1996 年，河北易县的紫荆关被国务院公布为全国重点文物保护单位后，易县人民政府加大了对长城的保护，在拒马河北岸三里铺村建立了文物保护工作站，设专人看护紫荆关一带的长城。工作站的设立，使紫荆关长城的保护信息传递的非常快，发现情况可以立即处理。几年来，工作站根据紫荆关长城的保护情况，及时向县政府提出建议，并以县政府的名义下发了"关于加强紫荆关长城保护的规定"。规定发出后，工作站工作人员前往周围乡、镇、村宣传，使当地干部群众的长城保护意识明显增强，过去破坏长城风貌的形势得到遏制。工作站协助紫荆关镇制定了中、长期乡镇发展规划，规定距离长城较近，影响长城景观的机关单位逐渐迁出。目前，紫荆关中学、邮电局已迁往拒马河北，镇政府也做好了迁址的意向。同时，在关城内，工作站严格控制高层建筑城内的建筑不能超过三层。一度制止了水文站建筑超过三层楼的办公楼项目，把电管所盖的楼控制在二层。为使现代建筑与古长城保持协调，文物工作站正在考虑对长城周围原有新建筑的颜色处理方案。

（二）开展"联合保护长城例会"制度，发挥政府保护长城的作用

作为我国最大的一处文物保护单位，长城经过不同省、市、自治区，许多成为省、市、县的分界线。河北一部分明长城与山西、辽宁、天津、北京交界并共有。它是长城的特点之一。这样的情况容易形成两不管或互争开发利用权的问题，为长城保护管理工作造成困难。针对这种情况，1980 年，承德、秦皇岛、唐山（当时的秦皇岛归唐山）所属的宽城、青龙、抚宁、卢龙、迁西、迁安六个县在省、市（地）文化主管部门的支持下，在青龙县召开了联合保护长城会议。会上确定建立"联合保护长城例会"制度。它是有共同保护长城任务的县（市）人民政府履行自己保护长城职责的一种制度形式。参加"联保例会"的主要人员是主管文物工作的县长、公安和文化部门的领导同志。每次例会都是研究保护管理长城中存在的问题，进而制定解决方案。例会制度的好处在于会上研究的工作，各县都能及时贯彻执行。每年有一个参加联保的县主持例会。主持例会的县负责与参加例会的其他县（市）联系，了解上一年例会纪要贯彻执行情况，协调联保县的工作。这样，保护长城的任务不但由文物部门承担，而且也落实到了政府及领导者的身上，充分发挥了县（市）人民政府的作用。

从 1980 年至 1983 年"联保例会"共召开了四次，第三年还邀请了有长城保护任务的二十七个县、市文化局负责人参加。扩大了例会的网络。河北省文物主管部门对"联保例会"的工作十分重视，并给了大力支持。每年例会都派人参加，了解各地长城保护情况和经验，并把一些带有普遍性的做法和经验及时向全省推广。同时，每年都拨出例会经费，使例会正常开展。

"联合保护长城例会"制度开创了协调工作、统一步调保护长城的先例，促使各县及时汇报长城保护管理工作，形成了相互评比，学习先进，鞭策后进，争当先进的良好风气，起到了交流长城保护管理经验，取长补短，共同保护的作用，推动了例会主持县的长城保护工

作，打破了行政区域限制，符合长城保护的工作特点。它不仅适用于县、市之间联合保护长城，而且也适用于乡、镇、村、工厂、学校、街道等部门和单位之间联合保护长城。几年的实践证明，它是一种行之有效、适应保护长城需要的制度。

（三）建立基层长城保护组织，落实保护责任

20世纪80年代初，河北长城沿线的市、县普遍建立了长城保护委员会（或领导小组），由主管文教的县（市）长担任主任委员（或组长），宣传、公安、文化、农林、城建等部门负责同志为委员。办事机构设在文化局或文化馆、文物保管所。同时在有关乡、村建立了相应的长城保护组织，聘请放牧员或护林员为长城保护员。整个80年代，河北共聘请长城保护员约5000名。这些保护员在及时传递长城保护消息，制止各种破坏长城事件的过程中发挥了重要作用。另外文物部门在对长城进行调查的基础上，把长城主干、分支和长城上建筑及附属建筑，如城墙、敌楼、战台、关口、水门、烽燧等等，都进行编号、登记。然后，按照长城所在地的乡和村的地界，由县长城保护委员会把长城分成相应的段落，包给乡和村负责保护管理。并把有关长城的地图、照片、文字记录等编辑成册，复制给乡和村一份，既作为长城现状资料，供学习和宣传之用，又作为分段包干，负责保护长城的现状见证。将长城保护任务落实到乡村干部群众中。基层组织的建立以及保护员、广大基层干部群众的参与一度煞住了拆长城之风，解决了过去三十来年没有解决的问题。

（四）开展长城的科学考察

从1979年开始，根据中央领导同志关于保护长城的指示精神，省文物部门组织力量对全省境内的长城进行调查，为科学保护打基础。1981，省文物工作队成立了长城考察队，首次有组织、有计划地对河北长城进行全面的科学考察和研究。到1987年7月，长城考察队胜利完成了河北省明长城——蓟镇长城的考察任务。第一次实测出蓟镇长城的准确长度。这项考察为河北的长城保护工作提供了大量的科学数字，为科学保护管理长城打下了坚实的基础。

三、当前长城的保护管理中存在的突出问题

尽管河北省在长城保护管理的工作中摸索出了一些经验，并且取得了一定成绩，但长城保护管理是一个长期复杂的系统工程，工作中仍然存在许多突出的问题。

（一）开发性破坏仍未有效制止

长城作为一种重要的旅游资源具有巨大的开发潜能，但长城同样具有文物的一般特性——不可再生性，这就决定了对长城的利用开发必须以保护为前提，轻保护，重开发利用必然会出现无序、过度和破坏性地开发。这种情况从承德滦平县发生的破坏金山岭长城的事例可略见一斑

金山岭长城位于河北省滦平县巴克什营镇东南八千米处，为明代万里长城的一段，全长 10.5 千米，作为古北口防线的一部分，金山岭长城是京师的北大门，地理位置重要，其墙体厚重、敌楼密集、构筑奇妙，为明长城之精粹。

1989 年，以旅游开发为主的金山岭长城管理处，未经文物部门批准，在距离长城不到 300 米处的函龙沟修建陵园，破坏长城景观。1997 年底，经滦平县委、县政府研究决定，原金山岭长城管理处与承德市光大农业开发有限公司联营，成立"承德金山岭长城旅游开发有限责任公司"。公司成立后决定在长城的保护范围内修建连接山上与山下的金山岭长城索道、滑索。他们向省文物局提出申请后，省文物主管部门按文物法拒绝了长城公司的申请。对此，长城公司擅自动工，违法修建金山岭长城索道和滑索。并拆除了两段 80 厘米高的城墙。修建索道和滑索严重破坏了长城的景观和金山岭长城的历史原貌，同时破坏了长城主体。同年，"承德金山岭长城旅游开发有限责任公司"在距长城 20 多米处长城保护范围内开山放炮，修建砖跺口停车场。更为甚者该公司为了把"中国金山岭长城"铜质大字镶嵌在城墙上，又在砖跺楼城墙主体上打眼钻砖，直接对长城造成破坏。

（二）建设性破坏依然存在

位于秦皇岛市山海关区的山海关长城有明长城的东起点老龙头

和万里长城第一关——山海关。作为明长城的精华,具有极高的历史、艺术和科学价值。

1996年10月,为改善区内交通拥挤状况,根据山海关区建设规划,区政府启动了东水关立交桥工程,按工程设计,立交桥南端须穿过天下第一关南侧1800米处的一段长城墙体。1998年3月,山海关区政府以工期紧、任务重为由,召开会议,集体决定对预穿长城墙体进行扩口,拆毁城墙35米,使东水关立交桥南端的环岛路穿长城而过。

山海关长城是国务院1961年公布的第一批全国重点文物保护单位,对其城墙的拆除应报国务院决定。山海关区政府在未履行任何申报手续的情况下,擅自越权批准拆毁35米长城墙体是一起典型的违反文物保护法的事件。拆城墙事件不仅践踏了法律的尊严,而且使祖国优秀的历史文化遗产蒙受损失,在国内外造成了极坏的影响。

（三）基础工作薄弱

从20世纪70年代末到90年代初,河北省为摸清省内的长城底数开展了大规模的长城考察活动,曾准确掌握了一些长城区段的数字,但考察活动未能持之以恒地坚持下来。因此,河北各时代的长城仍没有一个准确的统计数字。

除某些被公布为国保单位的区段建立了记录档案,划定了保护范围、建设控制地带,树立了保护标志,个别开放点建立了保护机构外,大部分区段因未公布成保护单位,基本没有开展"四有"工作。仅在有关市县的文物普查调查表中找到些对长城的少量记录。20世纪80年代中期后,承德、秦皇岛、唐山开展的"联合保护长城例会"制度全面停顿。长城保护员队伍无人管理,保护员自行解散。由于缺少基层保护人员,保护活动停顿,上级文物管理部门就成了聋子、瞎子,造成了长城保护管理消息不灵,信息不畅,各种破坏长城的事件无法及时发现和制止。

（四）管理体制仍是焦点

长城管理体制,涉及文物行政部门能否实施对长城的有效管理。长期以来,由于一些重点区段的长城管理体制不顺,文物行政部门的管理职能受到严重制约。

1983 年，滦平县临时成立了金山岭长城管理处，管理处处长由政府办主任兼任，副处长由文管所所长和政府办后勤科长兼任。1986 年 6 月，金山岭长城对外开放，金山岭长城管理处正式挂牌，处长由政府派专人担任，文管所所长不再兼任管理处副处长，金山岭长城管理处成为政府办直接领导的一个旅游部门，金山岭长城保护与管理工作与文物部门脱离。成立后的管理处多次擅自批准在长城上举行大型活动、拍摄商业影视节目，还同意香港人士表演飞跃长城。法律赋予文物部门的管理职能在这里不起任何作用。1996 年，在承德市政府的建议下，滦平县成立文物旅游局，为正科级全额事业单位。长城管理处变为副科级，自收自支事业单位，隶属文物旅游局。文管所（博物馆）从文化局分离出来，隶属于文物旅游局。但是，长城收入和管理仍由县政府直接管。文物旅游局对金山岭无法行使管理职能。1997 年底，县委、县政府决定，将金山岭长城管理处与承德市光大农业开发有限公司联营，成立"承德金山岭长城旅游开发有限责任公司"，承德方面出资 600 多万元，交给县财政，占股权 60%，县政府以现有资产入股，占股权 40%，合同期 50 年。国家的历史文化遗产成为入股的资产，由企业进行经营。几年来，长城公司在保护范围内修建了滑索、索道、卡丁车、游乐园等设施，扩建了宾馆、餐厅。由于长城公司是企业性质，长城的保护与管理根本无人顾及。县文物部门多次向县政府建议成立专门的长城保护管理机构，由文物部门负责金山岭长城的文物保护与管理工作，公司表示坚决反对。多年来，公司经营，违反文物法的问题长期得不到有效解决。

（五）保护经费不足

长城的保护管理需要大量的经费。曾经开展得有声有色的长城考察活动，因为没有充足的经费保障，在 1988 年被迫停顿下来。20 世纪 80 年代初，河北组建了 5000 名长城保护员，省文物部门每年拿出 5 万元专款开展活动，用于召开表彰会，对保护员颁发奖品等。而后在市场经济迅速发展的过程中，保护员的要求发生了变化，经费数量逐渐增加，政府和文物部门未能及时调整工作方法，在受到经费的制约后，基本放弃了组建多年，而且在长城的保护中成效显著的保护员队伍。

（六）传统破坏仍未制止

在张家口市万全县狼窝沟口一带有一段建于明代宣府镇外边的长城，修筑方式为土石混筑和毛石干垒。新中国成立以后，这些长城历经磨难。1958年大炼钢铁时，沿线各村干部群众拆掉长城的石头建造炼铁炉。60年代，这里作为"反修防修"的前线，修筑了大量的掩体、反坦克壕沟等国防工事。修筑过程中，大量长城石料被拆用。20世纪70年代，兴修农田水利基本建设，又拆用了长城石料。这种传统的破坏长城的行为到了20世纪80年代，因文物保护管理机构建立得到了相对控制。但到了90年代末，这种传统的毁城现象再次出现。2002年，附近的群众发现长城基础内的石料能在粉碎后变成筑路等建筑工程用的石料。于是开始盗挖长城基石，倒卖谋利。据省文物局现场调查，狼窝沟口东侧长城基址被盗挖段1150米。

（七）执法不严

近些年，河北与长城沿线的其他省、市一样，发生了多起破坏长城的事件，有些破坏行为按照过去的《刑法》，已构成破坏名胜古迹罪，应判有期徒刑3-7年。按新《刑法》则以妨害文物管理罪中的故意损毁名胜古迹罪，判有期徒刑5年以下。但许多破坏长城的事件要么是政府行为，要么是对毁坏长城的行为认识不足，在处理毁坏长城案件的过程中，不是避重就轻，就是久拖不办，大部分案件不了了之。由于对破坏长城的行为执法不严、打击不力，起不到以儆效尤的震慑作用，毁坏长城的事件仍然时有发生。

四、调研建议

（一）依法理顺管理体制

管理体制涉及长城是否得以保护的根本，按新的《文物保护法》，依法理顺长城管理体制，彻底查除有关单位在长城的管理、利用中签订的违法协议，整顿长城管理秩序势在必行，在即将制定的长城管理条例中应进一步明确文物行政部门对长城的主管职能,对擅自签订长城使用协议出卖国家历史文化遗产,谋取经济利益的国家工作人员应给予相应的处罚。

(二)加强科学研究

对长城的科学研究需要建立相应的科研机构,恢复以往取得诸多成绩的长城考察工作,作好长城的调查研究,掌握长城的准确长度,针对不同材质建筑的长城遭受到的自然损坏情况进行研究,找出不同的科学技术方法进行保护等。同时还要加强对长城软科学的研究,如长城的管理研究,研究怎样调动当前的人力、物力、财力最大限度地做好长城的保护工作,研究如何运用组织手段保证长城的永续利用等。

(三)增加投入,作好长城的基础工作

长城被列入了世界文化遗产名录,它也应该是全国重点文物保护单位。以前国家只把长城的几个区段公布成全国重点文物保护单位,这几个区段的“四有”等基础工作,比较完备。如果今后一旦将所有的长城明确为国保单位,那么它就会真正地成为全国最大的国家级重点文物保护单位。从春秋到明代,各朝代所修长城总长度加在一起,大约在十万里以上,对它的保护,仅“四有”工作一项,就耗资巨大。各级人民政府及财政部门应当对长城保护经费有所倾斜,否则,保护长城将变成一纸空文。

(四)严格执法,制定执法问责制

近年来,长城屡屡遭受破坏,除了一些人的法制观念淡薄,对祖国历史文化遗产认识不足外,执法不严,违法不究等问题的存在,也在客观上助长了破坏长城的风气。在文物执法过程中,许多破坏长城的案件,当事人要么是当地的党政领导,要么就是经济发展的带头人,对这些人的处理难度大,案件总是不了了之。执法失衡,起不到以儆效尤的作用。

运用法律武器是保护长城的重要手段,针对以往文物执法中存在的问题,文物部门应组建一支专门的文物行政执法队伍并配合司法部

门对破坏长城的刑事案件进行处理。真正做到执法必严、违法必究，这就有必要建立相应的执法问责制，监督文物执法，对破坏长城的案件规定上报制度，上级可以直接督办破坏长城的案件并对执法不利的执法者及其领导进行问责和处罚，使长城的执法严格有序。

陕西省田野文物保护工作调研报告

　　陕西省历史悠久，文化发达，是中华文明的发祥地之一。2003年11月4日至9日，国家文物局《文物保护单位防范体系研究》课题组一行四人在负责人李晓东的带领下赴陕西西安、咸阳、宝鸡市的长安区、三原县、渭城区、礼泉县、凤翔县、岐山县、扶风县，先后实地调查了全国重点文物保护单位汉安陵、阳陵，唐昭陵、顺陵，秦雍城遗址、秦公一号墓，周原遗址等保护情况，参观了长安区博物馆、宝鸡市博物馆、周原遗址博物馆、阳陵遗址墙博物馆，重点对田野文物（指古遗址、古墓葬、古石刻等文物，下同）的保护情况进行了实地考察和调研，调研期间共召开了十次座谈会，从田野文物保护制度，保护机构、保护人员开展工作的具体做法和存在的问题等方面听取了当地政府、文物局、文管所部分人员的情况介绍，与他们共同交换了意见。调研组特别来到渭城区白庙村的安陵文物保管所、礼泉县昭陵文物保管所和礼泉县，与文保所的同志、村里的文物保护员进行了座谈。在周原遗址座谈时，就周原遗址保护工作，听取了北大考古系带领学生实习老师和退休文物干部的意见和建议。此次考察、调研活动得到陕西省文物局的大力支持，省文物局文物处李岗同志陪同参加了考察、调研。

　　陕西省文物资源十分丰富，尤其是田野文物数量众多，这里的田野文物分布面积广泛，而且大部分等级较高。全省登记在册各类文物点35750处，已编入地图集的有21021处，其中古遗址8822处，古墓葬

5699处，古建筑2106处，石窟寺、石刻2494处，近现代史迹901处，近现代建筑158处，其他840处。田野文物数量在全省文物资源中占有非常大的比重。我国古代文化发展鼎盛时期周、秦、汉、唐的都城遗址和大量的墓葬分布在陕西，这些田野文物，均是当时科技、文化发展最高水平的典型代表，具有很高的历史、艺术和科学价值。近些年来，在党中央、国务院确定的"保护为主，抢救第一，合理利用，加强管理"的文物工作方针指导下，陕西省不断加强田野文物安全保护管理工作，取得了一定的成效，各级文物、公安等有关部门密切配合，适时开展文物安全大检查，同时展开打击盗窃古墓葬及文物走私、犯罪活动的专项斗争，使曾经猖獗一时的盗掘和破坏田野文物的犯罪活动在一定程度上得到了遏制。但是，田野文物的保护是一项长期艰苦的工作，盗掘、破坏田野文物的现象时有反复，个别零星的盗墓活动依然存在，甚至在某些地方还十分猖獗。一些单位和群众在基本建设、生产、生活中破坏田野文物的现象也时有发生，全省的田野文物安全保护工作形势依然严峻。为进一步加强全省田野文物安全保护工作，全省实施了一系列田野文物保护措施。这些措施在各地实施过程中，因地制宜，取得了良好的保护效果。为全国的田野保护，提供了极其宝贵的经验。以下是陕西省在田野文物保护中的基本做法，现介绍如下：

课题组在西安渭城区白庙村安陵文物保管所与文物保护协会李凤兰座谈

一、加强制度建设，把田野文物的保护纳入法制化的轨道

《文物保护法》及有关的法律法规，为新时期文物保护工作提供了有力的法律依据，针对全省田野文物保护管理的具体情况，陕西省制定了《关于在农田基本建设中加强文物保护管理工作的决定》、《关于在基本建设中加强文物保护管理工作的实施办法》，《田野文物保护责任书》、《陕西省群众文物保护员管理办法》、《陕西省文物管理所管理办法》、《陕西省文物保护单位消防安全规定》、《陕西省重大文物安全事故行政责任追究的规定》。这些规定对国家、地方以及专业保护人员、业余保护人员的保护责任进行了分解，明确了保护任务和保护责任，如《田野文物保护责任书》规定：各市文物行政管理部门负责本辖区的田野文物保护管理工作，其主要和主管负责人是田野文物保护管理工作的直接责任人，每年签订田野文物保护责任书，层层落实田野文物保护责任。每季度负责对田野文物安全保护情况进行一次认真检查。每半年向当地政府和省文物行政管理部门汇报一次。遇重大问题，立即报告。负责建立健全田野文物保护专业或业余保护机构。在全国重点文物保护单位、重要的省级文物保护单位和文物密集区建立文管所，其他文物点建立群保护组织或由文保员专人负责管理。主动向当地政府申请田野文物保护经费，落实田野文物保护经费和文保员报酬。

为了落实国家和省里的规定，各市又结合本地特点，相继制定规划，颁布实施田野文物保护办法，西安市在2002年制定了《大明宫遗址保护规划》和《汉长安城遗址保护规划》，2003年又制定了《杜陵保护规划方案》，现正在筹划《周丰镐遗址和秦阿房宫遗址保护规划》。宝鸡市向全市下发了《关于加强周原、雍城遗址文物保护的通知》《关于加强在基本建设中做好文物保护工作的通知》《宝鸡市田野文物保护实施办法》《宝鸡市文物考古勘探管理办法》等文件。这些规定，为陕西的田野文物的保护工作提供了法规上、制度上的保障。

二、建立田野文物保护机构

多年的田野文物管理，使陕西省的各级政府和文物管理部门体会到，要想真正把田野文物保护好就必须设立专门的保护管理机构，有人具体负责田野文物的管理工作，否则，田野文物保护就不可能落到实处。从1998年开始，省文物局有意识地在全国重点文物保护单位建立文物保管所，三年内，58处国保单位中设了32个文管所，并准备5年内在89（含2001年公布第5批国保单位后增加了41处）处全国重点文物保护单位中全部设立文保所。为了使田野文物得到进一步保护。2003年，省文物局又在《关于认真做好全省各级文物保护单位"四有"工作的安排意见》中要求，全省继续推进建立健全各级文物保护单位的保护机构工作。全国重点文物保护单位、省级文物保护单位和文物密集区应逐步建立文管所，县级文物保护单位和其他文物点要建立群众保护组织或聘请群众文物保护员负责保护管理。文物保护单位所在县（区）人民政府负责保护机构的批准组建工作。为提高各地的建所积极性，省文物局规定，对新设立的文管所给予10万元的开办补助费，以帮助改善办公、交通和通讯、生活设施。针对以往建立文物保护机构时只栽树不浇水的情况，提出：建一个活一个，活一个用一个的口号。这样，每年省局拿出100万-150万元的建所补助费，帮助各地建立保护机构。

省文物局的经费倾斜政策极大地调动了各地的建所积极性。咸阳市文物局在1999年初，由两名副局长带队，分两组对全市100多处省级以上文物保护单位及部分县（区）级文物保护单位的保护状况进行了为期半个多月的安全检查和情况调查。调查表明，全市85处省级以上文保单位中建立文管所或博物馆的仅占总数的三分之一。而古遗址和古墓葬占了省级以上文保单位的80%，其中帝王陵墓有27座，而且大部分处在远离村镇的荒郊野外，保护任务相当艰巨。由于没有设立文管所，大量的陪葬墓、地面石刻面临着巨大的危险。对此咸阳市文物局提出了在全市文物密集区和案件多发区建立十个文物保护管理所的构想。在省文物局补助经费的影响下，市政府也决定每年拿出24

万元资助各县（区）建所，并要求有关的县（区）政府拿出建所的配套资金，如果县（区）里没有配套资金，就负责征地费。2000年以来，渭城的长陵、安陵，泾阳的崇陵、贞陵，三原的献陵，礼泉的昭陵，淳化甘泉宫遗址，秦都区平陵相继建立10个文管所。文管所建成后，田野文物的安全形势出现了明显的好转。2000年以后未发生田野文物被盗事件，文物大县礼泉连续10年实现了田野、馆藏文物安全年。

在设立文物保护管理所的地区，结束了田野文物无人管理的状况，野外文物的安全得到明显改善。

三、加强群众性文物保护员队伍建设

保护祖国优秀的古代文化遗产是历史赋予炎黄子孙的使命，政府和广大的人民群众都有保护文物的责任，但只有全社会，尤其是人民群众积极参加了文物保护活动，各地的文物才能真正得以保护。因此发动群众参与田野文物保护，是文物行政部门的重要任务之一。为调动人民群众的积极性，省文物局统一颁发了《群众文物保护员证书》，要求各地文物管理部门负责聘任、培训和管理文物保护员，并注意培养群众文保员文物意识。针对以往文物保护员的年龄老化等问题，在省文物局的统一安排下，对原有的8000人的保护员队伍进行了整顿，新确定文保员4300名，同时给保护员建立了档案并放在省局保存，提高了保护员的荣誉感和使命感。几年来，西安市各区县共发展群众保护员670名，为激励文保员的工作热情，他们每年召开群众文物保护员会议，总结经验，表彰先进，定期对群众文物保护员进行业务培训，不断提高他们的工作水平。由于工作得力，群众文物保护员的作用得到充分发挥。例如，在违章建设较多的汉长安城、大明宫遗址保护范围内，经常接到群众对违章建筑的举报，当西安地区田野文物犯罪活动有所抬头时，又是保护员发挥了作用，许多文物犯罪被消灭在萌芽状态之中。

田野文物的安全形势也曾引起了文物所在地人民群众的关心，在各级文物部门的积极宣传和热爱家乡的精神感召下，一些村民自发组

成了文物保护组织。渭城区的白庙村的李凤兰组织本村的农民成立了文物保护协会。白庙村南是汉代第二位皇帝——惠帝刘盈的安陵所在地，周围的从葬、陪葬墓星罗棋布，同时白庙村还是史学家班固、班超、班昭的故里。渭城区计生委干部李凤兰退休后，听到群众反映以及亲眼看见了犯罪分子疯狂盗掘安陵陪葬墓等地下文物的情况后，十分心疼和震惊，从爱家乡的黄土地，爱家乡一草一木，爱家乡的文物古迹这一愿望出发。2002年春天，她组织本村群众成立了白庙村文物保护协会。协会以村干部为主体，吸收群众广泛参与。很快协会就吸收了1000多村民参加。协会吸收的会员一般都是热爱家乡的文物，且能吃苦耐劳，工作认真负责，责任心强，敢于同犯罪分子做斗争，和在群众中德高望重的五老（即老党员、老干部、老专家、老职工、老村民）的人员。他们在文物、公安部门的指导下，逐步形成了一道保护安陵及其附近文物安全的有效防线。他们对安陵的看护进行了明确分工，白天有人值班，晚上有人巡逻，全天候24小时不断人。实行了值班巡逻记卡制，制定了严格的组织纪律。当会员们发现有盗墓贼在陵区周围活动时，便立即通知区文物局、区文物派出所、当地派出所。从2002年5月1日协会成立至今，安陵周围再没有发生文物被盗事件。

四、构筑田野文物保护网络

田野文物的一个特点就是散落在乡间、荒野，大部分与人民群众的日常生活、生产活动有密切联系。要想保护好田野文物必须走国家政府保护与群众保护相结合的道路，形成保护网络。陕西省在建立健全县、乡（镇）、村三级文物保护网上狠下功夫，取得了一定成绩。

全省各地普遍加强和健全了县、乡（镇）两级政府的文物管理委员会或文物保护领导小组的工作。这些委员会、领导小组一般由政府主管领导牵头，各有关部门负责人组成，负责领导和协调本地文物保护工作。将田野文物保护作为当地政府的重要工作，同时把这项工作开展的好坏列入了政府政绩的考核内容之一。

各县在古遗址所在的村组，按责任田进行划分，将田野文物保护责任落实到村民个人。同时在群众中选择文化水平较高，热心文物事业，作风正派的人员担任文物保护员或文物通讯员，这样在陕西省田野文物所在地，由县、乡（镇）政府及有关部门和村（组）干部、责任田农民个人、文物保护员组成了一个强大的田野文物保护网络。

礼泉县地处关中平原腹地，是全省十八个文物重点县区之一，共有古墓葬230余座，各类文化遗址61处，散存石刻190余件，保护任务十分繁重。20世纪80年代至90年代初，文物犯罪分子不断盗掘、盗窃这里的文物。同时当地工农业生产中炸山取石、砖窑取土等活动对田野文物安全也构成了一定威胁。多年来，为有效加强田野文物保护工作，经过长期的摸索实践，县文物部门得出了一个结论，即只有依靠专业组织为骨干，壮大发展业余组织，并发展陵区群众，才能形成群防群治的田野文物保护的强大网络，于是创造出了专业文保员、业余文保员和广大人民群众三位一体的"三结合"式的保护方法。他们先后从昭陵博物馆抽调了专业人员，深入田野文物所在村，采取"墓随地走、地随户走、户有专人"的办法，逐点选定了业余文物保护员，并以村为单位成立了文物保护员小组，壮大业余文物保护员队伍，他们还要求一名文物保护员发展本村5—10名群众参与此项工作。以此为基础，又把附近陵区划成几个区域，由专职文物保护员管理，形成专兼结合的管理格局。1997年以来，专业、业余文保员和人民群众，共报案42起，警方侦破8起，犯罪分子几乎全部落入法网。"三结合"的工作模式的开展，有效地阻止了盗掘、盗窃田野文物违法犯罪活动，确保了田野文物安全，该县连续九年实现了田野文物安全无重大事故的良好局面。

五、陕西田野文物保护的成功经验

（一）陕西省各级党委、政府及有关部门重视田野文物保护

陕西省的田野文物资源十分丰富，这些文物在提高陕西省的知名度，发展经济建设方面具有不可替代的作用。省里始终把田野文物的保护作为省委、省政府及有关部门的工作重点。在工作中正确处理文

物保护与经济社会发展的关系，将田野文物的保护纳入建设西部经济强省战略，纳入全省经济社会发展规划和2010年远景目标，促进田野文物保护与全省经济社会协调发展。西安、咸阳、宝鸡等市在编制和修订当地城市总体规划和经济、社会发展计划过程中，都将田野文物保护作为重要内容列入其中，注意处理好田野文物保护与农村产业结构调整的关系。要求各级党委和政府，积极引导田野文物所在地实施"山川秀美"工程，即在古遗址、古墓葬保护区退耕还林还草，调整产业结构，改变土地用途，发展高新、高效生态农业，使田野文物保护与当地经济建设、群众生活水平提高协调发展。

重视田野文物保护还表现在完善地方性法规，为田野文物的保护提供法律依据。省人大常委会制定颁布了《陕西省文物保护管理条例》《延安革命遗址管理条例》等地方法规。西安市人大制定并经省人大常委会批准颁布了《西安市周丰镐遗址、秦阿房宫遗址、汉长安遗址和唐大明宫遗址保护管理条例》《历史文化名城保护管理条例》；咸阳市政府公布了《秦咸阳城遗址保护管理办法》。这些地方法规和规章强调并解决了"禁止做什么，可以做什么"的问题，提高了操作性，使田野文物的保护有法可依，有章可循。目前，陕西省又将《秦始皇陵园遗址管理办法》《黄帝陵管理办法》等专项法规列入了立法规划，以适应在全面建设小康社会中加强田野文物保护的要求。

另外，由省统筹规划，加强了田野文物保护基础工作，编制了一系列大遗址保护规划。陕西省文物局委托具有专业资质的大专院校和科研院所，先后编制了秦始皇陵园遗址、汉阳陵陵园遗址、唐乾陵陵园遗址、秦阿房宫遗址、汉长安城遗址、唐大明宫遗址、秦咸阳城遗址等总体规划。

陕西独特的文物资源成为全省经济发展的支撑点，因此各级政府就把文物工作放在了一个十分重要的地位。在强化政府责任方面，省政府直接与地（市）、县（市、区）、乡（镇）政府每年都层层签订文物保护责任书，实行政府主要领导负责制，同时，省文物局也与市级文物管理部门签订责任书,市级文物行政部门又与县级文物行政部门签订了文物保护责任书,将田野文物的保护责任落到实处。另外,陕西积极探索动员全社会力量参与大遗址保护的新路子。由当地退休职工和农民群众自发组织成立的咸阳市渭城区"白庙村文物保护协会"有效地保护了汉安陵陵园遗址。

（二）建立了文物安全责任追究制度

为了发现和纠正一切违反文物安全管理的行为,防止出现偏差和失误,提高田野文物的安全系数,陕西省明确了执法责任,落实了执法任务,规范了执法程序。多年来,陕西省始终坚持执法责任、执法任务目标化管理,制定了具体的行政执法责任制,在省市县层层签订目标责任制和文物安全责任书,明确文物安全政府首长负责制。2002年,陕西省人民政府颁布实施了《陕西省重大文物安全事故行政责任追究的规定》。《规定》明确指出:各市、县、区、乡人民政府领导人,各级文物行政主管部门及有关部门或机构、文物收藏单位的负责人和工作人员,对本辖区、本单位重大文物安全事故的防范、发生负有领导责任或者直接责任。负责对涉及文物安全的事项进行审批的政府部门或机构,必须严格按照法律、法规和规章的有关规定和程序进行审查;负有责任的各市、县、区、乡人民政府依照本规定应当履行职责而未履行,或未按照规定的职责和程序履行,致使本行政区域内连续发生重大安全事故的,根据情节轻重,对政府有关领导人给予警告、记过直至降级的行政处分。各级人民政府公安、计划、国土资源、建设、规划、交通等有关行政主管部门未按规定职责协助文物行政部门做好文物安全事故防范工作,造成重大文物安全事故的,根据情节轻重,对部门负责人和直接责任人给予记过、降级直至撤职的行政处分。

由省政府以政府规章的形式制定安全责任追究办法在全国各省尚属首次,为全国各地制定安全追究办法树立了榜样。

（三）完善的田野文物保护机构和保护网络

陕西省明确要求有关部门落实《文物保护法》规定,在全国重点文物保护单位、重要的省级文物保护单位和文物密集区建立文管所，由于编制部门、省文物局和市、县财政部门的支持，从1998年开始设立专门文物保管所的工作取得了成果，89处全国重点文物保护单位中有32处设立了文保所，计划5年内89处全国重点文物保护单位全部设所。陕西省是我国田野文物保护机构建立最多的省份之一。

他们在没有条件设立文管所的地方，设立专业文保员负责管理，同时建立群众文物保护组织，完善专业和业余相结合的文物保护网络建设，发挥群众文保员和文物保护组织在田野文物保护中的作用，在构筑田野文物保护网方面走出了自己的路。

县、乡镇两级政府的文物管理委员会或文物保护领导小组的成立使田野文物的保护管理工作纳入基层政府的议事日程，并成为政绩考核内容之一，推动了田野文物保护管理工作。咸阳礼泉县创建的"三结合"田野文物保护网络，安排文保所、博物馆的专业人员进行管理，实行"一责五制一考核"制度。一责，就是为每个人划定一个区，并与之签订文物保护安全责任书，要求必须随时掌握辖区文物点及业余文保员的基本情况。五制，就是建立巡查记录制度，回馆汇报制度，馆领导定期抽查制度，重大线索报告制度，奖惩制度。一考核就是将平时的定期抽查结果与年终目标考核相结合。同时在田野文物所在的村组，按责任田划分，采取"墓随地走，地随户走，户有专人"的办法，将田野文物的保护责任落实到村民个人，起到了良好的保护效果，因为任何发生在农民责任田的活动都难以逃过农田主人的眼睛。责任田主人加入保护田野文物的行列，极大地提高了田野文物的安全系数。

陕西狠抓文物保护员队伍建设，扩大田野文物保护网点。各地在田野文物所在地的群众中物色文化水平较高，热心文物事业，作风正派的人员担任文物保护员或文物通讯员，担当文物保护的眼线。目前全省共有业余文物保护员4432人。

全省的县、乡镇、村三级文物保护网在田野文物保护工作中发挥了巨大的作用。像陕西这样遍地是文物的省份，一些市县已连续9年实现了田野文物安全年，完全是政府和群众共同保护田野文物的成果。

(四)列支了田野文物保护经费

兵马未动，粮草先行。田野文物保护除领导支持、政策保障、机构完善、人员到位外，保护经费的落实是田野文物真正实现有效保护的基础。2001年陕西省文物局下发文件中，要求各级人民政府设立田野文物保护专项经费，将这项经费列入财政预算，特别是文物相对集中的重点地市和县（区），把田野文物保护经费作为支出重点。陕西省文物局首先身体力行，每年从自筹资金中安排100万–150万元资助地方建立文物保管所，目前省文物局用于田野文物保护的经费达500万元。在省文物局的带动下，各地积极筹措田野文物保护经费。咸阳市财政每年都拨出部分建所配套资金，所出资金占每个建所经费的百分之四十。2000年就拿出24万元支持辖区县区建所。市文物局从1997年开始每两年召开一次文保员大会，表彰50名文物保护员，每人颁发奖金200元，同时还对省保以上保护单位不出问题的县，给主管县长颁发奖金300元。咸阳市三原县是一个经济欠发达的贫困县，财政收入比较困难，但县政府决定将56名业余文物保护员的工资，以每天1块钱的水平纳入县财政预算，每月由财政局用文物保护员费的名义拨到文物旅游局，再由文物旅游局经文物保管所发到56位业余保护员手中。每天1块钱起到了神奇的效果，保护员们并不看重这1块钱，他们认为这是把他们看成是国家文物保护队伍的组成人员的一种表现，由此激发出的使命感和责任感变成保护田野文物安全的强大动力，在维护田野文物安全的过程中格外的认真，因此，近几年，这里的田野文物未出任何安全问题。

经费的注入是陕西省田野文物保护的一条重要经验。它保证了人防物防体系的建设，奠定了田野文物保护的基础。

在周原与考古发掘的北大师生和当地专家座谈

六、地方同志对田野文物保护的期待和建议

在调研过程中，针对田野文物的保护工作，各地的同志也提出了不少问题和建议。主要包括：

（一）基层田野文物保护机构的建设步伐不统一

尽管陕西省在建立田野文物保护机构方面走在了全国的前列，但与田野文物所面临的严峻形势相比仍然有一定的差距，各地急需根据实际需要加快步伐建立田野文物保护机构。

（二）田野文物保护经费的落实程度不平衡

虽然近年来国家、省、市在田野文物保护方面投入了不少资金，但远远满足不了田野文物保护工作的实际需要，田野文物保护机构所配备的交通、通信设施、设备仍显落后，难以应付利用现代化手段进行作案的犯罪分子。个别地方文物保护员的报酬没有保证，低而不稳，挫伤保护员积极性的情况仍然存在。多方面筹措资金解决文物保护员的应有报酬以及给田野文物保护机构配备先进的交通、通信设备是田野文物保护的当务之急。

（三）田野文物保护与群众生产生活的矛盾相当突出

在田野文物中，一些遗址和墓葬处于群众的生产、生活区，农业耕种、果树栽培，以及选用宅基地和生活用土等都与田野文物的保护产生矛盾。建议国家和省里在实施田野文物保护工程过程中一并带动田野文物保护，如将考古发掘与开放展示结合起来，利用文物保护促进当地的经济发展，带动广大群众参与田野文物的保护。

（四）尽快批准陕西的田野文物保护规划

陕西省已完成13个全国重点文物保护单位的整体保护规划，其他4个规划正在制定中，恳切希望建设部和国家文物局尽快批准陕西的方案。

七、调研组的意见和建议

经过实地调查，调研组认为：陕西的各级领导十分重视田野文物保护，有较好的政策保障体系，机构完善，人员到位，有必要的保护经费，取得了许多成功的经验，这项工作走在了全国的前列，一些经验值得在全国推广和借鉴。但也存在个别问题，有些问题在其他省市也普遍存在，是具有普遍性和共性的问题。在这次调查的基础上提出几点建议：

（一）将陕西省大力加强田野文物保护机构的做法和经验在全国进行推广，建立以政府保护为主，广大群众参与的人防体系。

（二）调整产业结构

在规划的基础上，田野文物所在地的地方政府及有关部门根据田野文物的保护任务，研究制定一整套适合田野文物保护区种植的作物，或者土地不能平整，不利于灌溉的改为喷灌，从而既有利于田野文物的保护，又有利于当地农业生产的发展，减少因保护田野文物而造成的损失。对于无法调整而影响农民正常收成的，国家和省政府应制定优惠政策，予以减免交纳公粮。

（三）将田野文物保护经费纳入财政预算

陕西省三原县将业余保护员的报酬纳入财政的做法对保护田野文物具有十分积极的意义，应当在全国田野文物分布比较密集的市县推广，激发业余文物保护员的积极性，只有包括业余文物保护员在内的群众的积极性调动起来，给政府、文物部门充当信息员、通讯员和最基础的管理员，田野文物才可以实现真正的安全。

（四）加强田野文物的科技保护工作，建立田野文物的技术防范体系

陕西省地处黄土高原，大量的田野文物分布在较平整的塬子上，十分适合科学探测仪器的应用，运用声呐、红外、微波等多项技术成果监控田野文物的安全，应当提到议事日程。目前课题组与中国地震局地壳所研制的地下振动监控报警技术在三门峡虢国墓地开展了试验应用，运行状态良好，将这些现代化的实用新型技术系统推广到田野文物保护区，时机基本成熟，这些技术应当在陕西的田野文物保护中进行推广，给田野文物保护安上"电子眼"。

（五）增加防范器械，预防突发事件

给文物保管所的有关人员配备必要的防卫器械、远红外望远镜及先进的交通工具与通信工具，使他们能迅速有效的预防盗掘活动，到了十分必要的程度，国家应当考虑拿出一部分资金用于田野文物保护工作人员的防范器械和必要的设施、设备建设。

课题组参加调研人员有李晓东、刘大明、隋卫星、李宝才。

（原载李晓东主编《文物保护单位防范体系研究》，学苑出版社，2007年）

天水市石窟寺安全防范工作调研报告

　　石窟寺属于不可移动文物中的重要组成部分,在我国有着广泛的分布。作为一种特殊的佛寺,石窟寺一般开凿于山崖之上,以大量的石刻、彩塑和壁画表现佛教人物和故事,对建筑史、美术史和宗教史研究具有重要意义,因此,石窟寺具有重要的历史、艺术和科学价值。由于石窟寺所独有的价值,它成为对人民进行爱国主义和历史唯物主义教育的重要场所,许多地方将其开辟为游览点。然而,石窟寺所具有的价值也成为国内外一些不法之徒觊觎的目标,他们不惜铤而走险盗窃寺内的石雕等雕塑作品,然后偷运出境牟取暴利,使国家珍贵的历史文化遗产受到严重破坏。过去,国家在保护这些珍贵的历史文物方面做了大量的工作,在许多石窟寺设立了文物保护机构,加强人力的看管力度。然而这只是传统的看护方法,在文物犯罪分子作案手段日益现代化、集团化和暴力化的今天,如何运用现代科学技术保护石窟寺的安全成为文物工作者的重要课题。2004年3月12日至15日,由国家文物局《文物保护单位防范体系研究》课题组一行四人在课题组负责人李晓东的带领下先后赴甘肃的天水市对全国重点文物保护单位麦积山石窟、水帘洞、拉稍寺、千佛洞的安全防范进行了实地调查。调研期间共召开了两次座谈会,从石窟寺安全保护制度、技术防范手段和存在的问题等方面听取了当地文物局、文保所部分人员的情况介绍,与他们共同交换了意见。考察、调研活动得到甘肃省文化厅、文物局的大力支持,甘肃省文物局王旭同志陪同参加了考察、调研。

一、天水周围石窟寺基本情况

麦积山石窟是中国大型石窟群之一，为"丝绸之路"上重要的宗教艺术文物，是国务院公布的第一批全国重点文物保护单位，位于甘肃天水市麦积乡南侧，是西秦岭山脉北支小陇山前山区的孤峰，相对高度142米。峰顶呈圆锥状，红色沙砾岩层略近水平，为陇原上麦垛式丹霞地貌。石窟创建于十六国姚秦时期（384年），大兴于北魏太和元年（477年）以后，西魏再修崖阁寺宇，北周造七佛阁，隋初建舍利塔，又于七佛阁下雕出高达15米的摩崖大石佛三身，为麦积山最大雕像。唐开元二十二年（734年）天水一带发生大地震，崖面中部塌毁，将窟群分为东崖和西崖两部分，即五代时所谓的东阁和西阁。唐、五代、宋、元、明、清各代均增建重修。东崖以涅槃窟、千佛廊、散花楼、上七佛阁、中七佛阁和牛儿堂等最为重要，规模宏大；西崖共140窟，最重要的三大窟中以万佛堂最大，天堂洞次之。石窟高峻惊险，凌空凿于20~80米的悬崖峭壁上，星罗棋布，层层相叠。有崖阁、摩崖窟、摩崖龛、山楼、走廊及不同类型的窟形与窟龛等，是研究中西文化交流和古代政治、经济、文化、宗教及建筑结构演变发展的重要实物资料。石窟以精美泥塑艺术著称于世，还有少量石刻像和像碑，反映出中国历代雕塑艺术特点。现存窟龛194个，塑像7800身，壁画1100平方米。这里于1953年成立文物保管所（现石窟艺术研究所），直属甘肃省文物局。1979年以后国家先后投资200多万元对石窟进行了加固整修，成为全国著名的旅游胜地。

全国重点文物保护单位水帘洞石窟位于甘肃省天水市武山县城东北25千米，始建于十六国时期的后秦，经北魏以后历代修建，主要有水帘洞、拉稍寺、千佛洞三部分组成。

水帘洞在形似斧劈的试斧山东侧的峭石壁上，是一个约50米长、30米高、20米深的拱形自然洞穴。洞内有宫、寺、殿、台、亭、阁及泉十多个，依自然岩洞有开有合，错落有致，工艺精巧。水帘洞的崖面上保存着北魏、隋、唐、元各代佛教巨幅壁画。现在为县道教协会的所在地。

拉稍寺浮雕

拉稍寺与水帘洞隔山相对，北周所建，寺内保存了大量的北周至元代的石窟艺术作品。陡峭的崖壁上有浮雕3尊，两旁是手持莲花躬身肃立的胁侍菩萨。佛坐莲台上，镌有狮、鹿、象三排，上层六狮，中层9鹿，下层9象，周围诸多佛龛伫立着宋代小佛像。佛像造型留有小乘佛教的痕迹，在我国石窟艺术中十分罕见。从拉稍寺西北沿山沟500米处即是千佛洞，因壁画绘千佛而得名。

二、石窟寺安全防范的现状

石窟寺文物的一个特点是位于山崖之上，附近有河流、丛林，地理环境复杂，属于室外大型文物的一种。这一特点决定了保护难度大，文物犯罪分子伺机作案。1992年，公安部和国家文物局制定，2002年修订的《文物系统博物馆风险等级和安全防护级别的规定》，主要是针对博物馆等室内文物的特点而制定的一个技术防范要求，但对石窟寺、古遗址、古墓葬等室外田野文物和古建筑内的文物防范没有做出规范要求。

甘肃拉稍寺巨幅浮雕

不过，面对大量珍贵的石雕、泥塑等文物以及我国各地文物单位面临的文物安全形势出发，一些在石窟寺建立管理机构的单位，从防患于未然的角度适时设置了一些防盗的安全技术设施。如麦积山石窟艺术研究所于1999年投资20万元安装了防盗报警和电视监控设施。据了解，有些不法之徒看到麦积山石窟内的石雕和泥塑所具有的巨大价值后，妄图实施盗窃，牟取暴利，曾进行实地踩点，当看到在通往石窟的栈道入口和多个地点有摄像机镜头和报警探测器时，他们放弃了在麦积山石窟作案的念头，而转往其他地方。这些设施在防范不法分子盗窃石窟内的石雕和泥塑造像方面发挥了重要作用。但由于国家对石窟等室外文物安装防盗设施没有统一的规范和要求，各地在安装这些设施时形成了各自为政的特点，一些技术防范手段要么缺少纵深防御的层次，要么是报警种类单一，防范体系不严密，明显存在着不完善的弱点或有明显漏洞。

三、石窟寺安全技术防范体系

2002年，公安部和国家文物局对《文物系统博物馆风险等级和安全防护级别的规定》进行了重新修订，将全国重点文物保护单位列入一级风险单位，这为博物馆的安全防范技术手段运用到室外文物的保护提供了依据。经过对麦积山等地石窟的考察，调研组认为，国家的博物馆安全防范技术手段，只要因地制宜，结合室外的地形条件，完全可以建立起石窟寺安全技术防范的纵深体系。这个防范体系应包括以下几方面的内容：

设置周界报警装置。由于石窟寺的重要价值，我们国家十分重视对它的保护，国家在包括麦积山石窟在内的许多石窟寺建立了保护管理机构，有些成为中外著名的游览景点，这就需要有一条管理或者控制的界线。在石窟寺周围（不一定是360度），选择适当的地方，设置周界报警装置，构成最外围的警戒布防线。当然，周界报警器材的选择需要根据当地的地理环境决定，周围是直线距离的可采用主动红外对射技术为主的报警装置，而石窟寺外围环境不规则的可采用以微波技术为主的泄漏电缆等报警装置。

甘肃天水麦积山石窟之雕塑

设置电视监控系统。在博物馆安全技术防范中，电视监控只是作为一种辅助手段，而对大型石窟寺等的安全防范中电视监控有着特殊的作用，应当作为一种主要的防范手段。一则它可以在开放的时间对游人进行监控，防止游客在游览过程中触摸石刻、泥塑和壁画等文物，造成对文物的损坏，二则是在参观结束，游人疏散后从远近等不同的距离对整个石窟寺实施全面监控，同时在重要的出入口和对重要的文物进行监控，采取一件文物或一组文物、一个洞窟设一个摄像机镜头进行重点监控的方法。如麦积山石窟艺术研究所最近向国家文物局重新上报了一套防盗技术方案，在全部194个石窟中，有16个窟是重点窟，他们计划对整个石窟进行全面监控的同时，要在16个石窟中安装16个摄像机镜头，对这些重点部位进行监控。当然，如果经济条件和环境条件允许再加装视频报警，将使这套系统更加完善。

设置报警探测装置。报警探测器构成了防盗报警最主要部分，它是用探测装置对重要地点和区域进行布防，对非法入侵者进行探测，在探测到非法入侵时及时向控制中心示警。这里所讲的设置报警探测装置主要是在石窟内进行的布防。目前探测器主要有开关（微动、磁簧开关）、光束遮断（红外线对射、激光折射）、被动红外、微波物体移动、视频报警、玻璃破碎、振动、音频探测器。由于石窟寺的特殊性，在选择探测器时应根据环境和不同部位的要求进行。但是，如果是一级风险单位，按照《文物系统博物馆风险等级和安全防护级别的规定》，安装报警探测器时，需要三种以上报警探测器配合使用，取长补短，过滤误报。

声音复核装置。犯罪分子在对石雕和泥塑文物实施盗窃时往往发出大小不同的响动，尤其在夜晚用传统方法对石质文物实施盗窃时，响动可能会更大。在石窟寺内安装声音监测装置对各种声音进行监听，不但可以对报警探测器的报警进行复审、核实，一旦发生案件可以直接听到被盗现场的动静。

实体防护设施。按照石窟的体量，在一些石窟的洞口等部位可以安装一些防盗门等实体屏障，阻挡犯罪分子的作案，延缓他们的作案时间。如麦积山石窟艺术研究所在体量较小或重要的石窟洞口都安装了不锈钢防盗门窗，其效果是良好的。

以上的设施、装置，从三个层次对石窟寺文物形成了纵深防护，防止不法分子的入侵。首先是对外部入侵的保护。如周界报警的设置就是为了防止不法人员从石窟寺外围靠近文物。因此这一道防线的目的是把罪犯排除在防卫区域之外。如果不法分子突破了周界第一道防线，进入石窟寺，安防系统则提供第二层次的防护，通过设置的报警探测器和视频、声音等各种复核手段探测非法入侵者。实体保护屏障构成了第三道防线。

这里应当指出的是，不论是安装报警探测器，还是安装摄像机镜头以及实体防护屏障，均应当以不破坏和少损坏石窟寺文物主体或附属文物为原则。一些文物保护工程在实施过程中或多或少地对文物造成一定的损坏，比如布线打眼等。这些损害在中外的文物保护工程中都是现实存在的，正如外科医生给病人做手术需要拉开病人的皮肤一样。因此在报警器材的选择时应尽量选择那些体形小，而且是利于隐蔽的器材。施工前应有施工方案设计和对文物主体和附属文物的伤害降到最低程度的论证。

课题组参加调研人员有李晓东、刘大明、随缘（卫星）、李宝才。

（原载李晓东主编《文物保护单位防范体系研究》，学苑出版社，2007年）

四　随笔篇

面对先人的遗迹

——一则新闻及其未曾披露的背景

　　1991 年 12 月 15 日，一篇题为《定州发现商代大型方国贵族墓地》的新闻，赫然刊登在当天《中国文物报》头版的显著位置。这条新闻告诉它的读者，1991 年春，在定州市新建铁路货场建设工地，发现大面积商周遗址和商周墓葬，通过对 42 座商墓的发掘，出土了一大批珍贵文物。这些在地下埋藏了 30 个世纪的古老器物，尽管已经失去了昔日的光泽，但人们的第六感官却强烈地感受到，它们分明在放射着一种诱惑人心无形的光芒。这批出土文物究竟具有怎样的价值？文物专家仅就其史学价值举了一个例子：文物一出土，就解决了商代一个要族封地位置的问题，而它们对于进一步揭示商代晚期历史以及商王朝与北面方国之间扑朔迷离的关系提供了实证。如果站在国际文物市场或索斯比拍卖行之类的交易场所的角度来估价它们，就应当用"价值连城"来形容。但是当我们有机会接触到被省略了的新闻背景之后，又产生了一些意外的感触和认识。

　　早在 20 世纪 50 年代，文物部门就曾在定州今天发现商墓的地方，发掘出土了包括铜缕玉衣在内的 400 多件精美文物，这片汉代中山简王陵区遂被定为省重点文物保护单位。

　　然而就在 1991 年 5 月初，定州市和铁路部门联合兴建占地 204 亩的铁路货场，定州汉墓群中的 6 座古墓也被划入施工区。一时间机器轰鸣，人声鼎沸，昔日古墓群所特有的肃穆安静便不复存在。虽然《中华人民共和国文物保护法》和《河北省文物保护管理条例》早有明文规定，在省级重点文物保护区内进行基本建设，要事先征得省文物主管部门的同意，在对施工区内地下文物进行勘探发掘之后方可动工，但是定州铁路货场工程却并未履行上述手续。同样是庄严的法律，文物法规时常处于被忽略的地位，这次又出现了此类情况。

省文物局闻讯有燃眉之急的紧张感，以"一级战备"的姿态开始了马不停蹄的亡羊补牢工作。5月8日，省文物局依照有关法规提出暂停施工、进行勘探等3项建议。

5月11日，省文物局组织专业人员到施工现场进行调查，发现新建货场仍在施工。工程领导表示可以补办手续，但坚持不能停工。

5月14日，省文物局的上级部门省文化厅向省政府发出紧急请示报告，省政府一位主管领导同志阅后当即决定，马上召开由有关各方共同参加的协调会议，拿出解决定州货场文物保护问题的切实方案。法律的权威与政府领导人的重视，使事态有了柳暗花明的转化：会议做出决定，对货场内即将铺设的3条铁路路基进行地下文物勘探。6月3日，文物勘探队进入工地。6月12日，勘探队意外地在3股路基下面发现了两处商周遗址和20座古墓葬。继而经过省政府主管领导批示同意，在货场建设单位的支持配合下，勘探队对货场进行了全面勘探，终于取得了如前所述的重大收获。定州商代墓葬也因而被列入"1991年全国十大考古新发现"。前不久，定州市政府向文物部门捐送了一面锦旗，上面写着，"支持经济建设，发展文化事业"。这无疑是一个各方面皆大欢喜的完美结局。

在了解了这样的背景之后，作为对祖国文化遗产怀有热爱之情的人应感到庆幸；在定州商墓从发现到发掘的整个过程中，假如哪个方面、哪个环节出了问题，或睁只眼闭只眼得过且过，或决策失误，或不予以配合，那么定州商墓就会是另外的结局——也许会被现代化的坚固建筑物压在地下，永不得见天日，成为文物考古史上又一个千古之谜；也许会在施工中被推土机、打夯机之类的沉重机械所毁坏；也许刚有收获就鸣金收兵，捡了芝麻丢了西瓜……显然，由于各方面的合作，才使这些文物能够得其所哉。

除此之外，我们还得到一个有益的启示:祖先创造的那些被称为文物的物质形态流传到今天，不再单是一种孤立的遗存，它们已经成为现实生活系统中的有机构成，因而需要我们用系统工程的观点和方法去观察对待它们。

一、多极天平

如果有机会在北起坝上南至漳河，东临渤海西倚太行之间，做一次哪怕是走马观花式的游历，你也一定会为这片燕赵古地上所拥有的文化遗存而自豪。

我省有 37 处不可移动文物，已先后被国务院公布为国家重点文物保护单位，这个与陕西并列为全国第一的数字，使我省成为国内名副其实的文物大省。

那么，文物在我们这个文物大省的社会生活中处于什么位置呢？这是个值得探究的问题。

把长城上的砖拆去垒猪圈;某县县政府以 28 万元的价格出卖县城内的清代行宫和药王庙；文物保护区屡屡出现一些胡乱搭盖的建筑物……一直到 80 年代前期，我们还不时听到或者看到这类令人忧虑的事情。随着一系列文物保护法规的制订、宣传和实施，随着文物知识的日益普及，那种因法规不健全、因对文物价值缺乏全面认识而产生的对文物的社会性破坏行为;已经受到有效的控制，对文物的管理、保护和利用，也开始从无序进入有序。但有序并不意味着秩序井然，相继而来的是一些更深层更复杂的问题。

从承德普乐寺至棒槌山之间架设空中索道、在满城汉墓旁开山采石、在邺城遗址内搞民用建筑等问题的解决过程中，我们可以看到，文物保护同社会其他行业的生产、办公，同民众生活有时会形成明显的矛盾。最近，峰峰矿区局下属的大淑村煤矿筹备处，要在一块文物埋藏丰富区内开设新矿。在邯郸市文物管理处，我们正巧碰见赵树文处长打电话与有关方面交涉，要求依照法规进行文物勘探。老赵那焦急的神情和口气表明，事情进展得并不顺利。

通过实地采访和各方面的介绍，我们得出这样的印象:在诸如物质生产和文化建设、局部利益和整体利益、眼前工作和长远规划等许多对应的关系中，文物处于他们的中介地位，犹如一架多极的天平，不论哪一端出现失重，都会引起天平的倾斜。其中最为敏感的是文物与经济建设的关系。毫无疑问，文物当然要服从于并服务于经济建设这个中心，但这并不意味着对前者的忽视或取消。如何把握好这个辩证尺度呢？下面的事例或许能给我们一些有益的启示。其一，1964年，举国瞩目的北京地铁工程修到建国门时，碰上了元代古天文台。怎么办？周恩来总理对此做出决断，古天文台不拆移，地铁绕道而行；其二，去年，国家"八五"计划中的重点工程京深高速公路石家庄以南至漳河段的一截公路，要经过邺城遗址和北朝墓葬等重点文物保护区和许多文物埋藏丰富区。工程主管部门先主动把公路设计图送到省文物管理部门，文物管理部门也及时把这一地区文物分布情况向工程部门做了详细介绍，设计单位依照规定，很快把文物勘探项目列入工程预算当中。

二、没有法是不行的但法又不是万能的

在保定市，老城区内的几条古旧街道，如西大街和南大街等，因其集中地留存下了一些清代和民国年间的老式建筑而别有一番情调。在五六十年代拍摄的《野火春风斗古城》等以保定为背景的影片中，观众时常意外地从中看到自己所熟悉的街景。可以这么说，这些赋予特征性的街道、胡同，已经成为"古城保定"这个概念的一项内涵。

从 70 年代中期开始，城市建设的热潮开始对这座城市发起冲击，如今，给人以深刻印象的那条南大街早就荡然无存。代之而起的是一条宽敞洁净、高楼林立颇有现代气派的大街，真是"旧貌换新颜"。西大街也是今非昔比，不少老式建筑物悄悄退出了城市历史的舞台，对于渴望改善居住条件的人们来说，从祖上留下的百年老屋迁入现代

化的新居，无疑是符合历史进步的合理愿望。但当保定市被列为国家历史文化名城以后，我们再回忆起那些历史久远、别具一格的街道，就不由得有些怅然若失。如果我们不是孤立地观察问题，而是把同类事物放到一起进行比较，就容易使认识趋向于本质。请看国外的情况，法国巴黎旧城区基本保存了原有的布局；意大利水城威尼斯则完全保存了原来的风貌；日本在 20 世纪 70 年代初专门发布了《关于古都历史风土保存的特别措施法》；美国按照独立战争前的样子，恢复和保护了威廉斯堡 18 世纪风光的古镇，与此相类似的是，我省的另一座全国历史文化名城——承德市，竟然动用巨资，在武烈河畔平地建起了长长的"清代一条街"。相形之下，我们更清楚了保定那些古老街道的价值。其实，当初看见推土机开向古街之时，就有些有识之士曾发出一片惋惜之声，但这充其量只能算是街谈巷议。没有权威性，也不会产生实际效果。如果像今天这样，有对历史文化名城专门的保护办法，有了诸如"特别是对集中反映历史文化的老城区，更要严加保护，绝不能因进行新的建设使其受到损失"、"作为历史文化名城的现状格局和风貌应保留着历史特色，并具有一定的代表城市传统风貌的街区"的明确规定，那么南大街们也许就会是另一种命运了。

的确，在法制观念日益深入人心的今天，针对文物保护所制定的各种法规、政策、条例和办法等，已在很多场合显示出了它们的权威性，它们已经成为保护文物的坚固屏障。

但屏障还需要人来坚守，法规也需要人去执行。而执行的过程就是人的主观努力与客观标准相结合的过程。很多时候，为了一些看似微小的事情，比如禁止在文物保护区内乱建饭馆、车站，或追回一件流失的文物，文物保护人员却要反复交涉，往返奔波，他们经常体验到的是艰辛，有时还有误解。柏乡县文保所的一位工作人员，在文物普查期间，没要一分钱的经费和补助，带病徒步在全县境内考察 40 多天，发现 54 处文物点，征集文物 500 多件。某市另一位文物工作者，冒雨步行几十里山路搞文物普查，却被当作盗窃嫌疑犯拘押了一夜，他忍辱负重，澄清事情真相后，又继续奔波于山间河畔。

10 年前,全国人大常委会公布了庄严的《中华人民共和国文物保护法》。如今,针对文物保护的法规建设达到了怎样的水平呢? 1987年,文物出版社就汇总出版了一部 32 开、330 页、20 多万字的《新中国文物法规选编》,共收录有关法规 93 项。此后国家及各省、地、市又制订了一些适应本地区情况的地方性法规;应该认为文物保护法规的建设已经达到了相当完备的程度。而令人费解的是,为什么有些依照法规本该顺利解决的事情却总是纠缠不清呢? 近年,还有几桩文物"官司"如正定隆兴寺旁边建铝厂、保定直隶总督署东路被出租等,都是从地、市、省以至经过更高层的领导机关才获解决。一位熟悉实际情况的法律工作者对这类现象是这样看的:一方面,世界上从来就没有、以后也不会有完善到天衣无缝的法规,再完备的法规条文也有其疏漏之处;另一方面,如果不主动用法规来规范自身,而是把注意力放在其疏漏之处,在这种情形面前,法规就会显得无能为力。这番见解叫人茅塞顿开,并且随即明了,在这种情况下由上级领导从全局着眼对争执不下的问题做出最后裁决,就显得非常必要和迫切了。

文物保护工作的执法实践,为社会提供了一个具有普遍意义的启示:再健全的法规也不能代替人的工作,依法办事并不等于对法的依赖;无所不包,没有疏漏的法规永远也不会产生,而用自身的主动行为去弥补其不足,不仅是可能而且是完全必要的。

三、从地下刮起来的旋风

在我们这个历史悠久的古国,有着长达几千年的重殓土葬的习俗,历朝历代,从帝王将相直到富贾百姓,留下了散布在山地平原上那些或高或矮或深或浅的古墓。那些我们今天还能见到的先人们制造的刀剑戈矛、玉器陶瓷、书画服饰等之所以没有被当作废品扔进熔炉,没有毁于天灾人祸,就是因为有了古墓这个别致的仓库,使它们中的一大部分得以保存下来,当国门打开时,国际上文物行情的信息也传递到国内的乡村。当某位农民挖房基或种地时,一镐刨出个陪葬丰厚的古墓之后,被贫穷困扰了多年的人们忽然醒悟了,祖上给咱们留下了大笔财宝，就埋在脚下的黄土里。于是，一股突如其来的盗墓之风与"要想富，挖古墓"之类的顺口溜，便在乡间广袤的田野上蔓延开来。

　　如果说厚葬是一种陋习。那么对这种陋习的产物——古墓进行破坏盗掘，则是更落后、更愚昧、更丑陋的反文化现象。之所以将其称为现象，是因为它不仅古已有之——《史记》《说文解字》等古籍都对此有过记载，而且历代绵延不断，以至还出现了属于这一行当专用的如"洛阳铲"之类的工具和术语。

　　这个行当沿袭到现代又是怎样的情形呢？我们仅从 1987 年底到 1991 年上半年发生在我省的几起严重的盗墓事件中，就能发现一些不容忽视的现象。第一，容易由个别行为转化成群体行为。磁县、临城、曲阳、唐县、大城等地发生的大规模盗掘古墓事件，都是由一两个人在劳动中偶然发现文物周围的人见财起意、群起效法而引发的。据目击者介绍，人数多达数百有时甚至上千。第二是破坏性强。磁县盗墓事件，共破坏宋金元等时代的古墓上百座及磁州窑遗址一座。赞皇县李氏墓群和宣化张世卿墓，都是省重点文物，墓内均绘有价值很高的壁画。进入古墓的罪犯在一个同样的心理——壁画后藏有文物的支配下，凿墙破壁，使两墓中的珍贵壁画受到损坏。第三是盗墓人员的构成复杂。其中有流窜犯，有盗墓老手，最引人注目的是曾读过大学的胡广鑫。而人数最多的是一些本无犯罪意识，却在一些偶然事件中触犯法律的农民，中国老百姓历来把掘坟盗墓视为不齿之举，后两种人在盗墓队伍中的出现，反映了一种古老的道德观念在一些人心中的沦丧。第四个特点盗墓者带有不同程度的暴力行为。高

1985 年唐山公安部门收缴的违反人员倒卖的文物

阳县李三、李斌兄弟携带凶器和工具，盗掘"大明浩封田母邵氏墓"时，将村委会派驻的两名看守人员扎伤；平山县西大吾村任兵兵等人盗墓以后报复行凶，将举报人打伤。

这些新情况使文物工作者一度处于被动地位，一时间文物工作者四处奔走，应接不暇。面对这等狼烟四起的局面，难道就真的无计可施了吗？非也，元氏县方中村汉墓被盗后，公安机关集中警力，仅用10天就侦破此案，随即召开万人大会，将罪犯当众宣布逮捕。县政府发布了加强文物保护的通告，村村张贴。盗掘破坏赞皇李氏墓的罪犯落网后，也分别被依法判处了有期徒刑。磁县古墓群被盗掘后，地、县有关部门联合深入现场破案，向群众宣讲文物法规，收回了400多件出土文物。他们接受教训，防患于未然，在文物较为集中的村庄聘请了义务文物保护员。群众中确实有不少人对文物怀有感情，敢于见义勇为，3名从山西流窜到易县，盗掘国保单位燕下都遗址内古墓的罪犯，就是被当地村民当场抓获的。看来，有些已经沿用了许多年、听起来似乎有点陈旧的方法，其实在今天并没有过时。比如教育群众、依靠群众，掌握政策，依法办事等。

四、光天化日与沉沉黑夜

如果说，在盗掘古墓的事件中，有些人是由于无知、不懂法而参与进去的，那么，在对文物安全构成极大威胁的另一类案件——盗窃馆藏文物的案件中，盗窃分子所进行的则是为满足贪欲而以身试法的有意识的犯罪活动。1989年以前，我省也曾发生过馆藏文物被盗案，不过，这些案子给人的印象是零散"毛贼"的"即兴之作"，没有造成太大的损失和影响。但近两年，情况却迅速地严重起来。从发案数量上看，1990年发生了3起县级馆藏文物被盗案，1991年上升到4起。去年10月31日凌晨，廊坊市文物管理所库房失窃，开了我省地市级文物库房被盗的先例。1990年4月9日深夜，几名贼胆包天的盗窃分子，竟然来到位于省会闹市区的省博物馆，企图对汉墓展厅行窃，幸而保卫人员及时赶到，罪犯才没能得逞。这两起案件提醒人们，罪犯的胃口越来越大，盗窃馆藏文物案正在升级。

惋惜气愤之余，人们会自然提出这样一个问题：罪犯们何以能屡屡得手呢？或许，这个问题的答案，就隐含在每起案件发生的过程之中。

围场县博物馆展室是这样失窃的。为配合县里一个重大庆典，博物馆推出了文物展览。之后，因"忙于接待来宾，在忙乱中，忽视了安全防范"。据了解，当时只安排了一名夜间警卫，而中午这段时间则无人值班。罪犯就是趁此机会破门而入，盗走了文物。

定州市博物馆展室和峰峰矿区博物馆失窃的原因与围场的情形极其相似，罪犯也都是利用展室无人的间隙下手行窃的。令人诧异的是，这3起案件都是发生在光天化日之下。

显然，这些发生问题的单位，在管理制度，防范措施和责任心等方面，是应当自省自究的。能够说明问题的是，某市文物库房的保护设施是较为完备的，但遗憾的是，恰逢库房里的报警器意外处于关闭状态的那天发生了文物被盗案。

如果我们把视线延伸一下，还会发现一些现象背后更深层的东西。比如警卫力量问题，有的县文保所至今只有一个人的编制，一个人怎么可能24小时都去看守文物呢？有的县文保所，文物完全处于没有安全保障的状态，而省里下拨的文物保护专用款却被挪作他用。人们呵，警醒起来吧！利剑呵，快用你的锋刃斩断伸向文物的黑手吧！

五、非法牟利者的下场

不论是在盗掘古墓还是在盗窃馆藏文物案件的背后，人们都时常发现一种神秘人物的身影。他们或是在盗墓现场坐地收购、推波助澜，或是充当盗窃分子销赃匿迹的"二传手"。这些人就是文物走私犯，还有文物非法经营者——人们称之为文物贩子。这些人耳目灵通，行动迅捷，时常出没于文物埋藏丰富区。哪里一旦有文物出土，他们在很短的时间内就能赶到现场，进行非法交易。而这种以钱易物、当场兑现的交易形式，又往往成为诱发大规模案件的催化剂。在近年我省发生的大规模盗掘古墓案件中，大都出现过这种情况。有关部门惊异地发现，宁晋县非法经营、走私文物的情况一度非常严重，一个村子竟有 300 多户人参与倒卖文物，几乎成了"专业村"。国家文物保护法明确规定，私自经营文物要给予行政处罚，情节严重的，还要追究刑事责任。驱使文物贩子以身试法的动机很明确，这就是牟取暴利。两年前，秦皇岛市一名"资深"的文物非法经营者，从乡下农民手里买到一只明代宣德年间的将军罐。他的购入价是 30 元。过了不久，他又转手将这只罐子倒卖给北京的一名文物贩子。事发后他自己交代，罐子的出手价是 10 万元。30 元比 10 万元，这又何止一本万利呢！

1985 年前后，我省公安部门对邯郸、邢台、石家庄和保定等地的文物倒卖走私进行了重点打击，取得了重大战果。在北京等地公安部门的配合支持下，抓获了一名从澳门潜入我省的文物走私犯，并由此发现并摧毁了一个大的文物走私网，缴获的走私文物共计 2000 多件。这次大规模的打击活动，产生了强烈的震慑作用。

但是对非法经营和走私文物活动的打击，也绝非一朝一夕、一劳永逸的事情，并且还需要建立一些积极的管理办法。

20 世纪 80 年代保定地区收缴的非法经营的文物元代玉壶春瓶

最近，有知名人士提出开放文物市场的建议，上等级和较珍贵的文物由国家收藏，一般文物可以投入市场作为商品买卖。即使这个建议真的被采纳、施行，也绝不会允许像前文所说的那样，用文物进行投机倒把、牟取暴利。更不会容许文物经营者与盗掘、盗窃、走私分子联手，去做那些损害国家和人民利益的事情。这是毫无疑问的。

尽管仍然面临着困难，尽管危及文物安全的种种隐患还没有完全消除，但我省对文物的管理、保护和利用毕竟已经在向着好的方向迈进，其成效也足以鼓舞人心。在临漳县三台文保所，我们看到，在文物被盗之后，县政府及时为这里增加了保卫力量，新购置的报警器、电击枪等安全设备也已投入使用。省文物局的同志介绍，全省各地文保单位也都加强了防范措施。

六、亡羊补牢未为晚矣

近几年，河北的文物分别参加了赴加拿大、日本、美国和新加坡等国的展览。这些无言的"文化使者"，使数百万异域观众感受到了中华民族文化的神奇魅力。

在日渐高涨的国际性旅游热潮中，燕赵大地上的文物已构成我省旅游业的主要内容之一。文物带动了旅游事业，旅游又促进了经济的发展。1991年的统计数字表明，全省仅文物部门的旅游收入，就达到2000万元。

至于文物在历史学研究中起到了证史、正史和补史作用，则更是功不可没。历史上著名的"曹操七十二疑冢"、"中山伐燕"等重大问题，都是借助于我省出土的文物才得以解决的。

……

文物——这先人的遗迹，后来者正使它们焕发着新的生机。

（原载《河北日报》1992年4月18日第2版。钟达为李宝才早年笔名，本文与张建强合作）

燕赵大地瑰宝多

　　古老的燕赵大地像一颗明珠镶嵌在华北的沃土上，滏阳河、滹沱河、唐河、滦河，宛如流淌着甘甜的乳汁，滋润、哺育着她的儿女们。

　　河北是古冀州之地，燕赵、中山之乡，悠久的历史为河北留下了众多的文物精华。全省现已发现不可移动文物 12000 余处，其中国家级重点文物保护单位 37 处，与陕西省并列全国第一，省级文物保护单位 538 处，市县级文物保护单位 2560 处。钟灵南北的清离宫、梵宇大观外八庙，长城名关山海关，鬼斧神工的赵州桥，北方名刹隆兴寺，巍峨高峻的定州塔，清朝东、西皇帝陵，这些饮誉中外的名胜古迹，就像夜空中璀璨夺目的繁星，播射着古老的艺术灵光，令人迷醉不已。河北现有馆藏文物 70 万件，其中的金缕玉衣等一大批精美绝伦的文物成为博大精深的中华民族文化的代表作。

　　河北的文物年代跨度大，而且门类齐全，数量众多，并以精品荟萃著称于世，成为全国名副其实的文物大省。新中国成立后，特别是改革开放以来，全省的文物保护工作有了长足发展。

　　多年来，河北地下文物的发掘与保护工作硕果累累。1986 年至1989 年，配合基本建设工程，在北戴河秦始皇行宫遗址的发掘中找到了秦始皇东巡的重要遗迹，引起国内外考古界的极大关注，被评为我国"七五"期间十大考古发现之一。1991 年，配合定州铁路货场考古发掘，发现了商周方国墓群，出土的大量精美文物，为研究商代晚期和北方方国文化提供了珍贵的实物资料，被评为当年全国十大考古发现之一。1993 年在邢台河北轮胎厂工地发现了大面积先商遗址和商周时期墓葬，专家确认邢台为商朝早期国都及西周邢国国都；最近几年，在国家和地方的共同努力下，先后完成了大小几百个文物建筑保护、维修项目。维修后的西柏坡中共中央旧址、李大钊故居、冉庄地道战遗址等已成为重要的革命传统教育基地。承德避暑山庄、外八庙经过两个十年规划的整修，已成为国家著名的旅游开放地区，1994 年被联合国列入世界历史文化遗产名录。清朝东、西皇陵的修缮，正定古建筑的整修和开放，极大地推动了河北的文物保护工作，同时带动了经济建设的发展，每年文物部门的直接经济收入达 6000 万元。

文物是一种特殊的文化产品，它不可再生，为了有效地保护它，必须提高全体民众的文物保护意识。省文物主管部门在"七五"和"八五"期间相继制订了普法规划，向群众普及文物法律、法规和文物知识，使《中华人民共和国文物保护法》《河北省文物保护管理条例》等一系列法律、法规深入人心。

普法规划的实施，大大提高了广大群众自觉保护文物的观念，取得了良好的保护效果。1986 年，易县大北城村村民曹密与侄女在责任田发现了金代的窖藏文物，其中有金器 6 公斤，银器 61 公斤，他们立即保护起来并依法交献国家。1992 年，磁县南城乡中北城村农民王德旺，在挖沙时发现一座战国墓，挖出青铜器 11 件，全部上交国家文物部门。赵县西大里寺村村民刘立君发现本村元代文物舍利塔被盗时，不顾自身安危，勇敢地接近现场，迫使犯罪分子仓皇逃离，刘立君连夜向县公安局报案，为迅速破案赢得了时间。为积极引导广大人民群众自觉保护文物，一些市、县把文物保护纳入当地经济和社会发展规划、城市建设规划，妥善地解决了文物保护和各项生产建设的矛盾。同时，把文物保护经费纳入财政预算。更重要的是把文物保护纳入领导责任制，文物工作出问题的实行一票否决。

现实生活中，文物保护也面临许多亟待解决的新问题。诸如房地产开发、建设性用地、铁路、公路、机场等各种建设工程都给文物保护带来冲击，文物违法犯罪活动久禁不绝等。加紧立法，广泛普法，严厉打击违法犯罪活动，使每一项文物保护工作都有法可依，以期震慑文物犯罪，净化社会环境，教育群众，使祖先留下的灿烂而无价的文物代代相传。

（《人民日报》〈海外版〉1996年3月8日第9版）

重回板仓

1901 年 11 月 6 日，杨开慧诞生于板仓，在这里度过了童年时代。1913 年随父亲杨昌济迁居长沙，与怀着改造中国与世界宏伟理想前来湖南第一师范求学的毛泽东相识。

1918 年杨昌济到北大任教，举家迁往北京。同年 8 月，毛泽东来到北京，杨开慧有机会参加毛泽东组织的各项活动，阅读《新青年》《新潮》等，初步接受共产主义思想，并成为毛泽东最真挚的朋友。

1985 年：初到板仓

板仓是长沙郊县长沙县的一个村，现在叫开慧村，位于长沙市西北 60 公里处。1985 年从 3 月到 7 月，我来到这里参加国家文物局培训课程。那时的长沙市区面积不大，人口不过几十万。长途汽车开出不久，便进入渐窄的县级公路，路上基本没什么车辆，客车在江南的丘陵、稻田和乡舍间爬行，不长的距离需要跑两个半小时。到达的第二天就参观了杨开慧故居、纪念馆，祭扫了烈士墓。

1920 年冬，杨开慧与毛泽东结婚。第二年加入中国共产党，成为湖南最早的女共产党员之一。1927 年杨开慧回到长沙板仓老家，此后 3 年，杨开慧参加板仓一带党组织会议，坚持为革命做宣传工作。1930 年 10 月，杨开慧不幸被捕，11 月 14 日被国民党反动派枪杀在长沙识字岭，年仅 29 岁。

杨开慧故居

  杨开慧故居坐西朝东位于板仓冲的正中央，其南、北、西三面环山，门前是个小广场，东面一条蜿蜒的山路直通汨罗江畔。故居始建于清乾隆年间，占地面积120亩，现存大小房屋36间，为土砖木结构的农家院落。大门刻有"忠厚传家久，诗书继世长"的门联。房屋以堂屋为界，北院为父亲杨昌济家，南院是杨开慧叔父杨瑞生家。

  杨开慧牺牲后，亲友收敛了烈士遗体，星夜运回板仓，安葬在杨家公山下的棉花坡坡阴。

  1985年时的板仓纪念馆周边十分清静。纪念馆所在的开慧村大约10平方千米，有2000多亩耕地，三四百户人家；附近几乎寻不到商店，村里仅有一家不怎么开门的饭店。每天仅有三班长途汽车通往长沙，打电话也不方便，仅纪念馆有一部干电池黑色摇把电话机，与省外联系需要转接几次。杨开慧故居南侧是板仓纪念馆，是一排坐西朝东的平房。中间是穿堂门，南北两侧是面积数百平方米展室和接待室。纪念馆于20世纪60年代兴建，当时的条件还很简陋。展室内陈列了杨开慧烈士和父母的主要生平事迹，几个老式玻璃木头展柜里摆放着不多的文物，只有两根荧光灯棍作为文物照明灯。

  棉花坡是一个不足20米高的小山。西北高，东南低。从山脚至墓区由三层梯形平台相连，陵园内除了杨开慧烈士墓外还有其祖父杨书樵与父亲杨昌济的合葬墓以及堂弟杨开明烈士墓。杨开慧烈士墓冢在最上层正方形平台之中，墓碑横置斜放，汉白玉石质，刻楷书碑文"杨开慧烈士之墓"。其下镌刻毛泽东撰写"杨老夫人与开慧烈士同穴"的题记。四周苍松环绕，树龄已有十五六年的样子，足有手腕粗，两三米高。

新中国成立后，国家在杨开慧烈士墓旁修建了纪念亭、纪念塔。1967 年建立了烈士陵园。1969 年，当地政府将烈士遗骨迁移到棉花坡坡阳新墓址，并与 1957 年病逝的母亲向振熙合穴。1972 年和 1983 年湖南省人民政府分别将烈士陵园和故居公布为省重点文物保护单位。1985 年时，改革开放刚刚起步。当时板仓尚是远离城市的乡村，交通、通讯十分不便，所以来馆参观者不多。国家文物局在这里设有人才培训中心。所以板仓也是新中国文物事业的人才培训基地。

长沙市东北不远处，有一个叫板仓冲的地方，它是杨开慧烈士的故乡。2020 年 9 月 9 日逢毛泽东主席逝世 44 周年，我第二次来到这片红色的土地瞻仰，表达发自内心的尊敬与怀念。

2020 年：重识板仓

今天的长沙县已与长沙市连为一体，成为大都市的一部分。高耸入云的摩天大厦，车水马龙的繁华街道，密集的公路网，远不是三十多年前市郊的概念，长沙到板仓可沿京珠高速公路直达，时间用不了一个小时。

20 世纪 90 年代开始，各地博物馆、纪念馆发生了巨大变化。1994 年中宣部颁布《爱国主义教育实施纲要》，提出了爱国主义教育的基本原则、主要内容、重点对象以及一系列具体措施。1995 年，民政部确定了第一批 100 处爱国主义教育基地。

故居依旧！与 35 年前相比，杨开慧故居保护得依然很好。1990 年 8 月维修时，在卧室后墙离地面约两米高处的泥砖缝中又发现一叠杨开慧烈士 1930 年元月为怀念毛泽东而写的手稿。这是自 1950 年和 1982 年分别在故居前院菜地和靠近杨开慧卧室屋檐梁架与斗拱结合处发现两批烈士遗物和手稿后发现的第三批遗物,具有极高的史料价值。

棉花坡烈士陵园周围的松柏树粗壮和高大了许多,已有十来米高。1990年政府在陵园中央塑建了杨开慧烈士全身汉白玉像,修建了以60条弧形花岗岩框边、直径14米的圆形花坛及汉白玉浮雕花圈。

2007年,长沙县政府治理了杨开慧纪念馆周边环境,拓展了馆前广场,树立了景区标识标牌、增加了景区视频监控和背景音乐系统,建设游客接待中心、添加了影视放映厅等配套设施。重建了纪念馆,馆舍建筑面积4000平方米。2010年11月16日,在杨开慧烈士就义80周年和毛岸英烈士为国捐躯60周年之际,新馆对外开放,馆名由板仓纪念馆改为杨开慧纪念馆。

新馆分三层。整个展览陈展形式设计新颖现代,符合人们审美需求,各种材质的塑像及半景画和文物结合恰到好处,展陈中现代工艺和材料以及必要的声光电技术的应用,科技含量高,教育内容灵活多样,十分清晰生动地体现了主题的内容。

随着杨开慧纪念馆的重建,陈展水平的提升,烈士陵园的整修,周边环境的治理以及交通状况的改善,今天我看到的烈士家乡景象已经发生了巨大的变化:周边公路上每天来往车辆川流不息,纪念馆广场停满车辆,来参观的游客每年达几百万人次。现在,杨开慧纪念馆是湖南省第一批爱国主义教育基地、全国首批百家红色旅游经典景区之一,国家4A级湖南省著名的旅游景区。

纪念馆红色文化带动了当地的经济发展。现在周边群众生活环境大为改观。一幢幢规划有序的白墙灰顶建筑代替了过去的土坯房舍。宾馆、饭店、店铺商号和文化设施比邻而立,热闹的场面将开慧村映衬出一幅社会主义新农村的美丽景象。

90年前的烈士鲜血没有白流!杨开慧生前的伟大理想正在变为现实。

(原载《人民日报》〈海外版〉2021年3月1日11版)

再回板仓

长沙市东北不远处，有一个叫板仓冲的地方，它是毛泽东亲密战友和夫人杨开慧烈士的故乡。

初秋的湖南，蓝天白云。2020 年 9 月 9 日是伟大领袖毛泽东主席逝世 44 周年，我怀着无比崇敬的心情来到湖南长沙板仓。看到这片红色的土地，激动的心情难以抑制，35 年前一段与板仓的因缘浮现在眼前。

初缘板仓

1985 年 2 月春节前的一天，同事告诉我国家文物局 3 月份将在湖南长沙开办为期四个月的业务培训，学员面向全国文物部门，河北给了名额，如有兴趣，可向领导争取参加。1984 年 7 月，我大学毕业从广州到河北省文化厅文物局工作，半年来，学生时代的习惯还没有改过来，一听说有学习机会而且是在相对喜欢的南方，尤其是伟大领袖毛主席的家乡，就异常兴奋。于是找到主持工作的副局长，要求参加学习。领导十分支持年轻人学习，对我的请求爽快的应允。

是年 3 月 8 日上午 10 时左右，我从石家庄乘坐 1 次特快奔向湖南。

对于我们这些出生于六十年代初的人，生在新中国，长在红旗下，对毛主席充满了敬爱。过去在广州上大学期间的寒暑假，坐火车都要路过湖南，只要火车一到湖南，首先想到的就是他老人家。到红太阳升起的地方拜谒一直是梦想。

次日清晨，迎着旭日东升的朝阳，火车抵达长沙站。湖南省文化厅文物处接站的同志把我接到五一路附近的省文化厅招待所先行住下，等待其他报到的学员聚齐后集体送到培训中心。此时我才知道，培训地并不在长沙市，而是在距离长沙市东北 120 华里外的杨开慧烈士的老家，长沙县板仓纪念馆内的文化部文物局板仓培训中心。

其实对杨开慧烈士，我从小就知道她的英雄事迹。能到她的家乡学习，我同样感到十分荣幸，期待尽快到达板仓。

两天后的清晨，来自全国各地文物部门的学员们聚集完毕。湖南文化厅文物处租一部长途客车送学员前往培训中心。

客车驶出不久，便进入了长沙市郊长沙县地界，一条小河出现在公路旁边，不知谁说了一句，那是浏阳河，学员们纷纷望向车外。此时车里音响传出歌曲《浏阳河》的音乐，看着车窗外的小河，车内的很多学员都跟着亨唱起来，一时间，车内歌声笑语。

随着车轮的前进，柏油路逐渐窄了起来，路上车辆渐渐稀少，湘楚大地的丘陵、稻田、乡舍慢慢地进入视野。很多学员来自北方，对南方的风土充满了好奇，在经过一个叫福临镇的地方，街道店铺古色古香，深深地吸引了这些文物工作者的目光。

两个多小时后，客车停在了培训中心所在地——板仓纪念馆前的一个小小的广场前。

1978 年，党的十一届三中全会确定了把全党工作的重点转移到社会主义现代化建设上来。邓小平同志提出：实现现代化，关键是科学技术要上去，要尊重知识，尊重人才。于是各行各业都在争取人才，培养人才，造就人才。考大学成为年轻人的梦想，考不上大学的也通过各种途径，比如电大、夜大或者参加各种培训班，丰富自己的知识，争做四化新人，为社会主义现代化建设服务。

此时的国家文物局针对"十年动乱"人才断层的情况也采取了多层次、多规格、多形式的途径和方法培养文博人才队伍。面对当时正规大学教育资源有限，大部分青年人得不到正规高等教育的现状以及现有人员素质亟待提高的现实，决定采取开办培训班的方式，培养人才队伍。从 20 世纪 80 年代初开始，在江苏扬州、山东泰安、湖南板仓、河北承德、四川大邑等地建立了八大培训基地。板仓培训中心正是基地之一。

与其他几个培训中心不同，板仓培训中心位于远离城市的乡村，交通保障等方面并不十分方便。但考虑到板仓是杨开慧的家乡，烈士的英雄事迹可以激励学员的坚强意志；板仓纪念馆本身是博物馆学、陈列展览等教学实践场地；远离大城市，人员稀少，有利于静心学习。所以，国家文物局选址在此并在现有纪念馆后面修建了可容纳 60 人左右的学员宿舍，将纪念馆的会议室作为学员教室。

从 1980 年到 1984 年，板仓培训中心已培训了 9 期学员，我们这期为第 10 期。

铭记英雄祭扫英烈

来到板仓的第二天便开始上课，第一课是接受革命传统教育，参观杨开慧故居、纪念馆、祭扫烈士陵园。

1985 年 3 月学员在板仓纪念馆合影

杨开慧故居门前

杨开慧故居坐西朝东位于板仓冲的正中央，其南、北、西三面环山，门前有个不大的广场，东面一条蜿蜒的山路直通汨罗江畔。故居始建于清乾隆年间，占地面积 120 亩，现存大小房屋 36 间，为土砖木结构的农家院落。大门刻有"忠厚传家久，诗书继世长"的门联。房屋以堂屋为界，北院为父亲杨昌济家，南院是杨开慧叔父杨瑞生家。

1901 年 11 月 6 日，杨开慧诞生于此并在这里度过了童年。1913 年，她随父亲杨昌济迁居长沙，1918 年杨昌济到北大任教，举家迁往北京。1920 年 1 月 17 日，杨昌济先生病逝，杨开慧扶枢南下回到板仓，安葬父亲。7 月，杨开慧动员母亲捐出了父亲去世时同事们送的"奠仪"费支持从事创建中国共产党的活动，创办文化书社。接着她参加了湖南学生联合会，任宣传委员，开展反帝反封建的宣传鼓动工作，支持驱除军阀张敬尧的群众运动，参加示威游行。10 月，她光荣地加入了中国社会主义青年团。1920 年冬结婚。第二年光荣地加入中国共产党，成为湖南最早的女共产党员之一。接着，转战长沙、上海、韶山、广州、武汉，协助发展党的组织，开展工人、农民、学生运动等。1927 年"四一二"反革命政变后，回到长沙板仓老家。

　　此后三年时间里杨开慧参加板仓一带党组织会议，坚持为革命做

杨开慧故居卧室

宣传工作。当时长沙一片白色恐怖，1930 年 10 月，杨开慧不幸被捕，11 月 14 日下午被国民党反动派何健枪杀在长沙识字岭，年仅 29 岁。杨开慧牺牲后，长沙亲友含泪收敛了烈士遗体，星夜运回板仓，安葬在杨家公山下的棉花坡坡阴。

　　中华人民共和国成立后的 1959 年，国家在杨开慧烈士墓前修建了纪念亭、纪念塔。1966 年成立板仓纪念馆，来年 4 月重修墓地并建杨开慧烈士陵园。1969 年，当地政府将烈士遗骨迁移到棉花坡坡阳新墓

址，并与 1957 年病逝的母亲向振熙合穴。同时，陵园内还有杨开慧祖父书樵与父亲昌济的合葬墓以及堂弟杨开明烈士墓。1972 年和

1983 年湖南省人民政府分别将烈士陵园和故居公布为省重点文物保护单位。

　　故居南侧是 20 世纪 60 年代批准建设的板仓纪念馆，由一排坐西朝东的平房组成。中间是一个穿堂门，南北两侧是展室和会议室，面积几百平方米，简陋的展室内陈列了杨开慧烈士和父母的主要生平事迹。

　　纪念馆的南侧隔一条两米宽

棉花坡上杨开慧原墓穴和
20 世纪 50 年代修的纪念亭

的小马路为烈士陵园所在的棉花坡。

板仓十期的学员们祭扫了杨开慧烈士墓并向烈士墓敬献了花篮，追思烈士在那水深火热的黑暗年代，勇敢投身革命，救国救民的高尚情怀，铭记她面对敌人的屠刀大义凛然慷慨赴死的英雄气概，并宣誓：继承烈士遗志，不辜负国家和单位给自己创造的这次难得的学习机会，为实现祖国四个现代化努力学习，为实现共产主义奋斗终生。

紧张的学习

板仓十期的学员们来自 26 个省、自治区直辖市共计 56 人，属于 6 个不同民族，岁数最小的 20 岁，最大的 50 岁，文化程度大部分偏低，大学毕业的不多，文博专业功底相对薄弱。但这批学员都有很强的责任感、使命感，对待学习如饥似渴，102 天的学习，近 600 个学时 10 门课程，相当于全日制大学一年的课程。上午、下午各四节课，晚上时常有课程，学员们从不迟到、逃课，老师教的认真，学生们学的如痴如醉。对于这种填鸭式的教学，如果是在校大学生肯定是效果不佳，可这些学员大部分来自文博工作第一线，实际经验多，缺少的是理论知识，他们期望的就是学到更多的理论，因此，对这种看似灌输式的教学十分理解，乐意接受。

在 102 天的学习中，共学习《文物政策法令》《考古学通论》《博物馆学概论》《陶瓷史和陶瓷鉴定》《文物鉴定学》《中国古建史》《文物修复技术》《古文字学》《中国美术史》《农业考古》十门课。来自全国的 21 位既有实践经验，又有理论研究深度的文博大家为学员授课 586 个课时，其中，《农业考古》杂志社社长兼总编陈文华教授讲授的农业考古，南京博物馆张浦生教授讲授的陶瓷鉴定，湖南博物馆的周世荣教授讲授的长沙窑，湖南考古所傅举有教授的秦汉考古都给学员们留下了深刻的印象。50 名学员写出了包括博物馆建设、文物研究等方面 49 篇论点明确、内容丰富的学习论文，总计 20 万字。记得我写了一篇《商周青铜器的基本特征》，现在感觉写得十分肤浅，但它表明了当时自己对青铜器的爱好和关注。

愉快的生活

从当年 3 月 12 日开始，学员们的生活轨迹就是从学员宿舍到课室，距离不超过 30 米，纪念馆东南一华里外就是开慧村，土坯木结构的农家建筑散落在丘陵和田边，此地人烟稀少，几乎看不到商店、饭店，这里的生活十分单调，交通和通讯都不方便。每天仅有三班长途汽车通往长沙，打电话是件十分奢侈的事，仅纪念馆有一部黑色干电池摇把电话机，与省外联系需要转接几次，少则 20 分钟，多则一半天的等待，通讯主要靠信函。不过，学员们抱着学习的态度而来，对此并不在意。

同时，学员们也利用现有的条件，在学习空隙丰富自己的生活，饭后散步成为主要活动之一。

纪念馆南侧棉花坡杨开慧烈士陵园几乎成为每天必去的地方。陵园没有任何围挡。棉花坡是一座距离地面不足 20 米高的小山。西北高，东南低。陵园从东南山脚至西北墓区由三层梯形平台相连，墓冢在最上层正方形平台之中，墓碑横置斜放，汉白玉石质，刻楷书碑文"杨老夫人与开慧烈士同穴"。墓后的大型词碑上镌刻毛泽东手书《蝶恋花·答李淑一》词一首，墓地四周苍松树环绕，树龄十五六年的样子，手腕子粗，两三米高。棉花坡北坡有两条小路直达烈士墓平台。杨开慧迁葬前的墓穴和杨昌济先生与父亲的合墓及五十年代建造的纪念碑、纪念亭就在小路旁边。

每次来到陵园，说是散步，实为一次精神的洗礼，每每走过杨开慧墓前，都能激发出学员们为实现四个现代化的伟大目标而努力学习的高昂斗志。

每天在这里的活动使学员们对陵园及其周围的一草一木逐渐熟悉，并深深爱上了这片英雄的土地。当然，培训中心的领导们也为学员们的学习和生活想了许多内容。先后安排外出参观岳阳地区博物馆、岳阳楼、湖南省博物馆、韶山毛泽东同志故居纪念馆、中共湘区委员会旧址陈列馆，长沙铜官窑窑址。游览了洞庭湖、张家界等名山大湖，帮助学员了解三湘大地的文化和自然，开阔眼界。

在学期开始和临近结尾举办的联欢晚会上，学员们自编自演的芭蕾舞、朝鲜舞、京剧清唱、南女生独唱、器乐独奏、口技、诗朗诵，一个接着一个。

纪念馆与学员宿舍之间有一块空地和一个池塘。空地上安装了排球网，学员们经常打排球锻炼身体，同时中心还配备了乒乓球、康乐球、象棋、跳棋。有些学员还把帮助伙房师傅池塘捞鱼、做饭当做了业余生活。

近四个月的板仓学习在紧张和愉悦中很快过去。1985 年 6 月 19日，学员们带着满满的学习收获，带着对杨开慧烈士的无比敬仰，带着对板仓这片红土地的眷恋以及对三湘大地的热爱圆满地完成了培训任务，踏上归途，奔向自己的工作岗位……

再回板仓

转眼间 35 年过去，当时板仓十期的学员大部分成为单位业务骨干，有些还成为地方文物部门的领导。大多数学员后来并没有机会再回板仓，但他们每每提到当时的学习经历，都十分怀念。

2020 年到长沙县参加中国文物报社举办的"第六届全国十佳文博技术产品及服务推介活动"终评会。此时的长沙县已与长沙市连为一体，成为大都市的一部分，高耸入云的摩天大厦，车水马龙的繁华街道，密集的公路网，已不是三十多年前的模样。

9 月 9 日中午一到长沙县，当年板仓学习的情景历历在目。趁下午半天空挡，想再到板仓，祭扫烈士墓，看看那片红土地的变化。下午两点，乘车往北直奔板仓。沿途快速宽广的京珠高速公路代替了当年的乡间公路，穿梭如流的车辆显示了几十年经济发展的成果。

下午 3 点到达板仓纪念馆广场，过去的小广场扩大了许多，停满了参观的旅游车和私家车。

纪念馆门前

杨开慧纪念馆序厅

板仓遇故知

　　纪念馆已焕然一新,三层的纪念馆建筑白墙青瓦,整体庄严肃穆。站立门前,整肃衣冠后庄重地拍了一张纪念照,出于职业习惯,希望尽快看到久违了的展览。大门内的序厅展览为一组《慨然赴死》的主体雕塑。为杨开慧烈士面对敌人的刑具和屠刀时,选择慷慨就义的英勇形象，其脚下巨大的磐石表现烈士坚毅的革命信念，身后鲜红的党旗寓意为革命烈士鲜血染红，身后高墙部分面则传递出旧社会的统治因为革命烈士的英勇付出而轰然倒塌的场景。雕塑两侧的墙壁上，是毛泽东主席的《贺新郎·别友》和《蝶恋花·答李淑一》两首词以及四位党和国家领导人为杨开慧烈士的题词。

根据印象，序厅好像是我们学习时池塘的位置。处于怀旧，找到纪念馆门口内侧几位年轻的工作人员询问，他们对我的问题一头雾水。此时，一位坐在旁边，看上去50多岁的男同志诧异地对我说："过去这里确实是池塘的位置，你怎么会知道。"我说了35年前的培训经历，听到我的话，男同志兴奋地说，自己在纪念馆工作近40年,他是35年前给学员们做饭的厨师罗怀谷。我仔细端详了一会，突然想起了。当时给我们做饭的共有两个师傅，其中一个是20来岁的罗姓师傅。当时小罗师傅每天早晨骑一部二八加重单车到镇上为学员购买蔬菜、副食、肉蛋和米面。那时的罗师傅略显黑瘦、稚嫩。35年过去，眼前的这位罗师傅已年过半百，身体微胖了一些。偶遇罗师傅，十分高兴，寒暄之后，罗师傅主动提出带我参观纪念馆、故居，祭扫烈士陵墓，看看板仓几十年的变化。

罗师傅介绍，2007 年当地政府投资治理了纪念馆周边环境，拓展了一万平方米的馆前广场，树立了景区标识标牌、增加了景区视频监控和背景音乐系统，建设游客接待中心、添加了影视放映厅等配套设施。重建了建筑面积 4000 平方米的纪念馆。2010 年 11 月 16 日，在杨开慧烈士就义 80 周年和毛岸英烈士为国捐躯 60 周年之际，新馆对外开放，馆名由板仓纪念馆改为杨开慧纪念馆。

1982 年发现的杨开慧手稿《偶感》

新馆分三层，一层是以"骄阳颂"

为主题的杨开慧烈士生平业绩陈列，包括忠厚传家的好女儿、忠烈为民的好学生、忠贞爱情的好妻子、忠义教子的好母亲、忠诚革命的好党员五部分；二层是以"欲载大木柱长天"为主题的杨昌济生平事迹展览及"骄阳之子"毛岸英、毛岸青生平事迹展览；三层为湖湘女红文化展。整个展览陈展形式设计新颖现代，符合人们审美需求，各种材质的塑像及半景画和文物结合恰到好处，教育内容灵活多样，展陈中现代工艺和材料以及必要的声光电技术的应用，清晰生动地体现了主题的内容。

故居依旧，保存得很好。只是听说在 1990 年 8 月中旬，维修故居时在卧室后墙离地面约两米高处的泥砖缝中发现一叠杨开慧烈士 1930 年元月为怀念毛泽东而写的手稿，约 1000 余字。这是自 1950 年和 1982 年分别在故居前院菜地和靠近杨开慧卧室屋檐梁架与斗拱结合处发现两批烈士遗物和手稿后发现的第三批遗物，具有极高的史料价值。

棉花坡烈士陵园周围的松柏树粗壮和高大了许多，有十来米高。阶梯比以前宽阔了不少。罗师傅说，20 世纪 90 年代后，国家对陵园进行了多次整修、维护和增建，1990 年，在棉花坡南侧陵园中央塑建杨开慧烈士全身汉白玉像一尊，台阶前修建了圆形花坛及汉白玉浮雕花圈，加宽了陵园进门石台阶，重铺了麻石地面。第二年还拆除了陵园诗词墓碑和墓穴顶，在原地进行了重建，现在的墓为汉白玉墓质，墓穴后方建成一座高 5 米、宽 14 米的大型诗词碑，碑面用全黑磨光大理石贴面，上有金色字体镌刻的毛主席手书《蝶恋花·答李淑一》词一篇。

在罗师傅的引领下，我再次来到杨开慧烈士墓前，行鞠躬礼，并敬献了鲜花。

烈士遗愿终实现

拜谒完烈士墓，我站在突兀的棉花坡上遥望东方，宽阔蜿蜒的公路上来往的车辆川流不息，不远处，开慧村掩映在青山绿树中，一幢幢规划有序，既传统，又现代的白墙灰顶建筑代替了过去的土坯房舍，宾馆饭店、店铺商号和文化设施以及三三两两的人群映衬出一幅社会主义新农村的美丽景象，现在的板仓旧貌变新颜。罗师傅激动地介绍，随着杨开慧纪念馆的重建，陈展水平的提升，烈士陵园的整修，周边环境的治理以及交通状况的改善，每天来板仓参观的游客络绎不绝，一年达几百万人次。纪念馆的红色文化带动了当地的经济发展。现在，杨开慧纪念馆是湖南省首批爱国主义教育基地、全国首批百家红色旅游经典景区之一，国家 4A、湖南省著名的旅游景区。开慧村的发展得到了各级党委和政府的支持与关怀。在党的领导下，板仓人民已经过上了幸福美满的新生活。

　　看到这里，我想，九十年前，杨开慧烈士的鲜血没有白流，她生前的伟大理想正在逐渐成为现实。

　　（原载《中国文物报》2021 年 4 月 6 日 8 版、4 月 13 日 8 版）

欧洲访问随笔
—— 意、西文物安全观的思考

　　意大利共和国由南欧的亚平宁半岛及地中海上的西西里岛与萨丁岛所组成，是欧洲民族及文化的摇篮，曾孕育出罗马文化及伊特拉斯坎文明，13 世纪末，成为欧洲文艺复兴发源地。至今有 58 项世界遗产，目前位居世界第一。西班牙王国位于欧洲西南部的伊比利亚半岛，80 万年前，就有人类在此居住，15 世纪始建立单一国家，在文艺复兴时期是欧洲最强大的国家。

　　意大利、西班牙都是具有悠久历史的国家，保留下大量历史文化遗产，近现代以来，两国在遗产保护和维护其安全方面取得了可贵的经验。至今在意大利和西班牙都能见到名闻遐迩的史前时期绘画及古罗马时代的宏伟建筑和文艺复兴时期的绘画、雕刻、古迹和文物，诸如庞贝古城、比萨斜塔、古罗马竞技场、阿尔塔米拉洞窟、塞哥维亚古镇及高架引水渠、阿兰布拉宫和赫内拉利费花园等著名古迹。

西班牙塞万提斯广场

2003 年 9 月 18 日至 9 月 30 日，国家文物局邀请公安部、海关总署及北京、河北、山西、陕西、河南省文物局的有关人员组成中国文物安全考察团，赴意、西两国就文物安全防范、打击文物犯罪及非法出境文物的国际返还问题进行考察。笔者作为河北的代表有幸参观了两国部分博物馆、世界遗产地及一些古代遗址、建筑，拜会了意大利文化遗产部、文物宪兵司令部、海关以及西班牙的教育文化体育部、国民警卫队、海关总署的官员。在这里，了解到两国完善的文物保护法律体系和有效的文物保护机构设置及许多文物保护理念与经验。在我国即将对《文物保护法》再次进行修改和完善的今天，意、西两国的做法仍然值得我们思考和借鉴。

古罗马竞技场

长期完善的文物立法

意、西两国是法制比较健全的国家，十分重视文物立法。立法对保护本国的历史遗产起了决定性的作用。意大利把文物保护作为一项重要国策写入了宪法，规定了国家负责保护艺术、历史遗产的责任。而早在意大利统一之前的 1462 年，意大利还在教皇统治时，就曾做出决定，不能随便破坏古建筑遗址，否则将被判处监禁或不许入教。1624 年规定，禁止随便买卖艺术作品。1773 年委托专人对教堂里的艺术品进行登记造册。1821 年正式确定文化遗产是本地文化历史不可分割的组成部分。意大利统一后陆续出台了一系列有关文物保护的法律法规。1939 年通过了《关于保护艺术品和历史文化财产的法律》《关于保护自然景观的法律》，第二年又发布了《关于保护自然景观的法律的实施细则》。1961 年颁布《关于保护具有艺术和历史价值的物品的规定》，1975 年发布《关于保护国家考古、艺术和历史财产的措施》，1985 年经众议院和参议院批准，意总统颁布了《关于保护具有特殊环境价值的地区的紧急规定》。尤为重要的是，1999 年意大利对先前的各种法律进行了综合和提炼，颁布了《文物法》，它简化了许多行政管理程序，保持了原有的法律框架，对意国境内的可移动和不可移动文物，不论所有权均进行了强有力的规范。如规定：受保护的物品不得销毁、移动、改变或未经文化遗产部的授权而擅自修复；也不得用作与其历史或艺术特点不符以及有损于它们的保护或完整性的其他用途；文化遗产部的地方机构（直属管理处）可随时对法律限定的物品进行检查，确认它们是否还存在，以及检查它们的保护情况。

塞哥维亚高架引水渠

　　西班牙在 1985 年以皇家法令的形式颁布了《历史遗产法》，该法共分九大部分，确立了保护西班牙历史遗产的法律框架。1998 年，经过 13 年的实践，西议会对遗产法进行了修改和补充，使其更具操作性。西班牙全国共分 17 个大的行政区，大区政府在政务方面具有极大的独立性，但大区政府非常重视遗产保护，17 个大区中的 14 个区在国家遗产法的框架基础上制定了自己的遗产法。

庞贝古城遗址

对私有文物的严格管理

在西方，私有财产神圣不可侵犯，但作为文化遗产的文物管理在这两个国家却是例外。他们认为文化遗产所包含的历史、艺术信息和科学价值不能归某一人或某一代人所独有，而应为整个社会、民族、全体公民共有。私有文物必须受到国家保护和严密监督。因此，两国的法律均规定私人拥有的文物必须进行登记，必须承担应尽的责任和义务。西班牙国家规定，私人拥有的文化遗产至少要在每个月向公众展示一次。由于私人的文物在国家和当地有两层登记记录，如果私人想要出卖自己的文物，必须先报告大区政府，经大区政府授权才可出卖，而且国家和大区政府有优先购买权。文物卖出后原登记记录要相应改变，国家和有关的大区政府对买卖双方都有记录，遗产去向一目了然。关于私人文物的修复、修缮，西班牙规定，私人未履行应尽的责任和义务，对需要修复、维修的遗产展开工作，国家和大区政府可以自动对遗产拥有所有权，也可以强行开展修复、修缮，然后持票据要求物主付账，如果遭到拒付，国家和大区政府可将遗产收回拍卖。在意大利，全国的文物商人必须到国家注册登记，并说明自己有什么样的收藏，主要买卖什么文物。国家规定，文物商人只能从事国内买卖，而且必须保证所交易的文物不是出土文物，或必须是1909年以前文物法规颁布前的文物，否则不得交易。而西班牙则规定，可移动文物只允许在国内自由流通。经特别许可出境的文物须交纳百分之七的增值税（欧盟成员国除外）。而100年以上和不够100年，但在国家登记的名录上的遗产出口须经教育文化体育部批准，如有特殊价值的国宝级遗产永远不得出口。

在意大利国家博物馆考察

有效的打击文物犯罪机构

　　意大利、西班牙两国为欧洲乃至世界上的历史遗产大国，众多的文化遗产成为文物犯罪集团觊觎的目标，盗窃、盗掘、走私文物的问题时有发生。为对付日益猖獗的文物犯罪，两国设立了特殊的机构，打击文物犯罪。意大利于1969年5月3日成立了文物宪兵，归意大利国防部管理，属国防部负责民事方面的一个兵种，其主要任务是查找丢失的文物，鉴别被扣疑似文物的真伪，检查文物商业活动、私人文物修复点，从国外追索被盗文物，从空中和海上巡查文物点，处理文物犯罪分子。2003 年，共有文物宪兵 300 人，文物宪兵司令部设在罗马，内分行政办公室和文物缉私行动指挥部等。

古罗马广场遗址

文物缉私行动指挥部是文物宪兵司令部的一个重要工作部门，内设反走私部（在全国文物犯罪热点城市还设有文物缉私分部，各分部有宪兵 15 名）和信息中心。反走私部有宪兵 20 人，他们大都具备考古经验，掌握全国的考古发掘信息，主要负责对被扣押的疑似文物等进行鉴别，包括真伪和是否为出土文物等。信息中心有 30 名宪兵，每天负责将意大利和世界各地的文物失窃信息收集并录入到数据库，同时对每条被盗信息进行分析，探察被盗的文物是已登记在册的还是地下出土未经登记的。另外该中心还负责收集世界各拍卖行的拍卖目录，分析查看是否有本国失窃的文物。截至 2003 年，该中心的数据库共收集了 9 万个文物案子，20 多万条信息。数据库与文化遗产部的数据库相互联网，可直接与遗产部在册登记的文物记录进行核对。另外，数据库与国家考古研究委员会、英法等国、梵蒂冈教堂和因特网联网，适时核对国家考古文物情况，对怀疑是意大利的文物而又没有记录的，请求他国协助返还，并找寻意大利丢失的文物，同时还要了解是否有教堂文物被盗。中心每六个月向有关机构公布一次被盗名单，以通报情况。意大利宪兵的工作，对查找被盗文物，打击意大利本国和跨国文物犯罪方面起到了决定性作用。自 1970 年至 2002 年，意大利全国共发生艺术品失窃案 41477 件，发生偷运艺术品案 79 万起，文物宪兵共从国内找回被盗文物 20 万件，收回考古遗址出土文物 500151 件，从国外追索文物 7708 件，返还外国文物 1152 件，3000 多名文物犯罪嫌疑人被逮捕，近万名文物犯罪嫌疑人被列入抓捕名单。

圣家族大教堂

西班牙每年发生文物盗窃案大约 300 至 350 起，另外还有一些盗墓案发生。为此，西班牙以国民警卫队和警察为主成立了打击文物犯罪的机构。西班牙的国民警卫队和警察总局统属国家内政部，其中的一部分人员负责文物案件的调查和打击文物犯罪工作。两者的区别在于警察总局负责首都马德里和大区首府的文物案件，其他地区的文物案件由国民警卫队负责。国民警卫队设有遗产保护组，它分三个层次进行管理，一是设在马德里的文物保护小组，负责国家的遗产保护，主要处理全国的文物走私案，成员由 8 名专职人员组成。二是设在每个大区的文物保护小组。三是在大区以下设一名文物保护专员。大区的文物保护小组和文物保护专员都是兼职人员，负责处理盗窃文物，盗掘古墓，与文物案件有关的文物研究，甄别真假文物，将了解到的文物走私信息上报等。另外，在国民警卫队中还有隶属财政部的海关处官员负责查验出口物品，与国民警卫队共同处理走私文物的案件。

庞大的保卫队伍和卓有成效的技防系统

位于意大利南部那不勒斯的庞贝考古局管理着包括庞贝古城在内的 5 个考古遗址，总人数为 814 人，其中除少数人员为考古专业人员和管理者外，近 600 人为保卫人员，占总人数的百分之七十。西班牙的文物安全工作由两部分组成。其中有一个隶属于首相府的国家遗产安全处，负责国内的几处皇宫、大的教堂、修道院等楼宇建筑的内部安全保卫工作，该处共有 600 人，除 100 人为行政人员外，500 人是警卫。大量的保卫人员是两国文物安全保卫工作的一大特点，突出了人防为主的管理现状。

威尼斯远景

利用现代化的科技手段保护文物是世界各国普遍追寻的目标，而对博物馆出入口的布控成为技术设防的重点。在巴塞罗那现代艺术博物馆，有一套电子门禁系统。这套系统将馆内所有的出入口用电子门封锁，工作人员必须持电子卡开门，但每个卡的开门指令是不一样的。每个工作人员应当开什么样的门都被编成了软件储存在微机里，不适当的开门指令马上会被记录并传输到负责安全保卫的中控室的微机，警卫人员可以立即采取措施。系统全天自动监控博物馆出入口，并对不适当的开门者进行记录，提示警卫人员，防止艺术品被盗。

另外，两国在文物安全方面还有许多值得我们学习的地方，如两国的文物安防设备等硬件建设与我国相差无几，或者说一些设备还不及中国，但他们对安防设施的安装十分讲究，一是隐蔽，二是与建筑和周围的环境融为一体，外人很难看到摄像镜头和线路。虽然我们已注意到这个问题，但重视程度不够。

成功的文物安全工作经验

记得当年，意大利文物宪兵司令部的副总指挥曾告诉我们，要想保护好国家历史文化遗产，一靠立法，二靠执法。

在保护本国的文物安全方面，两国有许多成功经验。首先是完善的文物保护法律体系，奠定了文物保护的法律基础，使得两国的文物基础工作十分扎实。如成熟的登记制度消除了大量隐患，避免了许多文物案件。据介绍，犯罪分子很少盗窃博物馆的文物，因为那里的文物有详细的记录，盗窃后的义物很难出手。私人文物登记制度的建立和执行，限制了私有文物的自由处置，使之完全处于国家的掌控和监督中，将这些最容易出问题、难管理、数量大的文化财产的风险降到了最低的程度。其次是良好的执法环境。平时，两国政府十分重视提高国民的文物保护意识。意大利文化遗产部每年都要组织一个文化周活动，活动期间所有公立博物馆免费向公众开放。包括属于遗产范畴的总统府、议会大厦也定期向社会开放。各级学校利用众多的文化遗产，对学生开展生动活泼的历史、文化、艺术教育。这种潜移默化的熏陶，使文物保护意识真正地深入人心，凡遇到文物执法活动，公民和有关组织、机构都主动配合。在庞贝附近的任何建设工程，只要考古局认为有必要，就可以进行考古调查或发掘，或者派人进驻建设工地监督，或者随时派人到建设工地查看，这些行动均属执法活动，不受任何阻拦，费用全部由建设单位支付。这种情况在罗马街头更是比比皆是，所有的建设工程只要遇到古代的遗迹，必须绕开进行，遗迹被完整地保留在路边。第三是先进的文物保护理念。私人拥有的文化遗产，其处置权受国家严格限制和监督的理念值得我国在立法中借鉴。这一理念表明，以前中国人对西方世界"私有财产神圣不可侵犯"的理解是不全面的，至少，对文化遗产的管理是例外的。第四是强有力的打击文物犯罪机构。目前，意大利文物宪兵仍是世界上打击文物犯罪最成功的武装力量之一。近年来，我国也吸取外国成功经验，由公安部会同国家文物局联合开展打击文物犯罪专项行动，取得显著成效。

他山之石可以攻玉，尽管意、西两国在文物保护中也有不尽如人意之处，但借鉴其他国家的成功做法和经验仍是推动我国文物保护事业发展的有效路径。

（原载《中国文物报》2021 年 11 月 16 日第 8 版<上>，11 月 30 日第 8 版<下>）

五　书评篇

老骥伏枥志千里　文物理论照汗青
——评《李晓东文物论著全集》

　　曾几何时，我在读《史记》时，除了对司马迁究天人之际、通古今之变、成一家之言，探讨人类历史发展规律的严谨治学态度、翔实考证以及优美的文字所折服外，更对这部鸿篇巨制啧啧称奇，试想在两千多年前，没有纸张，只凭简牍成册，书写50多万字是一个何等巨大的工程，作者是怎样凭借一己之力完成的？我想，那就是持之以恒、矢志不渝、孜孜以求的精神，这种精神千百年来根植在中华民族文人的血液里，传承不息。

《李晓东文物论著全集》

今天，当我用时一个月时间拜读完文物出版社刚刚出版的《李晓东文物论著全集》时，其洋洋洒洒 360 万字的内容令我震惊，犹如看到了中国古代文人那种崇高的精神境界在今天的传承与发扬。

一

首卷开篇为李晓东先生执笔的《河北易县燕下都故城勘察和试掘》报告。

1961 年，李先生从北大历史系考古专业毕业后分配到河北省文化局文物工作队。同年 3 月 4 日，国务院公布了第一批全国重点文物保护单位，易县燕下都名列其中。为做好这处国保单位的"四有"和规划工作，河北省文物工作队组织了包括李先生在内的易县燕下都"四有"规划工作组，从当年 7 月开始，有目的地开展了燕下都遗址考古勘察，随后对部分遗址和建筑遗迹进行了试掘。这次实践经历对李先生后来文物保护理论的形成具有重要影响，在之后的几十年间，对包括"四有"工作在内的文物保护基础工作的重视始终贯穿于先生的理论和实践之中。这篇报告将勘察和试掘的过程分为城址勘察、城内文化遗存分布和结语三个部分，并进行了详细描述、记录和总结，注释准确，表格内容全面，遗址编号、位置、性质、面积、文化层深厚度、主要遗物、备注一目了然，图版选择得当。这篇报告应该说是李先生参加工作以来的开山之作，其写作的逻辑与内容均反映出先生作为一个考古专业毕业生扎实的基本功和良好的专业素养，以及深厚的文字写作功底和严谨缜密的逻辑思维能力，为后来成为文物理论大家奠定了基础。

全集首卷还收录了 20 世纪 80 年代初由河北人民出版社出版的《河北名胜古迹》一书和《可爱的河北》《河北风物志》中李先生所撰写的有关名胜古迹和革命纪念地的部分内容。这些作品无不饱含着李先生对生活、工作了 20 年的燕赵大地的热爱。他结合自己对文物的理解，将当时河北省的 23 处全国重点文物保护单位和 304 处省级文物保护单位中的部分内容整理编纂形成的这几部普及性读物，资料翔实，介绍准确、生动，富有知识性和趣味性，是先生工作 20 余年善于收集整理资料，勤于写作，熟练掌握业务的真实写照。

1987 年由文物出版社出版的《文物保护管理概要》一书被收录在首卷最后一部分。全书共分六章，以 1982 年 11 月 19 日全国人大常委会颁布的《中华人民共和国文物保护法》为依据，吸收了中华人民共和国成立以来一些行之有效的有关文物保护的规定，并结合李先生20 多年文物保护管理工作的实践经验编写而成，目的是为学习、贯彻执行这部中华人民共和国第一部文化方面的法律提供参考。《概要》首先从文物保护法和受国家保护的文物入手，解析了文物保护法对国家文物政策的延续和发展，对总则中的法条内涵进行了诠释，特别是对文物的概念采用列举法进行了说明，同时对文物所有权及文物保护经费、文物保护目的予以重点阐述；二至五章则全面阐述了文物保护管理业务。此书全面研究了中华人民共和国成立以来党和政府有关文物工作的方针政策，及其与 1982 年《文物保护法》的关系，特别是详细诠释了与文物保护、管理、法律有关的名词、术语。谢辰生先生在为该书作序时评价"李晓东同志的这部著述，是新中国成立以来第一部系统论述有关文物管理工作的书"，它为后来李先生文物学、文物法学理论的形成打下了坚实的基础。

二

第二卷收录了李先生《中国文物学概论》和《文物法学：理论与实践》两部重要论著。

《中国文物学概论》是我国第一部文物学著作，该书从学科建设的角度将文物学总体结构分为三个层次，逐步搭建出文物学的基本构架，并从理论和方法的角度，概括论述文物学的整体结构和体系发展的主要方面和主要问题。2005 年，先生在《中国文物学概论》原有架构体系基础上做出进一步调整、补充、修订，形成《文物学》一书，并由北京学苑出版社出版——该书收录在全集的第三卷。《文物学》增加了文物定名、古书画、古文献、近代现代文物和 21 世纪的文物学共五章十七节，在《中国文物学概论》原有章节外增加了四节及文物特性、现代的文物研究与保护、不可移动文物防范技术等小节，使《文物学》成为一部结构体系完整、合理，内容充实的文物保护、研究、管理的理论巨著。从《中国文物学概论》到《文物学》，构建起了中国文物学学科体系，对于学科建设和中国文物事业发展具有理论指导意义。

第二卷收录的《文物法学：理论与实践》一书是李先生从中国国情出发，结合文物特点和文物保护工作规律，学习、研究文物法律，总结实施文物法律的经验，探索加强文物法制建设的过程中撰写的另一部重要理论文集。书中提出了文物法律体系和文物法学概念，并展开论述。该书包括文物法律论述、文物保护法讲述、国际组织与外国文物法律介绍、文物保护与管理文选等四个方面，论述了文物法律及其实施、依法行政和依法保护管理文物等内容，从应用法学的角度研究了国内外文物法律规范以及保护文物的社会实践，特别是对文物保护实践中的法律适用问题进行了重点论述。该书对文物法律法规的适用展开了深度探索和总结，对进一步开展文物法律和文物法学的理论研究与实践，加强文物法学学科和文物法制的建设，进一步用法律引导、推进、保障文物工作顺利进行和文物事业健康发展具有理论指引作用。《文物法学：理论与实践》与《文物保护管理概要》《文物学》共同组成了李晓东先生文物保护管理理论体系的重要部分，这些著作的问世标志着先生文物保护管理理论体系基本成熟，也奠定了他在该领域的学术地位。

三

第三卷收录的是 2002 年出版的《文物保护法概论》和 2005 年出版的《文物学》。

李先生 1996 年后参加了《文物保护法》的整个修订过程。2002年 10 月 28 日新修订的《文物保护法》公布实施后，李先生的专著《文物保护法概论》于同年 11 月由学苑出版社出版。《概论》从宏观上阐述了文物的定义、特性、价值和作用，以及立法宗旨、各种管理制度和措施的制定原则，详细说明了修订《文物保护法》各项规定的必要性和合理性。这部书是一部实用性书籍，是指导人们学习、理解新修订《文物保护法》的一部辅导性专著，可帮助人们更好地理解《文物保护法》内容的精神实质，提高人们正确贯彻执行《文物保护法》的自觉性。

第四卷收录了先生 2006 年完成的《文物与法律研究》文集。文集集中反映了先生对文物法学探索和研究的新成果，及其不畏艰辛、不断攀登的探索过程。

第五卷收录的《文物保护理论与方法》一书出版于 2011 年。该书是先生在文物科学研究过程中，对诸如公益诉讼等文物保护工作中的一些基本问题进行研究后，通过"文物概念、内涵与保护体系述论""文物保护专题论述""文物保护法律论述""文物专门学科探索""'文化遗产'概念应用"等五个部分，探索文物保护的理论与方法，以期指导文物保护工作实践的方法性论著。

第六卷首先收录了《民国文物法规史评》一书。该书出版于 2012 年，是先生 70 岁高龄后出版的一部力作。它以时间为轴线，梳理了民国时期有关文物、古物、古迹等的政策法规及中国共产党领导下边区政府发布的主要文物政策法规文件，用历史唯物主义和辩证唯物主义观点和方法进行研究和评论，构建出民国时期的文物法规史框架。这是一部最早研究现代中国文物保护史源头的专著，书中的内容告诉人们，一些重要文物术语，或概念、理念，或保护原则，在民国时期就已经诞生，如不可移动和可移动古物，古物古迹国有、公有、私有，文物古迹的历史、科学、艺术价值，保护古代名城，保护名人故居，古迹原地保存，保护古迹古物原状，恢复原状，等等，早在 20 世纪二三十年代即已出现。同时，中国共产党在 20 世纪三四十年代开启的保护文化遗物、纪念物和纪念建筑等重要思想和先进理念及其实践，对中华人民共和国成立后革命文物、近现代文物的保护工作产生了深远影响。《民国文物法规史评》的出版说明当代中国特色文物保护理论和道路是在历史进展永远是文物保护理论研究探索的重要课题。

第六卷还收录了文物出版社 2020 年初出版的先生《中国特色文物保护利用之路》一书，对先生 1961 年大学毕业后到 2011 年 50 年的文物考古工作进行了"回顾与思考"。该书从四个方面回顾了历史，思考现在和未来：回顾了文物保护管理工作的思路、方法和路径，总结历史经验和工作规律；回顾了文物法学和文物学科建设重大项目及其实施的重要举措和成绩；思考了中国特色文物保护利用理论建设，探索符合中国国情的文物保护利用道路与建设、完善中国特色文物保护制度；思考了文物学学科建设的指导思想、重要措施、路径和愿景。全书内容丰富，资料翔实，在回顾历史的文章中，人、事、时间、地点等要素齐全，记录的人物达一百多人。特别是将先生在河北工作 20 多年的工作笔记编辑成文，不仅让河北省文物保护工作中一些只知结果不知过程的历史事件得以还原，而且其中的一些材料对于河北乃至全国的文物保护管理研究都具有重要的史料研究价值。

十八大以后，习近平总书记从弘扬中华民族优秀传统文化、培育社会主义核心价值观、重塑国家形象、提高我国文化软实力的高度看待文物工作，把文物保护利用作为展示国家历史底蕴、民族多元一体、文化多元和谐的重要方式，作为进行爱国主义、集体主义、社会主义教育，引导人民群众树立和坚定正确的历史观、民族观、国家观、文化观，增强做中国人的骨气和底气的重要手段。李先生顺应历史时代潮流，努力探索符合中国国情的文物保护利用之路，写出了《关于文物资源资产的几个问题》等重要文章，希望人们牢记职责和使命，在文物保护利用过程中贯彻执行好中国特色社会主义事业"五位一体"总体布局和"四个全面"战略布局的任务，体现了一名老文物工作者的使命担当。

四

纵观《李晓东文物论著全集》，我们欣喜地看到，1949 年中华人民共和国成立以来，我国的文物保护事业在党和国家的正确领导下，经过广大文物工作者的不懈努力，走出了一条中国特色社会主义的文物保护利用之路，形成了完整的中国文物保护管理理论体系。李晓东先生在 59 年的工作生涯中勤奋实践，理论联系实际，博采众长，不断探索、总结、提炼、积累，分类归纳，综合研究，完成了体系建设中的框架建构及学科建设，为我国文物保护事业的理论研究立下了汗马功劳。

在李先生所构筑的文物保护管理理论体系中，文物保护管理、文物学、文物法学三部曲是核心。作为一名文物工作者，学习好这些理论，在工作中就能把握住文物保护的方向性、全局性和根本性的问题，在管理、研究和保护利用文物过程中就能很快摸清文物保护工作规律，弄懂工作方法，找出工作思路，保护好祖国文物。汇集于全集的这些理论，体系完整、写作风格严谨、逻辑关系紧密，既可以作为文物工作实践的理论指南，指导文物工作者做好文物保护管理的本职工作，找到科学的管理、研究、组织方式方法，也可以作为大学文博专业人才教育培养的教科书，为致力于文博事业或即将参加文博工作的后来者筑牢基础。全集许多具有史料价值的工作记录，能够帮助后来的文物工作者研究过去的一些文物保护事件，延续历史的脉络。

文物出版社将李先生的论著合集出版，不但为人们学习李先生的文物保护理论和工作方法提供了便利，更重要的是能够激励现在的文物工作者和文物保护事业的后来人立志奋进，以老一辈文物工作者为榜样，树立为祖国文物保护事业奋斗终生的远大志向，为中国的文物保护事业做出贡献。因此，《李晓东文物论著全集》无疑是文物领域一部难得的好书，它的出版具有里程碑意义，是中国文物界的一件大事。

（原载《文物春秋》2020 年第 6 期）

留住文化根脉

——评《李晓东文物论著全集》

李晓东先生从事考古发掘、文物保护和科研工作已 60 年，在一个甲子的时光里，他始终清醒而自觉地思考中国特色文物保护利用之路的理论、制度和路径。几十年间，他笔耕不辍，发表了一系列思想深邃、与时俱进的文章与论著，2020 年 8 月文物出版社倾力编著成 6 卷本《李晓东文物论著全集》面向海内外出版。

《李晓东文物论著全集》

首卷开篇收录了《河北易县燕下都故城勘察和试掘》报告、《河北名胜古迹》和《可爱的河北》《河北风物志》中有关名胜古迹和革命纪念地的部分内容。这些作品饱含着作者对生活、工作了二十多年的燕赵大地的热爱。1987 年出版的《文物保护管理概要》被收录在首卷最后一部分。

　　第二卷收录了《中国文物学概论》和《文物法学：理论与实践》两部重要论著。《中国文物学概论》从学科建设的角度将文物学总体结构分为三个层次，逐步搭建出文物学的基本构架，并从理论和方法的角度，概括论述文物学的整体结构和体系发展的主要方面和主要问题。《文物法学：理论与实践》是作者在结合文物特点和文物保护工作规律，学习、研究文物法律，总结实施文物法律的经验，探索加强文物法制建设的过程中撰写的一部重要理论文集。书中提出了文物法律体系和文物法学概念，并论述了文物法律及其实施、依法行政和依法保护管理文物等内容，从应用法学的角度研究了国内外文物法律规范以及保护文物的社会实践，重点论述了对文物保护实践中的法律适用问题。

　　第三卷收录的是 2002 年出版的《文物保护法概论》和 2005 年出版的《文物学》。《文物保护法概论》从宏观上阐述了文物的定义、特性、价值和作用以及立法宗旨、各种管理制度和措施的制定原则，详细说明了修订《文物保护法》各项规定的必要性和合理性。2005 年，作者在《中国文物学概论》原有架构体系基础上推出专著《文物学》，增加了文物定名、古书画、古文献、近代现代文物和 21 世纪的文物学，使《文物学》成为一部结构体系完整、合理，内容充实的文物保护、研究、管理的理论巨著。《文物法学：理论与实践》与《文物保护管理概要》《文物学》共同组成了李晓东文物保护管理理论体系的重要部分，这些著作的问世标志着作者文物保护管理理论体系基本成熟，也奠定了他在该领域的学术地位。

　　第四卷收录了作者 2006 年完成的《文物与法律研究》文集，集中反映了作者对文物法学探索和研究的新成果，及其不畏艰辛、不断攀登的探索过程。

　　第五卷收录的《文物保护理论与方法》出版于 2011 年。该书是作者在文物科学研究过程中，对诸如公益诉讼等文物保护工作中的一些基本问题进行研究后，通过"文物概念、内涵与保护体系述论""文物保护专题论述""文物保护法律论述""文物专门学科探索""'文化遗产'概念应用"等五个部分，探索文物保护的理论与方法，以期指导文物保护工作实践的方法性论著。

第六卷收录了《民国文物法规史评》《中国特色文物保护利用之路》。《民国文物法规史评》出版于 2012 年，以时间为轴线，梳理了民国时期有关文物、古物、古迹等的政策法规及中国共产党领导下边区政府发布的主要文物政策法规文件，用历史唯物主义和辩证唯物主义观点和方法进行研究和评论，构建出民国时期的文物法规史框架，是一部较早研究现代中国文物保护史源头的专著。《中国特色文物保护利用之路》出版于 2020 年初，对作者 1961 年大学毕业后到 2011 年五十年的文物考古工作进行了"回顾与思考"。其内容丰富，资料翔实，记录的人物达一百多人。特别是将作者在河北工作二十多年的工作笔记编辑成文，不仅让河北省文物保护工作中一些只知结果不知过程的历史事件得以还原，而且其中的一些材料对于河北乃至全国的文物保护管理研究都具有重要的史料研究价值。

纵观《李晓东文物论著全集》，我们欣喜地看到，李晓东在近六十年的工作生涯中勤奋实践，理论联系实际，博采众长，不断探索、总结、提炼、积累，分类归纳，综合研究，完成了体系建设中的框架建构及学科建设，为我国文物保护事业的理论研究立下了汗马功劳。从中还可以领略老一辈文博工作者筚路蓝缕的艰辛，学习文物保护的基本原理、基本知识，传承他们执着追求、无私奉献的光荣传统，从而认清文博人担当的历史使命，不忘初心、守正创新、永远前进。

（原载《河北日报》2021 年 3 月 5 日第 11 版）

六 其他篇

舍砖兴古刹　添瓦救国宝

——正定县重修大悲阁募捐活动纪实

历史沧桑。巍然屹立于正定古城的大佛寺，目睹着人世间的斗移星转，千年大佛好似一个永生的巨人，一览多磨的岁月。今天，这些历史的遗迹就像人类的年鉴，当歌曲和传说已经缄默的时候，她们还在给人们讲述着古老的故事。时光的风沙、岁月的蹉跎和战争的创伤已使这位历史老人遍体鳞伤、险象环生，保护她们已成为每个当代人的责任。1995年1月，以抢救大佛寺国宝为主题，正定县人民发起了一场浩大的重修大悲阁的募捐活动。

正定自北齐至元、明、清千余年，为河北中南的政治、文化中心，这里既是三国名将赵云的家乡，又是汉朝南越王赵佗的故里。

源远流长的历史，给正定留下了众多的文物古迹。距今五六千年前，我们的祖先就生活、繁衍于此，并留下了灿烂的文化：南杨庄的仰韶文化遗址和小客村的龙山文化遗址出土的陶器、石器播射着原始文化的灵光；新城铺的商代遗址展示着商汤大国的博大气势；青铜礼器的铭文，刻下3000年的历史……正定古地水甘田美，历代人们都曾在此大兴土木，至清代中叶，官署、寺院、道观以及楼台亭榭，遍布城区，星罗棋布的古迹被称为"九楼四塔八大寺"，隆兴寺是目前保存完好的古建筑群，寺内摩尼殿、悬塑观音、大悲阁、铜铸大菩萨等文物或以建筑形式独特取胜，或以杰出的雕刻见长，或以高大雄伟使人津津乐道。他们代表着古代劳动人民的智慧，浸透着劳动人民的汗水。临济寺是佛教禅宗之一，临济宗的发祥地；广惠寺花塔，为中国古塔家族中的杰闻。

闻名遐迩的隆兴寺坐落在县城东部，是现今我国保存较好、规模较大、历史较早的一座佛教寺庙建筑群。隆兴寺始建于隋开皇六年，初名龙藏寺，因寺内有铜铸大菩萨，俗称大佛寺。寺院占地约六万平方米，寺内主要建筑分布在南北中轴线上。迎门有琉璃照壁和三路单孔石拱桥，为游人进寺之阶。通过石桥，便是天王殿，该殿也是隆兴寺的山门。为单檐歇山式建筑。正面有五洞大门，殿内迎门置一尊木雕弥勒佛坐像，两旁有四大天王的威武塑像。天王殿之北是大觉六师殿，现仅存遗址。

摩尼殿，是寺内三大建筑之一。大殿平面呈十字形，重檐九脊歇山顶，布瓦心，绿琉璃瓦剪边，四面各出抱厦，以山面向前，建筑主体富于变化，主次分明，形制奇特，是中国宋代建筑中仅存的一例。大殿雄伟壮观，又不失矫健优雅。殿脊、飞檐曲线如波，自然流畅，四角微翘，如巨鸟振振欲飞。殿内的浮雕玲珑剔透。殿内正中佛坛上，有释迦牟尼说法坐像，其左右两侧站着迦叶和阿难两弟子，均为宋代原塑。扇面墙背面的彩塑须弥山中，有明代彩塑观音坐像，她头戴宝冠，肩披璎珞飘带，胸臂裸露，一足踏莲，一足踞起，双手抚膝，神态安详端庄，是不可多得的艺术品。

大悲阁是寺内主体建筑之一，阁内有铜铸大悲菩萨立像，全高22米，是我国现存宋代铜像中最高的一座。她有42只手臂，每只手心有一只眼睛，故又称千手千眼观音。大悲阁前西侧坐落着北宋时期建造的转轮藏阁，阁内设有木制转轮藏，可以转动，是一座转动的藏经橱。与转轮藏阁相对的东侧是慈氏阁，阁内有高达7米的慈氏菩萨木雕坐像。

依大悲阁北进，还有弥陀殿、净业堂、药师殿、焚堂和堂经幢等，建筑风格和布局均保持宋代特点。寺内还存有隋、宋、金、元、明、清历代碑石30余通，其中的隋代龙藏寺碑尤为著名。立于隋开皇六年的大碑，书体方整，结构严谨，它上承魏隶之遗韵，下启唐楷之先河，与唐初的孟法师碑和雁塔圣教序相较，在书体结构和用笔上都有共同之处，在南北朝至唐的书法艺术发展史上处于承前启后的地位，是研究我国书法艺术发展的珍贵资料。

如果把隆兴寺看成是正定古城中的"明月"，那么屹立于县城周围的古塔就是天际中的繁星。她们烘托着"明月"并与之争辉，构成了这座历史文化名城的又一大景观。

凌霄塔建于金代，塔高 40.98 米，巍峨高耸，是正定最高的古建筑，因材料多为木质，故称"木塔"。它是一座楼阁式塔，这种塔一般体形硕大，是根据佛教的要求，运用中国早已产生的高层楼阁的结构原理，吸收外来因素而创造的一种建筑形制。塔身九层，平面呈八角形，内有阶梯可攀登一、二、三层。四层以上有中心柱，用放射状角梁与塔身连接。由下往上，塔身每层的高度逐渐降低，收分增加。整个塔形外观宏伟，挺拔高耸，从第一层北门进入塔内，可顺楼梯攀至顶层。

在县城生民街东侧，还有一座造型独特、雕塑富丽的古塔，远远望去，如一束巨大的花蕾，与其他各塔争奇斗妍。它就是广惠寺花塔，又称多宝塔，是全国为数不多的花塔家族中的佼佼者。塔高 40.9 米，砖灰结构，为金代遗物。塔身平面呈八角形，四个正面又另加扁六角形亭状的单层套室，俗称小塔，多宝塔之称因此得名，乾隆十五年、廿六年，乾隆皇帝曾两次登塔观光览景并乘兴挥毫。

唐咸通八年，佛教临济宗创始人义玄卒，其弟子收其衣钵，建塔葬之，取名澄灵塔，也称青塔，今天这座塔端坐在县城南侧的临济寺内。塔高 30.47 米，为砖仿木构密檐式塔，最下面为一宽大的石砌基座，正中砌八角形石质塔基，之上为砖砌须弥座。须弥座束腰及平座的栏板上均雕刻奇花异鸟，上部刻三周仰莲座，九级塔身端立于仰莲之内。据载，唐大中八年，义玄禅师到正定临济寺作主持，不久便创立了中国佛教禅宗五家之一的临济宗。义玄禅风峻烈，素以"棒喝"著称。临济宗在日本影响很大，澄灵塔作为临济宗发祥地的代表，一直吸引着国内外许多教徒，日本佛教界多次派遣代表团前来参拜祖塔，与我国进行佛教文化交流。

在正定县城开元寺内，还有一座颇具唐韵的方塔，名为须弥塔。它初建于唐贞观十年，高 16 丈，现在的塔是明大修后的遗物。其外观形式古朴、稳重、端庄，立于一砖砌正方形塔基上。塔身第一层下部砌石陡板一周，各面两端均饰有浮雕力士一躯，石腰线以上为砖砌，正面中间开一石券门，门楣上端嵌一石额，上书"须弥峭立"四字以上八层渐次收敛，塔顶安金属塔刹。从第一层券门进入塔内仰望，于第一层上部位置原作木制斗八藻井，其上至顶中空。该塔除门洞及底层有少量雕饰外，别无任何装饰，显得朴实大方。

古城正定以寺闻名，以塔取胜，然县城常胜街西侧的开元寺钟楼，则以其历史价值在中国古代建筑史上占有一席之地。钟楼是一座平面呈正方形、单檐歇山顶的二层楼阁，高 14 米，面阔三间，进深三间，建筑面积 135 平方米，形制古朴壮观，是全省木构建筑中时间最早的一例。楼上铜钟高 2.9 米，口径 1.56 米，厚 15 厘米，为唐代作品。开元寺钟楼为国内现存少见的晚唐钟楼，对研究我国古代建筑史有着较为重要的价值。

大悲阁昔有御书楼、集庆阁陪村两侧。过去，人们可登阁览胜，瞻佛望景，不少文人曾在此抒怀寄情，写下了不朽的诗篇名作。元朝的谢庭芝登阁赋诗："萧寺峻嶒百尺楼，佩萸载酒到高头，云擎旭照三关晓，天接沱光一色秋。"明朝李攀龙留下"高阁峻嶒倚素秋，西北寒影挂城头，坐来大陆当窗尽，不断滹沱人槛流。下界苍茫元气合，诸天缥缈白云愁。使君趋省无多眺，暂尔登临壮此游。"的名句。昔日的大悲阁巍峨壮观，盛极一时。

自清朝康乾以来近二百年的时间里，大悲阁没有得到正常的维护，到 1943 年，已是阁顶倾颓，梁摧栋折，瓦砾满地，荆棘丛生了。主持和尚纯三到处奔走，呼吁修葺大悲阁，当时河北省伪省长吴赞周和华北政务委员会委员长王揖唐答应协助修缮，因资金匮乏，修缮中拆掉了御书楼和集庆阁，利用旧料将宋代建筑在原基础上缩小了三分之一。重修后的大悲阁失去了宋代的风采，体量的紧缩造成阁内空间减少，游人难以登阁览胜、观佛，更因缺少科学性，其结构和材料上存在严重隐患。自六十年代后，问题逐渐显露，部分檩、椽腐朽，佛像金粉、漆皮脱落，庄严宝像面目全非，残破状况逐年加重。近些年虽经多次抢险加固，仍未能有效地控制险情发展，铜像安全受到严重威胁。

国宝落魄牵动着 54 万正定人的心。县委、县政府责成县文物部门紧急上报省和国家文物主管部门。经调查后，国家文物局决定对大悲阁落架重修，恢复宋式建筑原貌。然而，浩大的工程，需资金近2000 万元。除国家和省里的支持外，尚有部分资金缺口，正定县委、县政府向 54 万人民发出了"舍一砖而兴古刹，添一瓦而救国宝"的募捐呼唤，号召群众为修缮大悲阁增砖添瓦。

1995 年元月 16 日，全县召开募捐大会，会场上激动人心的场面一个接一个。县委书记韩宪章带头捐款 1200 元，县长雷士明出资 1166元，县人大主任李志深献出 1019 元，政协主席沈书思也解囊 1000 元，其他县委副书记、副县长捐款都在千元以上。仅县四大班子领导个人就捐出了 20471 元；大悲阁的卫士、正定文物保管所的干部职工争相捐款 10000 元；受益于大佛寺的正定镇人民，更加关心大佛的安危，献上 50000 元，以表爱心；与正定人民共饮一井之水的石家庄铝厂职工献上 30000 元，他们说：我们虽不是正定人，但住在正定，就与正定有缘，与正定大菩萨有缘，远在外地出差的正定燕春饭店经理王武臣特意委托工作人员将 10000 元汇票送到了募捐会场；接着，正定农村合作基金会送来了 50000 元；化肥股份有限公司贡献出 30000 元。为备战 43 届世乒赛，正在正定进行封闭性训练的国家乒乓球队闻知修国宝募捐的消息后，表示一定要为保护历史文物作点贡献。国家乒乓球男女队各捐款 10000 元，教练张燮林、蔡振华、惠钧和邓亚萍、乔红、王涛、刘伟、乔云萍、林志刚等世界冠军也慷慨解囊 10250 元。正定中小学生，甚至连幼儿园的学龄前儿童也把他们买零食的钱攒下来，送上了纯洁的爱，教委系统共募集到捐款 51935 元。在短短的两个月内，县募捐委员会的功德簿上已记下了 1700000 元。

　　春暖花开万象新。现在，正定人民正在为修国宝献爱心，他们企盼着千年的古刹再现往日的风貌，梦想登上几十年不见的御书楼、集庆阁，领略唐风宋韵，并借此把正定大佛的名字推向世界，为正定经济的发展插上飞翔的翅膀。

　　（原载《河北日报》1995 年 4 月 15 日周末刊第 4 版，略有改动）

文物保护法规知识问答

问：什么是文物？什么是文物保护单位？

答：文物是在历史发展过程中遗留下来由人类创造的一切有价值的物质遗存。《中华人民共和国文物保护法》规定：受国家保护的文物包括：（一）具有历史、艺术、科学价值的古文化遗址、古墓葬、古建筑、石窟寺和石刻；（二）与重大历史事件、革命运动和著名人物有关的，具有重要纪念意义、教育和史料价值的建筑物、遗址、纪念物；（三）历史上各时代珍贵的艺术品、工艺美术品；（四）重要的革命文献资料以及具有历史、艺术、科学价值的手稿、古旧图书资料等；（五）反映历史上各时代、各民族社会制度、社会生产、社会生活的代表性实物。此外《文物法》规定，具有科学价值的古脊椎动物化石和古人类化石同文物一样受国家保护。

各类文物从不同侧面反映了各个历史时期人类的社会活动、社会关系、意识形态以及利用自然、改造自然和当时生态环境的状况，是人类宝贵的历史文化遗产。保护和研究文物，对于人们认识自己的历史和创造力量，揭示人类社会发展的客观规律，认识并促进当代和未来社会的发展具有重要的意义。

文物保护单位是由各级人民政府按照法律程序将具有历史、艺术、科学价值的不可移动的文物公布并予保护的某处文物。根据历史、艺术和科学价值的不同，文物保护单位分为全国重点文物保护单位、省级文物保护单位、市（地）级文物保护单位和县级文物保护单位。

问：国家的法律对建设工程涉及文物保护单位是怎样规定和要求的？

答：各级政府在公布文物保护单位的同时须相应公布文物保护单位的保护范围。文物保护法规定："文物保护单位的保护范围内不得进行其他建设工程"。也就是说建设工程在立项和选址时要避开文物保护单位，建设工程不能在文物保护范围内进行。

但是，一些建设工程关系到国计民生，如修建水库、铁路等，对这种特殊工程涉及文物保护单位的，国家文物法规定要经原公布的人民政府和上一级文物行政管理部门同意。例如某铁路工程需要在一处省级文物保护单位的保护范围内通过，建设单位必须报请省人民政府和国家文物局同意后才能施工。国家的这些规定表明国家在保护祖国历史文化遗产上，持非常谨慎和慎重的态度，以免文物遭到不可弥补的损失，所以在建设工程涉及文物保护单位时，认真执行国家的法律规定，严格执行审批制度，既有利于文物保护，也有利于基本建设。

问：涉及文物保护单位的建设工程，有关部门如何制定保护文物的措施？

答：文物保护法第十三条规定"建设单位在进行选址和工程设计的时候，因建设工程涉及文物保护单位的，应当事先会同省、自治区、直辖市或者县、自治县、市文化行政管理部门确定保护措施，列入设计任务书。"

这条规定，首先要求建设单位在工程选址时，注意选址范围内是否有文物保护单位，考虑该建设工程对文物保护单位会带来何种影响，建设工程选址是否可行，这是建设工程选址前和论证阶段就应解决。否则，选址尚未确定和论证，就开始设计甚至进行建设工程的前期准备工作，一旦因文物保护单位十分重要，建设工程不能在此进行，需另行选址，就会给国家经济造成一定损失。如果经征求文物部门同意，选址可以确定，在工程设计阶段就要把如何保护文物纳入设计任务书，提出保护文物的措施。这种措施应根据文物保护单位的级别、类别和建设工程的性质、规模等不同情况确定。如修建水泥厂影响到文物建筑，就要考虑水泥厂的除尘设备等。这些仅是就文物保护单位原地保护而言，如不能原地保护，迁移也是一种保护措施。这些措施都要列入设计任务书，使它的实施既有行政手段加以保证，又有经费保证，真正把保护措施落到实处。

文物行政管理部门要在自己的职责范围内做好工作，在参加工程可行性论证时，将文物保护单位的分布、时代、价值与现状资料，分送计划、建设、土地部门和建设单位，并提出自己的意见，如果同意建设工程选址，在履行了法定的审批手续后，与有关单位共同制定保护文物的措施。

问：什么样的情况下才考虑文物保护单位的迁移或拆除？

答：文物是历史的产物，作为不可移动的文物保护单位，它往往与周围的环境有着密切联系，对它不能随便进行迁移或拆除。目前，随着经济建设的发展，一些建设项目时常涉及文物保护单位，对一般性的建设工程涉及文物保护单位的，建设项目要向文物让路，文物保护单位原地保护，不能采取迁移或拆除的方法。只有在修水库等一些特殊建设工程中，文物保护单位处于淹没区，不迁移和拆除，文物保护单位就得不到更好的保护时才考虑迁移和拆除这种被动的保护措施，如50年代，国家规划岗南水库时，革命圣地西柏坡处于规划淹没区，从国家的建设大局出发，有关部门批准，将西柏坡的革命纪念建筑进行迁移保护。

当然，迁移和拆除文物保护单位必须履行严格的审批手续。文物保护法第十三条规定。因建设工程特别需要而必须对文物保护单位进行迁移或拆除的，应根据文物保护单位的级别，经该级人民政府和上一级文化行政管理部门同意。

问：国家对修缮文物建筑有何要求？

答：文物建筑保留着大量的历史信息，它的修缮难度很大，技术要求高，必须坚持文物法规定的不改变文物原状的原则。修缮文物建筑要履行报批手续，严格审批程序；要遵守科学规则，修缮中尽可能保留文物建筑原来的材料、构件、形式、工艺。文物建筑是历史的产物，并非新建，在维修前必须对它有一个较深的认识和鉴定过程，也就是要调查和论证，看它到底是哪朝哪代的产物，有什么特点，然后在此基础上做好维修工程设计，这是文物修缮工程"不改变文物原状原则"的重要一环。如清东陵等的维修工程，在维修前曾进行了广泛的调查和论证，修缮设计、技术设计等都经过精密的测量、设计和反复论证。修缮设计单位、施工单位要按规定将修缮设计方案和施工方案上报有关文物行政管理部门审批，为保证修缮质量，文物行政管理部门根据法律授予的权力，对各级文物保护单位的修缮设计施工方案进行审查，同时还要审查修缮工程涉及的技术力量、施工力量、经费材料等。一些文物建筑的维修工程就是因为没有履行报批手续，设计方案和施工方案未经审查，施工者不懂文物修缮原则，施工质量达不到文物维修要求，造成了保护性破坏。如某地在维修省级文物保护单位宝云塔时，用粉红涂料把塔身粉刷一遍，把真古董修成了假古董，造成了保护性破坏。

文物建筑修缮工程竣工后，还要作好资料整理、归档工作，形成一套系统完整的修缮、修复工程科学资料档案，同时，施工单位还要写出竣工报告，审批机关组织专家和有关部门对工程质量进行检查验收，看施工单位是否执行了文物建筑维修原则，工程质量是否达到要求。

关于文物建筑修缮《河北省文物保护管理条例》第十条规定："省及省以下文物保护单位和尚未公布为文物保护单位的重要文物的修缮计划和设计施工方案，由省文物行政管理部门审查批准。文物修缮保护工程应当接受审批机关的监督指导，工程竣工时，应当报审批机关验收。"

问：我省地下文物丰富，许多建设工程的建设范围内有古遗址、古墓葬，对建设工程涉及地下文物、国家有何规定？

答：50 年代，国务院就提出"重点保护、重点发掘，既对基本建设有利，又对文物保护有利"，长期以来，它是处理文物保护与基本建设关系的基本原则。《河北省文物保护管理条例》第十八条规定："在基本建设项目开工前，建设单位应当事先会同文物行政管理部门在工程范围内有可能埋葬文物的地方进行调查、勘探……"这就是说在进行建设工程前，建设部门要与文物部门协商在工程范围内，有可能埋葬文物的地方进行调查和勘探，如经调查、勘探发现了古遗址、古墓葬要全面权衡，认真分析研究。对历史、艺术和科学价值很高，而施工又必然对其造成破坏的一定要慎重对待，从保护祖国历史文化遗产的长远利益出发，建设单位的工程项目可另行选址。如 1986 年，省司法厅北戴河基建工地发现一处秦汉时期遗址，经省文物部门调查、勘探和发掘，并经国家文物考古专家论证，这里是秦始皇东巡时的一处行宫遗址，它对研究秦始皇东巡的历史和秦皇岛地名的由来提供了证据，无疑，这是一处非常重要的遗址，必须进行保留，经协商，省司法厅基建工地另行选址，北戴河秦行宫遗址被保留下来。

但是，尽管一些遗址和古墓葬也比较重要，可一些基建项目是国家特别重要的建设项目，其他地方又没有合适的基建地址，所以经协商后，文物部门就要配合建设工程进行考古调查、勘探和发掘。如京深高速公路的一段要穿过国家级重点文物保护单位邺城遗址，此遗址占地 84 平方华里，规模巨大，高速公路如果改道，国家将造成巨大经济损失，经协商后，国家文物局批准，允许公路穿越邺北城一段，线路经过地带由文物部门配合进行考古发掘。

配合基建进行的考古调查、物探和发掘的目的是为了留下科学的历史资料，把文物损失降为最低点，同时又保证国家重点建设工程的进行，当然，配合基建进行的考古工作费用，法律规定由建设单位负责。

（原载《河北日报》1994 年 12 月 15 日第 8 版）

（省文物局李宝才供稿）

问：文物勘探是怎么一回事？两年前的一场文物官司中，某基建单位拿出了地质部门出具的"文物勘探结果证明"，请问，这样的证明是否有法律效力？

答：文物勘探是一项技术性较强的专业工作，它是了解地下文物情况及其价值的一种手段。50年代，我国考古部门开始运用洛阳铲对已知的古遗址、古墓葬进行重点勘察，由于它能够非常准确地了解地下文物遗存情况，后来文物部门在配合基本建设工程中也普遍采用这种工具，由此，文物部门建立了一支技术过硬的文物勘探队伍。合格的文物勘探队一般能按科学要求从事勘探，为文物保护和工程建设提供有价值的资料，不具备一定专业水平的勘探者往往漏掉古遗址、古墓葬，不能取得符合要求的科学资料。《河北省文物保护管理条例》规定：考古勘探单位及考古勘探领队人员资格，由省文物行政管理部门审查认定，并颁发证书。未经省级以上文物行政管理部门批准，其他任何单位不得进行文物勘探，也不得出具文物勘探结果证明。地质部门的勘探是为取得地质资料而进行的，与考古勘探是两回事，因此，他们出具的文物勘探结果证明没有法律效力。

问：我省是文物大省，保护文物需要大量经费，对此，国家有什么规定？

答：文物事业费是文物事业赖以生存和发展的物质基础，国家从法律上要求这项经费必须得以保证。《河北省文物保护管理条例》不但规定了县级以上各级人民政府要将文物保护管理、清理发掘、科学研究、收购、奖励等项文物事业费和文物基建经费分别列入本级财政预算，由同级文物行政管理部门统一掌握外，还强调了各级文物行政管理部门所属的文物单位的收入应当全部用于文物保护管理经费的补充。

目前，我国经济比较落后，要拿出更多的钱用于文物事业还比较困难，每年国家和省财政都要拿出几百万元进行古建维修和征集珍贵文物，对这些经费必须严格管理，所以文物法及其实施细则规定文物事业管理经费和文物基建经费分别列入中央和地方财政预算，由同级文物行政管理部门统一管理，专款专用。

随着一批批文物得到了维修和保护并对外开放，一些文物开放点也得到部分服务性收入，这些收入应该用于文物事业的发展，以弥补文物保护经费的不足。

除此之外，对那些国家和省财政拨款较多，而且效益较好的文物开放单位采取"抽富补贫"的办法，其门票收入超过 30 万元者，要按一定比例上缴省有关部门，用来抢救那些濒临毁灭的文物。

问：对私人收藏文物，国家有何规定？

答：私人收藏文物的历史非常悠久，不论是春秋战国，还是汉唐宋明，关于这方面的记载史不绝书。私人收藏文物在一定程度上保护了文物，现代的一部分国宝精粹就是经私人收藏，代代相传保留下来的。

当然，历史上私人收藏文物的情况十分复杂。现在，我们国家的法律规定，只要文物来源合法，文物持有者和文物都受国家法律保护。一般来讲，合法的文物来源有三种：首先是合法继承，《宪法》规定，公民的私有财产有继承权，《继承法》规定：个人财产包括文物。在国家大法的规定之下，《河北省文物保护管理条例》第二十八条规定："私人所有的传世文物，其所有权受国家法律保护。"在私人收藏者中，一大部分人的先辈就是收藏家，他们的文物世代相传，其后代有权继承他们的文物，通过接受遗产的形式所获得的文物属于合法继承；第二种是亲友馈赠。亲友之间互相赠送文物，这在法律上是允许的，但有个前提，即亲友所收藏的文物的来源必须合法，如亲友的文物是从先辈继承的，或者是从国家规定的文物销售单位购买的；第三是从国家文物商店购买的。我国的文物经营属于国家专营性质，国家规定文物购销统一由文物部门经营。私人在国家开办的文物商店购买的文物属合法购买。

问：什么单位能够开展文物购销业务，私人有经营权？

答：文物是一种特殊的文化财富，不是一般的商品，出于保护、管理文物的需要，国家规定文物（文物商品部分）由国家归口经营。文物购销活动除由国家文物行政管理部门设立或指定的文物事业机构进行外，其他任何单位和个人不得从事这项业务。新公布的《河北省文物保护管理条例》第二十九条规定：文物购销由文物部门经营。各级文物单位开设文物商店须经省文物行政管理部门批准，凡经营对外(境外)销售业务的文物商店，须经省文物行政管理部门同意，并报国家文物行政管理部门批准。经国家批准设立的文物购销单位主要是通过商业手段，收购私人收藏的文物，收集保护流散在社会上的传世文物，为博物馆等收藏单位和有关科研部门提供藏品和资料，同时将一般不需要由国家收藏的文物投放市场，满足国内外文物爱好者的收藏需要，为国家创造外汇收入。所以国家把文物作为一种特殊商品实行专营，未经有关部门批准，任何单位和个人不得经营文物。

问：什么是文物监管物品?经营文物监管物品有何规定?

答：文物监管物品包括：1911 年至 1949 年中国和外国制作、生产、出版的历史、艺术、科学价值相对较低的陶瓷器、金银器、铜器和其他金属器、玉石器、漆器、玻璃器皿、各种质料的雕刻品及雕塑品、家具、书画、碑帖、拓片、图书、文献资料、织绣、文化用品、邮票、货币、器具、工艺美术品等。经营文物监管物品者须在国家允许的旧货市场进行，哪些旧货市场允许经营文物监管品要由省文物行政管理部门决定。《河北省文物保护管理条例》第三十条规定：经营文物监管物品的旧货市场以及在旧货市场销售文物监管物品的经营者，须经当地文物行政管理部门审查同意后报省文物行政管理部门批准。这样的规定是为了防止经营者超越经营范围，避免文物流失。

问：对保护文物有突出贡献的个人和单位国家有何奖励规定?

答：为了充分培养全社会保护文物的意识，创造人人爱护祖国文物的良好社会环境，国家规定对保护文物有功的单位和个人给予适当的精神鼓励和物质奖励。文物保护法第二十九条的规定使各级政府、有关部门对保护文物有功者予以奖励有了法律依据。《河北省文物保护管理条例》第三十六条规定，对执行文物法及其实施细则、条例做出显著成绩者，各级政府或文物行政管理部门给予表彰和奖励：(一)为保护文物与违法犯罪行为坚决斗争的；(二)将本单位或者个人收藏的重要文物、标本捐献给国家的；(三)发现文物或者重要文物线索及时上交或者上报、使文物得到妥善保护的；(四)在文物保护科学研究方面有重要发明创造或者其他重要贡献的；(五)在文物面临破坏危险的时候，抢救文物有功的；(六)在打击走私、贩卖文物工作中表现突出的。实践证明，对保护文物有功者进行奖励已经成为国家依法保护文物的一个重要手段，并产生了相当大的社会效益。如前几年，易县曹密叔侄二人挖房基时挖到窖藏文物，内有几十公斤金代金银工艺品，个别人劝他们把文物高价卖给走私贩子，但曹密二人毅然将文物全部上交国家文物部门，为表彰他们的高尚行为，国家和省文物部门拨款 3 万元予以奖励。1994 年 2 月，赵县公安局侦破"禅林寺舍利塔"被盗案，为此，省、市、县有关部门向县公安局颁发奖金 2 万元，并对有关人员予以记功表彰。这些奖励激发了群众保护文物的热情。1994 年年初，不法分子准备盗窃灵寿幽居寺塔内的石造像时，当地群众群起呐喊并奋力捉拿歹徒。易县的群众也曾机智勇敢地抓获了盗掘古墓的犯罪分子。

（原载《河北日报》1995 年 1 月 5 日第 8 版）

（省文物局李宝才供稿）

问：关于拍摄文物，国家有什么规定？

答：对于拍摄馆藏文物，1981 年国家文物局在《关于拍摄文物的几项暂行规定》中规定：藏品的拍摄要从严掌握，未公开发表的一级文物的使用、拍摄要经省级以上文物行政主管部门批准，易损文物的拍摄(如书画、纺织品、彩塑、漆器等)一律禁止使用强光灯。1991 年国家又下发了《关于加强文物影视、照片拍摄管理工作的通知》，要求文物拍摄项目必须按国家规定提前报批，没有报批的项目，文物部门一律拒绝拍摄。

对于利用文物古迹拍摄电影、电视的问题，1985 年文化部《关于拍摄电影、电视有关文物的暂行规定》，从拍摄故事片和纪录片不同片种进行了规范，如利用全国重点文物保护单位拍摄故事片的，只可以使用室外作为拍摄场景，室内一律不得作为拍摄场景。文化部的这个文件对拍片的审批权限做了明确规定，要求拍摄故事片和纪录片要提前一个月向审批部门提出申请并提供分镜头剧本。拍摄国家级文物保护单位由国家文物局审批，拍摄省级以下各级文物保护单位由省文物行政管理部门审批。

但是，一些拍摄单位无视国家的规定，擅自到文物点拍摄，一些文物部门尤其是个别的文物开放单位也违章接受拍摄。对此，《省文物保护管理条例》第三十三条规定：利用文物拍摄电影、电视，应当按照国家有关规定报经省文物行政管理部门审核批准。对于那些未经批准擅自拍摄文物的，《条例》三十七条、三十九条、四十条规定由当地文物行政管理部门给予警告，限期改正，可以并处 500 元以上 1 万元以下罚款。对文物造成损坏的要赔偿损失，可以并处 5 万元以下罚款；造成重大损失的，除可以处 5 万元以上罚款外，还要由司法机关追究刑事责任。河北省文物局掌握全省拍摄文物的审批权，今后，凡是未经省文物局批准的拍摄文物的行为均视为违法，省文物局有权对拍摄单位和接受拍摄的文物部门给予行政处罚。

问：国家对文物违法犯罪者的惩罚措施主要有哪些？

答：处罚包括文物行政处罚和刑事处罚两种。文物行政处罚是国家行政管理部门或法律授权的文物事业单位对违反文物法律、法规，但还不够或未给予刑事处罚的组织个人所做的处罚，包括警告、罚款、吊销营业执照、没收非法所得和非法经营的文物，责令停止违法活动、行政拘留等。文物保护法第三十条规定，对损坏文物保护单位不严重者，损毁文物保护单位标志的；在水下，地下及其他场所发现文物隐匿不报、不上交者；在文物保护单位保护范围内和建设控制地带擅自建设施工的；在文物保护单位附近爆破、挖掘、危及文物安全的；未经文物部门批准，从事文物购销活动的；文物经营单位经营未经文物行政管理部门许可经营的文物的；将私人收藏的文物私自卖给外国人的，全民所有制博物馆、图书馆等单位将文物藏品出售或者私自赠送给其他全民所有制博物馆、图书馆等单位的，由行政机关给予行政处罚。

　　对文物犯罪分子的刑事处罚是国家司法机关对犯罪者依其应承担的刑事责任给予的刑事制裁措施，一般包括管制、有期徒刑、无期徒刑、死刑、罚金、剥夺政治权利、没收财产等。新中国成立后国家就颁布法令，规定对盗运、盗卖和破坏文物的犯罪分子应按情节轻重，进行刑事处罚。《中华人民共和国文物保护法》第三十一条归纳了几种主要的文物犯罪，明确规定了文物犯罪的法律适用；《刑法》以及《刑法》补充规定和最高人民法院、最高人民检察院的法律解释，规定了对几种文物刑事犯罪进行处罚的量刑标准。1991 年全国人大常委会在《关于惩治盗掘古文化遗址古墓葬犯罪的补充规定》中规定：盗掘确定为全国重点文物保护单位和省级文物保护单位的古文化遗址、古墓葬的，处 10 年以上有期徒刑、无期徒刑或者死刑，并处罚金或没收财产。

　　问：文物法律、法规规定了行政处罚条款，如果公民、法人和组织认为行政机关作出的行政行为违法或不当，那么公民、法人和组织怎样依法维护自己的权益？

　　答：如果公民、法人和其他组织认为行政机关作出的行政处罚等行政行为违法或不当，可以依《行政复议条例》和《中华人民共和国行政诉讼法》的规定申请复议或提出诉讼。

　　《文物保护法实施细则》规定：当事人对依照文物保护法和本实施细则作出的具体行政行为不服的，可以依照行政复议条例的规定先申请复议，对复议决定不服的，可以依照行政诉讼法的规定提起诉讼。如当事人对文物行政处罚中拘留、罚款、责令停工、停产、停业、没收非法所得的文物、钱款等处罚决定不服，可以向作出处罚决定行政机关的上一级行政机关或同级人民政府申请复议。为了减少人民法院的压力和体现"救济穷尽"的原则，文物法实施细则规定实行复议前置，要求被处罚者如对处罚不服，必须先申请复议，不得直接向人民法院提起诉讼。如 1992 年邢台的一场文物官司中，某保安部门认为文物部门违法行政，于是直接向人民法院提起诉讼，按规定法院不得受理。有些文物行政法规等未要求"复议前置"，如《考古涉外工作管理办法》、《水下文物保护管理办法》等，被处罚人既可以申请复议也可以直接向人民法院提出诉讼申请复议需要一定程序。当事人应该在接到处罚决定通知书之日起 15 日内申请复议。当事人对复议决定不服的，可以在收到复议决定通知书之日起 15 日内向当地人民法院提起诉讼。行政诉讼是解决文物行政争议的最终手段和最高形式，是由人民法院来完成的。

（原载《河北日报》1995 年 1 月 15 日第 8 版）

规范有序　引领行业

——评委眼中的第六届全国十佳文博技术产品及服务推介活动

9 月 11 日上午，由中国文物报社、文物保护装备产业化及应用协同工作平台、中国文物保护技术协会联合主办的第六届全国十佳文博技术产品及服务推介活动终评结果在长沙揭晓。由宁波邦达实业有限公司报送的"文博类典藏设备防震减震技术整体解决方案及应用"等十个项目被评为第六届全国十佳文博技术产品及服务推介活动十佳奖。

本届全国十佳文博技术产品及服务推介活动是自 2015 年开展以来的第六届，纵观整场活动，有以下特点：

紧跟时代步伐最前沿

当前，中国的文物保护事业进入到一个新的历史时期，如何把新的科学技术运用到文物保护利用中，助力文物活化，成为新课题。文物保护和传承离不开科技，近年来，习近平总书记在多地考察时都强调文物保护的重要性，特别在敦煌研究院考察座谈时提出，"文物保护一定要靠科技"，要"运用先进技术加强文物保护和研究"，为做好文物科技工作提供了根本遵循和科学指引。2018 年，中共中央办公厅、国务院办公厅在《关于加强文物保护利用改革的若干意见》中要求，坚持创造性转化、创新性发展，提出了加强科技支撑作用，将"文化遗产保护利用关键技术研究与示范"纳入国家重点研发计划……充分运用互联网、大数据、云计算、人工智能等信息技术，推动文物展示利用方式融合创新，推进"互联网+中华文明"行动计划。科技创新在文物事业发展中已经占据了显著位置，成为保护历史文化遗产、发挥文物资源作用、弘扬中华优秀传统文化的重要战略支撑；科技创新深入地融入文物事业发展的方方面面，文物工作与科技创新深度融合，推动了中华优秀传统文化的创造性转化、创新性发展。

党的十八大以来，广大文博科技工作者与社会企业紧密结合，利用现代科技成果适应文博工作需求，成功研制、开发出一批文博技术产品及服务项目，在文物保护和利用中显现出良好效果。为了使科技成果与文博工作深度融合，全面贯彻落实中央有关规定，中国文物报社、文物保护装备产业化及应用协同工作平台、中国文物保护技术协会紧跟时代步伐，在坚持"公开、公平、公正"的原则，并接受社会监督的情况下，于五月开启了第六届全国十佳文博技术产品及服务推介活动。

制度化规范化正规化

今年的全国十佳文博技术产品及服务推介活动是自 2015 年以来的第六届，为了使活动持续规范，举办方按照国家有关规定制定了《第六届全国十佳文博技术产品及服务推介活动办法》《全国十佳文博技术产品及服务推介活动章程(试行)》《全国十佳文博技术产品及服务评选标准(试行)》《第六届全国十佳文博技术产品及服务推介活动终评细则》，使举办、参与方均能按照规则开展活动并接受社会监督。这些规定将活动目的、推介范围、推介方法、时间安排和宣传推介途径方式公布于众广为告知，让参与方了解活动内容及有关情况，充分做好参与的准备工作。

规定明确了文博机构和企业的参评条件以及参评技术产品及服务的条件、程序。从品质、服务、价格、信誉、创造性、影响力、推动力几个方面制定出评选标准。制定了评委会成员构成和应遵守的回避制度、纪律以及评选方式，详细规定了终评的细则，要求通过听取汇报、审看申报材料、评议、投票、计票的程序选出十佳项目和优秀项目。推介活动办公室还统一印制、发放和回收了《全国十佳文博技术产品及服务推介活动终评投票统计表》，评委使用统一配发的签字笔填写并签字。规定得票前 10 名的为十佳项目，其他入围项目为优秀项目，最终十佳项目及优秀项目由专家委员会成员集体签字确认。将整个活动纳入法制化、制度化、正规化的渠道。

参与踊跃评委专业

今年春节前后，虽然新型冠状病毒肆虐，但在做好疫情常态化防控的情况下，本届活动有序开启，共计 80 多家文博机构、科研院所及相关企业踊跃参加，与往年相比还多了一些，没有因为疫情受到影响，表明推介活动有较强的吸引力和社会认知度。参评项目包含了展示类、预防性保护类、多媒体和数字管理系统类、安消防类、公共卫生防疫类、古建和不可移动文物类六大类，涵盖博物馆展览展示、保管、修复，考古发掘，不可移动文物保护，文物安防消防设施设备等文物工作诸多领域的设施、设备，装备、材料等，全面反映了我国文博技术产品及服务水平的整体面貌。

本次活动的终评评委达到 18 位，有中国文物学会、中国博物馆协会、中国文物保护技术协会的专家，也有国家机械工业仪器仪表方面的高级工程师，还包括了清华大学国家重点实验室等大学教授，以及省、市级博物馆方面专家和企业界专家，具有广泛的代表性和专业性。终评汇报环节中一些专家的提问专业、精准，切中要害，说明评审专家都是一些了解文博领域技术产品及服务需求的行家里手。

本次我们有幸受邀参加全国十佳文博技术产品及服务推介活动，对文博行业的技术产品及服务作了深入了解，收获颇丰。文博人在文物保护领域利用科技之力对产品和服务进行创新，是一种极其珍贵的探索与坚持，取得的显著成果，更是值得褒奖与点赞。

体现行业发展趋势

评选出的第六届全国十佳文博技术产品及服务项目代表了当今我国文博技术产品和服务的最新水平。

宁波邦达实业有限公司的"文博类典藏设备防震减震技术整体解决方案及应用"产品运用了当今世界防震减震的新科技成果，顺应时代潮流，形成了文物类系列典藏柜架设备防震减震架体解决方案，解决了长期以来我国此类设备依靠进口、价格偏高的问题。针对各种橡胶材料的分析试验，所采用的方式和设备都非常完备，对于易碎易损的国家珍贵文物保护而言，具有很高的稳定性、可靠性、安全性，是将材料技术、机械技术与文博产品结合创新的良好示范。未来我国部分有条件的博物馆装备此类设备之后，有望把地震等自然灾害对馆库藏文物的损害程度降到最低。

首都博物馆和郑州枫华实业股份有限公司联合研制的"可移动立体文物高像素数字成像系统"是一种可移动便携式、针对博物馆可移动立体文物的高像素数字成像安全系统，可完成博物馆藏品的高像素二维数字图像的获取。它抓取文物数字图像效率高、速度快，重点解决了文物成像抓取的清晰度和细节展示问题，画面捕捉的高效性很突出，使用操作人员即使不具备专业技能也能方便使用，能够有效解决文博单位研究、数字文物成像及数字博物馆建设的素材捕捉需求，实用性强。

伪满皇宫博物院研制的"无界安保智能指挥系统"，充分运用物联网和计算机技术，集成博物院内所有物联传感设备的数据，生成实时报告，由三维地图进行分层可视化展示，让指挥管理人员直接获取安消防、游客参观、工作人员实时位置等数据信息，使管理指挥智能化。不仅利用信息技术，对内实现了智能网联，对外还联动公安、交警、消防、卫生系统部门，将指挥体系与信息化技术有机统一，提升了博物馆管理的及时高效性、智能化、自动化。此项成果应用前景广阔。

陕西十月文物保护有限公司研发的"'历史时空传送门'沉浸式

体验平台"是一种基于虚拟现实和体感交互技术,利用多面空间可视化实现交互沉浸式体验的平台,将三维数据及其输出成果在展览中应用,增强了展览传递展品信息的功能,丰富了展示内容,改善了展览传递给观众的方式,提升了传播效率,给观众带来更充足的文化遗产知识;不同于传统沉浸体验模式,能够还原真实环境,实现与场景的互动。这种技术的应用增强了观众的体验与互动,使展览形式丰富多彩,寓教于乐,还可延伸到文物本身之外知识的体验。如该产品再将不同地域、不同历史时期的文物展示出来,让大众更直观的观赏,必将更加受到参观者的喜爱。

"文物古建白蚁自动化监测预警控制系统"是浙江鼎昆环境科技有限公司的一项重要科研成果。白蚁的危害是个世界性难题,该公司利用"电磁感应非环路通断技术(DEMINL)"研制的这一系统,能够在白蚁入侵的第一时间自动报警并显示入侵位置,可以实现抓获白蚁于现场的关键环节;利用生物技术、电子技术、网络技术,能够实现在较低的成本投入基础上,提高白蚁防治的有效率,为文物古建的防护提供了有力保障,也是科学技术在文物保护领域的重要实践和应用。

由山东灵岩石艺有限公司和山东灵岩建设工程有限公司联合申报的"高强无机纤维材料"是文物保护材料学研究的深入实践。多年来,土遗址、石质文物保护一直是个难题,为了有效防止其病变、风化,该企业在总结纤维增强材料的基础上成功研发、生产出新一代岩土文物保护材料——高强无机纤维材料。该材料能满足一些土遗址、石质文物的保护、展示、复制、仿制的部分需要,具有不直接干预本体、强度高、不褪色等优点,能够把一些不适合或无法展示的文物呈现给大众,有效减少展览过程中游客对遗址文物的破坏。

"SpriteX11博物馆线性展柜灯"是深圳市埃克苏照明系统有限公司专门为博物馆平柜的超长连续无眩光照明而设计的新产品,解决了博物馆平柜照明常见的两大问题:灯下光较强,而柜子中心远离灯具处基本无光;相距平柜一定距离后,人眼可见有明显的条形眩光,影响参观效果。该产品还利用了光学和结构设计学相结合，解决文物表面的反光问题，实现了博物馆平柜超长连续无眩光照明，提升了大众的观感，是学科交叉的优秀创新和应用，也是博物馆超长展柜照明的一大技术突破。

武汉旗云高科工程技术有限公司"田野文物智能巡查管理系统及手持巡查终端"采用了基于云平台架构的可视化多级管理技术，实现了一级物理部署多级逻辑应用的服务模式，提供了可视化一张图的管理手段，能够适应复杂的管理生态，适用于田野文物行业的四级管理模式，为线路选择、巡查频度、预防措施及应急处置提供决策依据；做到了设备的智能网联，同时运用到网络通信技术手段，改善了田野文物巡查管理不到位、协防响应不及时、决策支撑能力不足等问题，是一款田野文物安全巡查应用很强的技术产品，也是利用科学技术手段对传统监管模式的创新。

中国（海南）南海博物馆和中国联合网络通信有限公司海南省分公司共同报送的"5G+AR文物修复助手"，现场操作可实现不同视角、实时记录和云端存储，专家不用亲临现场即可对文物修复工作远程指导，也可向大众展示文物修复工作；通过5G与AR技术的结合，实现文物修复的过程记录（音视频），远程双向指导，进一步推动文物修复工作的数字化、网络化和智能化，对于文物修复记录和专家的远程指导是一种新的尝试。

四川克里克展览展示有限公司的"智能化文物对开柜"，针对现有技术的不足之处，采用了对角开启方式，使展柜开启时能形成两个大开度的门，适合布置和移动重型文物，从机械学上对文物展示柜作了改良，若配合上电控系统，能大幅度降低大、重型文物的布展难度，大幅提高了文物在搬移过程中的便捷性及安全性，亮点突出。

当然，除了十佳奖之外，还有10项产品荣获优秀奖，也有不俗的表现，展现出自己的技术与时代优势。在实践方面，这些产品充分考虑了实用性、可操作性、经济性，一定程度上解决了博物馆管理的效率问题；在示范方面，实现了不同学科的交叉运用、多种前沿科技的相互结合，给国内文博领域的产品科技创新提供了示范性思考；在传播方面，利用技术手段解决了传播难题，增强了文物保护相关工作的传播效果，提高了大众对文物的了解。总之，推介活动经过几年的连续举办，在文博界和社会上已经形成一支文博技术产品及服务的专业队伍；本届参赛的文博技术产品和服务与以往相比，在科技成果的转化及创新性和实用性上进一步得到提升；活动的开展日渐制度化规范化，宣传形式多样、灵活、现代并与互联网结合，具有广泛、时事的特点，影响日益扩大。

从推介活动反映出的情况来看，文博技术产品及服务企业类型多、增长快、产品精，是文博大国走向文博强国的助力。随着时代和技术的发展，文博领域对新技术、新服务的需求也会随之兴起，文博行业对高品质文博技术产品和服务的研发和需求将愈发迫切。随着政府在文化和旅游公共服务领域投入的加大，文博资源管理单位开放水平不断提高，相关产业发展环境更加优化，文博事业将前所未有地与经济社会发展联系在一起、融合在一起，广大文博技术产品和服务相关企业要以文博事业的问题和需求为导向，以文化为引领，以科技、教育和人才为支撑，不断提升市场主体活力，稳步推进相关产业高质量发展。

科学技术的发展运用，极大地支撑起了文物保护与传承领域的发展，我国文物保护事业正发生着有目共睹的变化。从近期的文物工作重点来看，涉案文物专门性问题的鉴别、判断、评估，石窟寺保护，世界文化遗产检测，乃至于考古学的发展，博物馆工作的进步，都离不开先进科学技术的运用和多学科合作，来提高文物工作者的发现和分析能力、历史文化遗产保护等能力。从未来的发展趋势来看，除了材料、照明、制造等领域之外，大数据、云计算、物联网、人工智能、移动通信、无人机、新媒体等新领域的科技发展和应用，对文物科技鉴定、数字化处理、遥感考古、水下考古、智慧博物馆、文创产品、展示宣传等方面，均提供了新的科技支撑，展示了新的前景。而且，文博领域的科技创新在广度和深度上还有很大的发展空间，在调整优化科技投入和产出结构，创新科技成果转化机制等方面，还有很多领域值得思考和探索，从顶层设计上提高科学技术在文物事业发展中的地位和作用。

在此背景下，希望有关方面有效整合社会优质科技资源，实现协同合作，构建集文物分析研究、预防性保护、检测技术研发、检测装备升级、专业人才培养于一体的文物保护科技资源共享平台；重视科创领军人才、新型技术专业人才的培养，推进建设文博领域科学技术国家智库；文物保护离不开更多科技投入的支持，还应加大科技创新力度，促进文保产品朝着更高更好水平不断迈进，为大众更好地了解文物、了解中国历史文化提供便利；通过全链条创新设计、系统部署和重点突破，继续提升文物保护和传承子领域科技支撑能力，加强科技与文物保护利用深度融合，全面提升利用现代科技手段提供更有效、更优质的公共文化服务的能力，开创我国文物保护和传承子领域科技创新工作新局面，推动建设文化遗产强国。我们相信，随着《文物保护装备发展纲要（2018—2025年）》的出台，推介活动的不断举办，评优激励，文物行业需求会越来越明晰，相关支撑和服务方向也会越来越明确，今后将会有更多更好的文博技术产品和服务问世并应用到实践领域，体系会得到进一步完善，优势将得到发扬，短板将逐渐弥补，行业和产业发展基础保障支撑作用越来越稳固，为文物保护管理、展览展示、科学研究、社会服务做出贡献。

（原载《中国文物报》2020年12月2日第8版<此文与周兵同志合作>）

后 记

弹指间，人生已到了一个甲子，60 年的时间说长也不长说短也不短，但它是人生的一个重要节点。回想起来，除了孩童和学生时代，不知不觉中自己在文物部门工作近 40 个年头，回首文博工作历程，感觉自己既没有文博大家高深的理论研究成果和深不见底的渊博学问，也没有对文博事业做出像样的贡献，实属庸庸碌碌，没有作为，惭愧至极。

不过，自己工作的几十年，正赶上中国改革开放的大时代，我国的社会经济、文化建设等各个方面发生了翻天覆地的变化。文物保护管理工作紧跟时代步伐，经历了改革发展的重大变革过程。在这个大时代里，文物工作既遇到了改革开放红利带来的千载难逢的良好发展机遇，比如国家经济持续向好，文物保护经费逐年增加，大量文物得到抢救和保护，科学技术的进步、发展使许多文物保护方式方法不断得到改良和提升，教育的发展为文博队伍注入了无尽的力量。同时，这一时期的文物保护管理工作也遇到空前的挑战，改革开放初期，国门打开，西方相对发达的经济与国内相对落后的经济形成巨大的反差，受金钱的诱惑，国内外的一些不法之徒沆瀣勾结，大肆盗掘古文化遗址和古墓葬，倒卖走私文物，祖国优秀的历史文化遗产遭受到巨大损失；由于法制观念相对淡薄，一些部门急功近利，经济发展中的土地开发建设等，使大量的地下文物面临灭失的危险；城镇改造中一些古老的建筑和街区濒临消失。这些新情况新问题均需要国家研究出台新的方针政策加以调整，制定法律法规加以规范和约束，保障国家文化遗产的安全。40 年来本人见证了国家文物方针政策的调整、变化和法律法规的制定出台。作为一名省级文物工作者，主要任务是在当地党委政府领导下，贯彻国家关于文物工作的方针政策，执行有关的法律法规，解决实际工作中遇到的文物保护问题，工作中常常碰到一些带有普遍性和共性的文物保护和管理疑难问题，对此，自己除了开展些分析和研究外，还向一些国内经验丰富、德高望重的领导、专家和学者请教，以期努力解决好这些问题。问题解决后将其总结归纳，形成经验，为以后遇到类似问题提供借鉴。另外，由于学生时代的历史学和考古学的学习经历，相对比较注意文物资料的收集和整理，工作中只要发现重要的文物资料便进行记录和拍照，闲暇之时进行些简单的整理和研究，如果认为成熟，便将工作经验的总结和文物资料的研究心得，适时发表在国内的有关刊物上。当初发表时并没有集结成册的打算，只是近两年，部分业内的老上级、老朋友、老同事建议和鼓励我将发表的文章汇集成册。抱着试试看的想法，梳理了 20 世纪90 年代以来刊发过的部分文章后惊奇地发现，小文竟也达到了厚厚的一叠。内容包括文物法制建设的探讨，文物立法过程中的一些重要观点论述，河北考古文物的诠释，一些重要器物的研究，古建筑鉴赏、介绍，文博事业发展综述，文物安全调研报告，文物出版物评论等，涵盖文物价值与作用，文物法律法规，文物安全保护，博物馆纪念馆工作等几个方面，涉及自己工作的多个领域。涉及领域多，与本人的工作经历不无关系，自 1984 年大学毕业到河北省文物局工作，除党务工作没涉足过，局里的主要业务处室都工作过，所以，我的文章基本是工作的产物，内容显得庞杂，但我认为文章没有脱离文物主题，始终围绕着文物保护、文物管理、文物研究进行。其中的有些观点或许不成熟，建议未必正确，研究也很浅显，但毕竟在某些程度上反映了几十年文物保护管理中的一些事件、问题等。现将其辑录成册，供大家了解、批评、借鉴，或许也是一件有意义的事情。编辑过程中文物出版社领导、编辑的大力协助，中国文物管理学界大家李晓东先生作序，在此一并感谢。

作　者

2022 年 12 月